JN133182

エリア・スタディーズ 174

チリを知るための60章

細野昭雄
工藤　章
桑山幹夫（編著）

明石書店

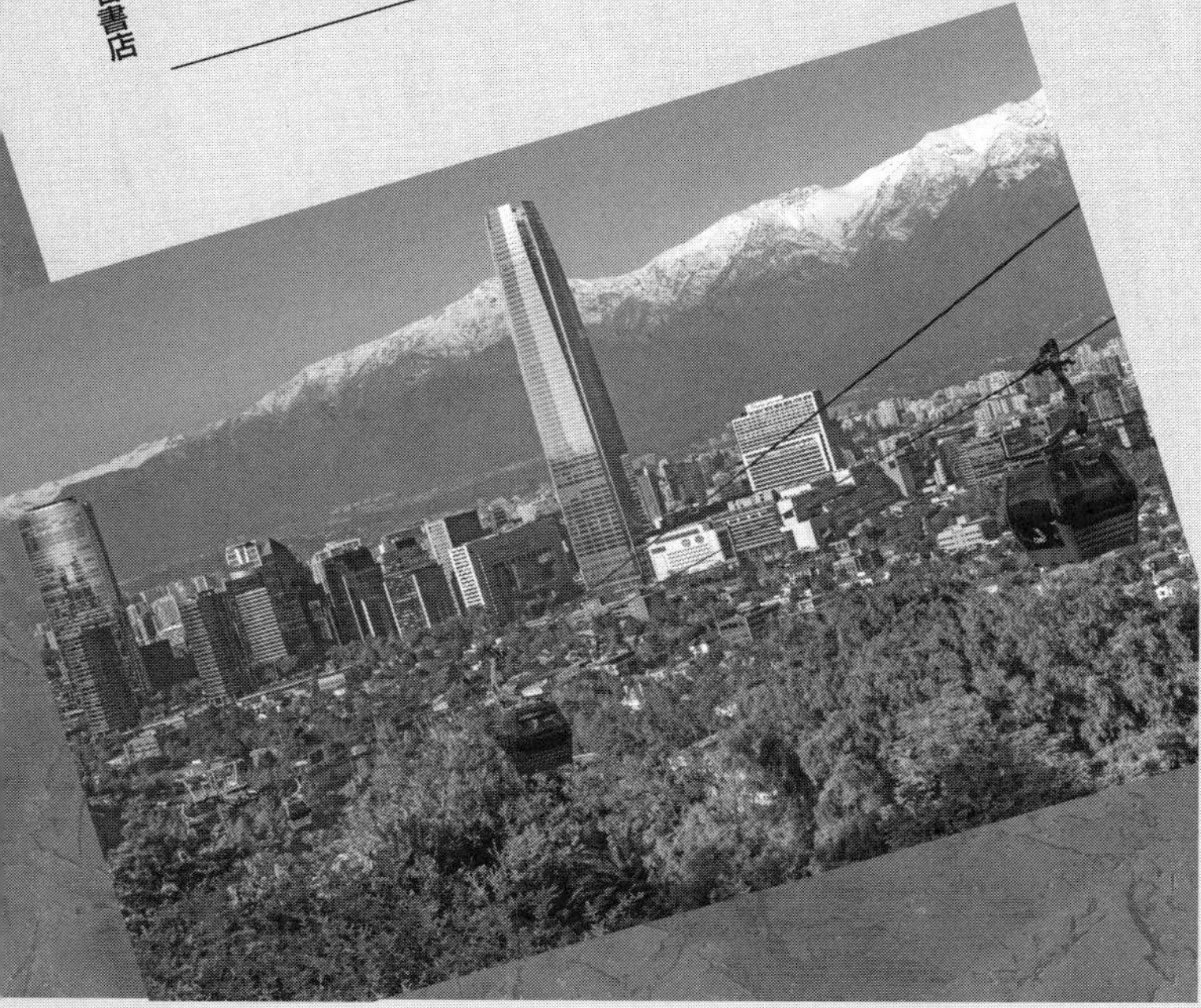

はじめに

チリは、もっと注目されるべき国である。アンデス山脈、アタカマ砂漠、太平洋、パタゴニアに囲まれ、周囲の国々から隔てられた島国のような、しかも非常に細長い国であり、かつ、世界の大市場から遠い国であるが、多くの困難を乗り越えて、着実な発展を達成してきた国である。平和裏での軍政から民政への移行、安定した民主主義の定着、長期にわたる持続的成長、貧困の克服と中間層の拡大などの社会的発展を実現してきた。その成果は、中南米域内はもとより、グローバルに見ても特筆すべきであり、その経験は多くの国にとって参考になると思われる。今や、経済協力開発機構（OECD）に加わり、多くの分野で国際的課題への取り組みをリードする役割も担いつつある。

また、チリは日本にとっても非常に重要な国である。ワインやサケのように日本人の食卓を賑わす輸入品を通じてチリに親近感を持つ人も多いが、実は、直接には消費者の目に触れない多様な輸入品は、日本の産業や経済にとって欠かせないものである。銅鉱石や精錬銅をはじめ、鉄鉱石、リチウム、木材やチップ、パルプ、魚粉、硝石などのような、様々な原料や中間品が輸入されており、日本の産業はこれらのチリからの輸入品に大きく依存している。一方日本からも自動車、電気製品、各種の機械などの多様な輸出が行われ、日本企業は、鉱業、漁業をはじめとする分野で投資を拡大してきている。

このように貿易・投資は着実に拡大し、日本とチリの経済関係は非常に緊密となったが、近年においては、文化・学術分野等様々な分野でも、広く交流が進んできている。また、日本とチリは地震や津波、火山の噴火など、自然災害の多いこと、チリは事実上島国のような地理的環境にあって日本と似ていることなど、両国の共通点も多く、共通の課題も多い。相互に学び合い協力し合うパートナーとしても重要である。

国際的にも、また、日本にとっても、これほど重要なチリであるが、チリについて総合的に書かれた本は少ない。特に最近の発展や、チリと日本の関係について書かれた本は、ほとんど見当たらない。本書は、このギャップを埋めることを目指し編集した。相互の理解を深めることが、信頼に基づくチリと日本の関係の一層の発展に繋がる。本書を令和の、新たな時代の始まる節目の年に刊行できたことは、編者にとって、この上ない喜びである。

本書は、明石書店のエリア・スタディーズのシリーズならではの、二つの特徴を持っている。まずは、総合的にチリについて書かれた本が少ない現状を念頭に、チリの総合的理解につながるような、この国の入門書となることを目指した。同時に、政治、経済、社会、文化などの研究者にも参考となるようチリの研究書としても役に立てるよう工夫した。そのため、様々な分野で、チリで活動してきた、あるいは、チリと交流を行ってきた、多くの方々に執筆に加わっていただいた。実は、本書は、15年余り前に、一度企画された経緯がある。当時、その企画に加わられていた水野浩二氏は、チリへの熱い思いを込めてかなりの章を執筆されていたが、その思い叶わず2005年5月に急逝された。今回改めて企画を実現するにあたり、水野氏の執筆された部分については、その後の14年間の変化を編者が加筆するなどの増補を行った上で掲載させていただいた。このことについて快諾してくださった水野家の皆様に心から感謝申し上げる次第である。

また、本書の出版のために、多くの方々から多大なご協力を賜った。記して心から感謝したい。駐日チリ共和国大使館からは、貴重な写真を含む様々な資料の提供をいただいた。元在チリ日本大使・小川元氏、東京大学アタカマ天文台・吉井譲氏、国立天文台・阪本成一氏、東京医科歯科大学・江石義信氏、東京外国語大学・久野量一氏、外務省・山口恵美子氏、笠井萌里氏、三菱商事・佐々木修氏、稲本都志彦氏、菅原辰実氏、黒古晋也氏、大纒匡氏、市野健太郎氏、情野将弘氏、林卓夫氏、ペンギン会議・佐野淳氏、しものせき水族館(海響館)・立川利幸氏、国際協力機構(JICA)・櫻井英充氏には、本書の各章、コラムの執筆、またそのための情報を提供いただくなど、非常にお世話になった。本書の出版は、これらの皆様からのご支援の賜物である。

チリの地名や人物名の表記は、原則として現地の発音に最も近い表記とした。ただ、章、コラムによっては、執筆者の意向を尊重した。本書の編集にあたっては、兼子千亜紀氏をはじめ明石書店編集部の歴代の編集者の方々に多大の御尽力を賜った。心から感謝したい。

令和元年5月

編　者

チリを知るための60章

目次

はじめに／3
地　図／14

Ⅰ　歴　史

第1章　先スペイン時代——多様な先住民の歴史と文化／16
第2章　植民地時代——3世紀におよぶ戦いと社会・経済の変化／21
第3章　チリの独立——オヒギンズとサン・マルティン／27
第4章　共和国の確立——ディエゴ・ポルタレスと1833年憲法／32
第5章　南米の「太平洋戦争」——硝石をめぐるチリとペルー・ボリビアの戦い／37
第6章　チリの繁栄と挫折——硝石ブームとその終焉／41

Ⅱ　政治経済

第7章　経済構造とシステムの特徴——中南米における経済改革の先駆者／46
第8章　1930年代からフレイ政権まで——「チリ化」に向けて動き出す／52
第9章　アジェンデ政権——選挙で選ばれた世界で初めての社会主義政権／57
第10章　ピノチェット政権——1990年まで続く軍事政権の誕生／62

【コラム1】シカゴ・ボーイズ／66
第11章　民政への移行とエイルウィン政権からラゴス政権まで――ピノチェット政権の終焉／69
【コラム2】チリモデル／74
第12章　バチェレ政権、ピニェラ政権、第2次バチェレ政権まで――政権交代でもブレない政策路線／76
第13章　2017年の総選挙――ピニェラ政権の返り咲きと新興左派の台頭／82
第14章　貿易政策――政権を問わず一貫して維持される開放路線／87
第15章　FDI政策――活発化するチリ企業の対外進出／92
【コラム3】チリ経済の世界ランキング／96
第16章　米国、欧州、アジア太平洋諸国との通商関係――FTA先進国／98
第17章　中南米諸国との通商関係――貿易投資で補完性が高い近隣国について／104
第18章　国連ラテンアメリカ・カリブ経済委員会（ECLAC）――中南米で有数のシンクタンク／110

Ⅲ　産業

第19章　産業構造――州・地域によって異なる産業特化／116
第20章　鉄鉱石・鉄鋼業――小粒ながら存在感／122
第21章　銅産業――チリは「銅」だ／127
【コラム4】33人救出劇／132

第22章　そのほかの鉱業――なくてはならぬ鉱石たち／135
第23章　農林畜水産業――銅に続く輸出産業の柱／139
第24章　サケ養殖産業――サケのいなかったチリがサケ輸出大国へ／145
第25章　ワイン――驚異的な成長を遂げた／151
第26章　環境・エネルギー――最新の技術を導入／156
第27章　観　光――行きたいところ盛り沢山／161
【コラム5】ラピスラズリ――チリのナショナル・ストーン／167

Ⅳ　国土と主要地域

第28章　多様な地域性――問われる地域性を生かした開発戦略／170
第29章　北　部――鉱産資源豊かな「アンデス・マクロリジョン」の要／175
第30章　サンティアゴ首都圏――一極集中の光と影／180
第31章　中央部――南米のゲートウエーとしての発展が期待される／185
第32章　南　部――活力ある産業を摸索する／189
第33章　最南部（パタゴニア）――世界最南端の都市プンタ・アレナスを拠点とする発展／194
【コラム6】知られざるペンギン王国――日本との浅からぬ縁／199
第34章　イースター島――絶海の孤島、謎を秘めたモアイ／202

【コラム7】ロビンソン・クルーソー島——チリに実在したロビンソン・クルーソー／207

V 日本とチリの関係

第35章 修好120周年と強まる絆——ユニークな日智関係を俯瞰する／212
第36章 日本とチリの交流史①——江戸末期から第二次世界大戦まで／216
【コラム8】チリに最初に足跡をしるした日本人、ジョン万次郎／220
【コラム9】「坂の上の雲」の時代の日本とチリ——日本をロシアから救ったエスメラルダ／222
第37章 日本とチリの交流史②——戦後から修好100周年まで／225
第38章 日本とチリの交流史③——修好100周年以降から120周年まで／230
第39章 日系人社会——集団移民による苦労を知らない仲良し社会／235
第40章 日本とチリの交流を支えた人々——忘れてはならない人物と国旗にまつわる話／239
第41章 経済関係史概要——日系企業の対チリ市場進出／245
第42章 関係強化に貢献する諸団体——文化交流団体を中心に／250
第43章 日本チリ経済連携協定（EPA）——官民連携の賜物／254
【コラム10】対チリFTA（EPA）交渉を振り返って／259
第44章 日本とチリの協力①——サケ・貝類養殖協力／262
第45章 日本とチリの協力②——日本の参加する銅鉱山の開発／267

第46章　日本とチリの協力③——社会開発、環境・防災協力／272
【コラム11】早期津波警報システムの開発／277
第47章　日本とチリの協力④——域内の南南協力・三角協力のパイオニアとしてのチリ／279
第48章　文化交流——アニメから震災交流、日本庭園／283
第49章　学術交流——中南米初の東大フォーラム／288
【コラム12】標高世界一の天文台ＴＡＯ——未知なる宇宙の姿を求めて／292
【コラム13】アンデスの巨大電波望遠鏡ＡＬＭＡ《アルマ》／295
【コラム14】「Doctor Feca（ウンコの先生）」と呼ばれて／298
第50章　日本・チリ関係の展望——修好１２０周年を経て新たな時代へ／301

Ⅵ　社会と文化

第51章　チリ人・チリ社会の特徴——中南米の中で一味違う国民性／308
第52章　チリの名家——新たなファミリーも加わる／312
第53章　活躍する女性たち——民政移管と女性の進出／319
第54章　スポーツ——成長著しいサッカーを中心に／324
第55章　食生活——食材の豊富さにもかかわらず、食文化が育たなかった背景／329
第56章　変化するチリ社会——増える海外からの移住者／333

CONTENTS

第57章　ボディ・アートから短編アニメ映画まで――多様性・外国の影響／337
第58章　日本から見たチリの文化――さらなる相互理解と交流に向けて／342
【コラム15】日本の文学に現われたチリ――作家をひきつけるチリの魅力／346
第59章　チリ文学――詩と小説と／348
第60章　音　楽――ムシカ・ポプラールとビオレタ・パラ／353
【コラム16】クラシック音楽家群像――巨匠クラウディオ・アラウを中心に／357
【コラム17】サンティアゴ市立劇場／361

チリについてさらに知りたい人のための文献案内／363

※本文中、特に出所の記載のない写真については、執筆者の撮影・提供による。

【チリ共和国／ República de Chile】

※チリ領の国境等は、原則としてチリ政府の資料に基づいている

I

歴　史

1

先スペイン時代

★多様な先住民の歴史と文化★

今日のチリの国土には、スペイン人による統治が始まる以前から、多様な先住民族の集団が生活を営んでいた。しかし、インカのように大規模に組織された社会、国家を形成してはいなかった。とはいえ、その多くは、それぞれの農耕・牧畜の技術と文化を有していた。なかでも、アタカマ文化を発展させた人々や3世紀にもわたってスペイン人と戦ったアラウカ族のように、かなり高い水準の文化を有し、それぞれ、今日のチリの北部一帯と、南部一帯を支配していた民族がいた。

チリにおいて人類はいつ住み始めたのか、また、それはどこから来た人々であったかについて、増田義郎教授は、次のように説明している。アメリカ大陸では、現生人類の化石しか発見されていないことから、第4紀更新世末期の氷河期に、東北アジアからわたってきた人々が現在の先住民の祖先だと考えられる。チリには、今から1万年ほど前に、北から南下してきた狩人たちの遺跡がいくつか発見調査されている。いずれにしても、紀元前1000年以後、先史文化は新しい段階にはいった（増田義郎「チリの歴史と文化」）。

まず、地域ごとに、主な先住民族の歴史と文化の特徴を、チリの歴史学者、ハイメ・エイサギレ（邦訳書ではエイサギルレ）の『チリの歴史』等に拠って概観したい。

ロア川からコピアポまで続く広大なアタカマ砂漠は、次々と先住民族の集団が文化をもたらす形で、豊かな文化（アタカマ文化）を発達させた重要な地域で、その中心はサン・ペドロ・デ・アタカマであった。その発展は、西暦400年からはじまっているが、1200年から1500年においては、インカ文明の影響を受けた。この地域に住んだ人々は、かなり高い水準の発展を成し遂げ、水路による灌漑、段々畑の農耕、トウモロコシ、ジャガイモ、綿花、タバコなどを栽培し、リャマやアルパカを飼育し、その毛で毛布、シャツ、ポンチョを編み、チュキカマタとトコナオで銅を精錬、金や銀も生産し、これらの金属や、毛糸、果実と交換する形で、海岸地帯の魚やグアノ（肥料として使用する海鳥の糞）、高原地帯のコカの葉を得ていた。独自のクンサという言語を使用した。

チョアパ川からレロンカビ湾およびチロエ諸島に至る広大な地域に居住していた人々は、同一言語を使用していたことが確認されており、それはこの地域の文化の源が共通していたことを示すものと考えられる。しかし、この広大な地域の住民と文化には名称がついていなかった。エイサギレは、次のように述べている。「土地の人」を意味するマプチェという名称もこの地域全体を指すには一般性を欠く。スペイン人が自分たちの支配に反抗する先住民を指してアラウカ族と呼びはじめたのは、16世紀以降のことであり、当初アラウコ地方の住民に対して使われていたものが、時がたつにつれ広く使われるようになった（『チリの歴史』）。このような事情から、本章と、以下の各章では、便宜上アラウカ族またはアラウコ人という名称を使用する。ただし、増田教授は、現在の民族史学では、コキンボからビオビオ川のあたりまで住んでいた集団をピクンチェ、ビオビオ川からトルテン川までの集団をマプチエ、トルテンからコルコバード湾までとチロエ島に住んでいた集団をウイリチェと呼ぶとしている（「チリの歴史と文化」）。

右記の広大な地域では、文化の源が共通していたとはいえ、さまざまな変遷を経て、異なる特徴を持つ多様な集団が各地で生活を営むにいたったと考えられる。「チョアパ川とイタタ川の間には定住型の穏やかな人々が多く住み、一方のイタタ以南には荒々しい戦士たちが暮らすようになった。イタタ以南の大きな川、山脈、森といった地理的条件は、人々の好戦的で反抗的な精神を一層強め、北方に住む先住民には持ちえない天然の砦を彼らに与えたのである」とエイサギレは、その著書（『チリの歴史』）で述べている。

インカ帝国は１４６０年頃チリにも領土を広げようと軍を派遣する。タルカの近くを流れるマウレ川の北までは、インカに対する先住民の抵抗はほとんどなかった。それはインカがよく組織された優れた軍隊を持っていただけでなく、インカの先住民支配の仕方によるものであったとされる。征服した先住民の言語や特有の宗教をそのまま尊重して認め、強制したことと言えば、納税とインカ帝国の共通語であるケチュア語の習得、それに太陽を信仰することだけに留めていたからであるとされる。しかし、マウレ川以南では、アラウカ族の強い抵抗にあい、インカはこの地域の支配は諦めざるを得なかった。

増田教授によれば、インカの遺跡はサンティアゴのすぐ南までしか認められず、また、全土を領土としたのではなく、２本の王道（カミノ・レアル、インカ道）をクスコから敷いて、要所要所に宿舎や兵舎を造り、金、銀、銅などを手に入れていたらしいこと、インカ道の一本はサン・ペドロ・デ・アタカマを通り、もう一本は、トゥピサを通りコピアポ辺りで合流していたことが分かっている（「チリの歴史と文化」）。したがって、チリにおけるインカの支配は部分的なものにとどまっていたと考えられる。

長期に及ぶ、チリにおける先住民の歴史と文化は多岐にわたるが、近年のチリのセンサスに記載されている先住民集団としては、北部では第1州と第15州の高原地帯に居住するアイマラ族、ケチュア族、第2州に居住するアタカマ族（2002年センサスではアタカメーニョ族、2017年センサスではリカンアンタイ族）、その南に居住するコジャ族、ディアギタス族を挙げることができよう。南部には、チリの先住民の中で、最も人口の多いマプチェ族が広く居住する。チロエ島から南のマゼラン海峡に至る地域にはクヮシュガール族が居住し、ヤーガン族（ヤマナ族）とセルクナム族（オナ族）は、マゼラン海峡から、フエゴ島、ビーグル海峡にかけてのチリ最南端（かつ世界最南端）に居住する先住民集団であるが、その人口はごく少数である（センサスではヤーガン族のみが記載されている）。このほか、イースター島には、ラパ・ヌイ（スペイン語ではパスクエンセ）と呼ばれるポリネシア系の先住民が居住する。

近年の先住民の人口は、2002年のセンサスによれば、69万2000人（チリの総人口、1511万6000人の4・6％）、2017年のセンサスによれば、218万6000人（総人口、1757万4000人の12・4％）となっており、センサスにおける調査方法の違い等からかなり異なっている。先住民の中で、最も人口の多いのは、マプチェ族で、2002年60万4000人（総人口の4・0％、先住民の87・3％）、2017年174万5000人（総人口の9・9％、先住民の79・8％）となっている。

チリの歴史を俯瞰するとすれば、スペインによる統治以前の時期（その意味で、先スペイン時代と呼ばれる）と、スペインの植民地となってから独立するまでの植民地時代の約3世紀、独立後現代に至るまでの共和国時代（または独立国家の時代）の約2世紀の三つの時代に大きく区分することが可能であろう。本書では、本章の先スペイン時代に続き、第2章で植民地時代について述べ、第3章からは、共和国時代を概観する。まず、第3章では、独立戦争、第4章では、共和国の確立、第5章では、チリの歴史を大きく変えることとなる「太平洋戦争」、第6章では、硝石ブームのもとでのチリの繁栄から硝石輸出の衰退による挫折の時期を扱う。これらの時期の後、今日に至るまでの時期については、本書第Ⅱ部の政治と経済の各章で説明がおこなわれる。第1章から第6章までの各章は、主として本書の巻末に挙げた、参考図書（一般的な参考図書および歴史に関する参考図書）に依拠して執筆をおこなった。

（細野昭雄）

2

植民地時代

★3世紀におよぶ戦いと社会・経済の変化★

アンデス山脈の中央部に栄えたインカ帝国の悲劇については、よく知られている。スペイン軍を率いたフランシスコ・ピサロは、奇襲によりインカの皇帝アタワルパを捕えた。アタワルパは身代金として大量の金銀の提供を約束し、その約束を果たしたが、ピサロは約束を破りアタワルパを処刑した。1533年のことであった。高い文明を有していたインカ帝国の崩壊につながり、スペインによる支配がはじまる。スペイン人は、その南、今日チリとして知られる地域にも金を求めて遠征に向かう。そして、先住民の強い抵抗にあった。先住民アラウカ族とスペイン人との長い戦いの始まりであった。それは、約3世紀にわたって続いた。戦いが終わるのは、チリ独立後の、19世紀の後半になってからであった。

ピサロの仲間、ディエゴ・デ・アルマグロは、ピサロと仲たがいし、金をもとめて1535年、クスコからチリの遠征に向い、チリ中央部まで到達したとされるが、金を見つけるどころか、遠征軍の多くは死亡、遠征は失敗に終わった。しかし、これが、スペイン人が大挙して今日のチリの地域に攻め込んだ最初の遠征となった。アラウコ人とスペイン人が直接敵対するに

ラウタロ（ペドロ・スベルカソー画）

ペドロ・デ・バルディビア
（フェデリコ・デ・マドラソ画、1854年）

至るのは、ピサロの部下、ペドロ・デ・バルディビアによるチリ遠征である。バルディビアは、１５４０年に現在のチリの首都サンティアゴがある場所に到着し、１５４１年サンティアゴ市を建設した。いったんペルーに戻るが、次のチリ遠征では、チリの南部に至り、１５５０年コンセプシオン市を建設、１５５２年その近くの川で金が発見されたことから、さらに南に進むが、ここで、アラウコ人と戦うこととなる。アラウコ人の強力なリーダー、ラウタロのもと、スペイン軍に対する激しい戦いが行われ、敗れたバルディビアは処刑される。ラウタロは、観察力が鋭く、バルディビアの馬丁として働いた経験からスペイン人の弱点を知り尽くしていたという。ラウタロはそのあと戦死するが、カウポリカン、コロコロをはじめとする新たなリーダーが後を継ぎ、スペイン人との戦いを続けた。

この時のアラウコ人の勇敢さを称えたアロンソ・デ・エルシージャの叙事詩『ラ・アラウカーナ』（１５６９年以降３編に分けて出版）は、有名である。チリの歴史学者であり、文学者でもあるハイメ・エイサギレはこの叙事詩について、次のように述べている。「戦闘の描写の凄まじさには圧倒されるものがある。（中略）記述に当たっては極めて公平な書き方で、片寄ることがあったとしても、常に敵方に好意を寄せた書き方をした。（中略）アラウカ族の勇気と不屈さに感嘆を惜しむことなく、彼らの酋長を絶賛している。（中略）名誉と良心そして正義を重んじる彼らの心は、カスティーリャ人の精神そのものとして描かれた」（エイサギレ『チリの歴史』、カスティーリャ人は、スペインのカスティーリャ地方の人々を指す）。

その後、スペイン人からの報復が行われ、スペイン人がもたらした天然痘の流行もあってアラウコ人が一時劣勢となるが、1598年アラウコ側の抵抗で、チリ総督（総督については後述）の軍はビオビオ川（コンセプシオン市付近で太平洋に至る）の北に撤退を余儀なくされ、この戦い以来、ビオビオ川以南はアラウコ人の土地、アラウカニアと呼ばれるようになる。アラウコ人とスペイン人の戦い（アラウコ戦争とも呼ばれる）は、3世紀にわたって継続したが、17世紀の最後の10年間以後、アラウコ戦争での敵対関係は、次第に弱まっていった。それには、様々な背景がある。一例を挙げれば、チリ総督、アクーニャのもと、戦争をすれば捕虜を奴隷として獲得できることから、開戦を主張した、総督の2人の義弟サラサール兄弟に対して、1655年、先住民の極めて大規模な反乱が起こった。1674年スペイン王室は、「それまでの飽くことない虐待と憎悪に満ちた報復の原因になっていた戦争捕虜の奴隷化を禁止している」（エイサギレ、前掲書）。ただ、奴隷としての使用が、実際に廃止されたのは、18世紀になってからであるとされる。

18世紀に入ってからの、最も激しい戦いは、1723年の戦いであった。先住民領域内で行われたスペイン人による迫害に対して、憤激した先住民が立ち上がったもので、スペイン軍は、ビオビオ川以南の砦をすべて放棄し、宣教師たちもアラウコ領から避難するに至った。1726年休戦協定が成立する。その後、チリ総督がアラウカ族に集落生活を行うように働きかけたのに対し、アラウカ族はこれに反発し、総督側は集落に住むことを義務づけないことを約束し、この対立は収拾された。1770年に再び戦いが起きるが、休戦協定が結ばれ、これが18世紀最後の戦いとなった。18世紀に起こったスペイン人と先住民との戦いはいずれも長くは続かず、それ以前の1世紀半もの長い間続いてきた戦争にくらべると、小規模のものであった。その理由の一つとして、エイサギレは、「スペイン政府がアラウカ族所有の領土内でアラウカ族を惑乱させないよう配慮した結果、酋長がスペイン国王の統治権を認めて、宣教師や通商人たちもその地域を自由に通行できるようになったからである」（エイサギレ、前掲書）と述べている。しかし、アラウコ族の戦いは19世紀の半ば以降まで続いた。第5章で述べる南米の「太平洋戦争」の後、チリ政府は、この戦争に従軍して帰還した軍の一部を南部に派遣し、アラウコ族平定作戦に動員した。これによって3世紀を超える長期にわたるアラウコ族の戦いに終止符が打たれることとなる。

第二次世界大戦の頃、アラウコ族に強く共感した日本人がいた。様々な経験を経たあと、ペルーで遺跡の発掘を行い、アマノ博物館を設立した天野芳太郎氏である。コンセプシオン郊外に一時住んでいた天野氏は、その著書『アラウカノ族の如く』のなかで「かくして茫々300年の間アラウカノ族は、（中略）祖先伝来の国土の上に厳として光栄ある独立を守り続けた」と書いている（寿里順平『チリの歴史』日本語版出版に寄せて」）。

アラウカニアと異なり、「平定された」ビオビオ川以北では、16世紀から先住民の人口減少が進み、

第2章

植民地時代

17世紀にはいるとコピアポからキジョータに至る地域を除く全域で先住民の人口減少が加速した。エイサギレは、先住民は土地もろともエンコミエンダ（先住民の集団を「委託」された戦闘の功労者などが、委託下にある先住民に貢納、私賦役を課す権利を与えられる制度）に組み込まれてしまい、自らの手で耕作できる土地も制限されていたことや、降伏した先住民はスペイン軍の南部遠征隊に編入されたが、戦死者が多いうえ、長期にわたる戦争で子孫を残せなかったことなどを、その要因として挙げている。代わりにスペイン人男性と先住民女性の接触の機会が増え、混血を高める結果となったとされる。18世紀に入っても先住民減少の傾向は続き、アグスティン・デ・ハウレギ総督の行った1777年の史上初めてのチリの人口調査（マウレ川までのサンティアゴ司教区内）によれば、チリの北部と中部には、純粋な先住民はほとんどいなかったとされる。この地域には、約20万人が住み、うち16万人がヨーロッパ系、残りは、メスティソ、インディオ、黒人からなる人種構成であった。また、首都サンティアゴ市の人口は、2万4000人であった。1791年のアンブロシオ・オヒギンズ総督時代の調査では、サンティアゴ司教区の人口は20万4000人、コンセプシオン司教区の人口は10万5000人であり、別に同総督の命令で行われたアラウコ領内の人口調査では、1796年には9万5000人の先住民がいたと記録されていることから、18世紀末のチリの人口は40万人程度であったと推定される（エイサギレ、前掲書）。

植民地時代、チリはペルー副王の管轄下におかれ、チリには、総督ないしは、軍務総監がおかれた。右記の通り、先住民の生活していた土地（アラウカ領以外の土地）は、戦闘で功労のあったスペイン人にエンコミエンダとして分け与えられた。植民地時代のチリの主要産業は農牧業と鉱業であったが、農産物・鉱産物の生産や輸出は、さまざまな制約を受けていた。植民地であることから、市場がスペイン本国か、ペルー、アルゼンチンのような周辺のスペイン植民地に限定され、当時、高い成長率で発展していたヨーロッパ市場への輸出ができず、しかもスペイン領植民地に特有の生産性の低い農業生産システムによる制約があったからである。このことについて、チリの経済学者アニーバル・ピントは、クルチャガ・モンの次のような見解を引用している。「スペイン人は産業を振興しなかったし、またしようともしなかった。(中略)土地は産業の技術をもたないエンコメンデーロ(エンコミエンダを委託された者)の管理下におかれ、耕作に何の利益も見出しえない強制労働のインディオによって耕作されたために、(中略)単に自然の産物、それもほとんど土地に自生するものを収穫する広大なエスタンシアがあったにすぎない」(『チリ経済の栄光と挫折』)。

それでも17世紀には、小麦、大麦、トウモロコシの生産が拡大し、同世紀末には、小麦の生産が大きく伸び、ペルーへの輸出が盛んになった。ペルーに輸出される小麦と小麦粉の関税が撤廃された1775年以降、穀類の栽培と輸出が拡大した。17世紀にブドウの栽培も普及し、ワインはペルーにも輸出された。植民地時代初期に盛んだった砂金採取は、17世紀には衰退し、18世紀にはわずかの採取場しか残っていなかった。これに代わって、金鉱山の操業が盛んとなり、チリ総督領全体で300か所の金採掘場が存在したとされる。銀や銅の採掘も18世紀には行われるようになった。銅の地金はペルーやスペインに輸出された。

(細野昭雄)

3

チリの独立

★オヒギンズとサン・マルティン★

チリは、スペインからの独立を達成するのに10年余りを要した。サンティアゴ近郊のマイポ平原で、ホセ・デ・サン・マルティンとベルナルド・オヒギンズが率いる愛国軍と、王党軍が戦った「マイポの戦い」が、最後の決戦となり、チリの独立を決定づけた。1818年4月5日のことであった。オヒギンズは、その直前のラジャータでの戦いで右腕に敵弾を受け負傷していたが、マイポの戦場まで駆けつけ、サン・マルティンに「チリの救世主万歳」と叫ぶと、サン・マルティンは、オヒギンズに「将軍、チリ国民は、今日このような姿で戦場に駆けつけた高名な負傷兵（オヒギンズのこと）の名を末代まで忘れることはない」と叫び返したという（エイサギレ『チリの歴史』）。

これより10年前の1808年、スペインでは、ナポレオンの大軍10万人が北部に侵入した。ナポレオンはスペイン国王に王位継承権を譲与させ、自分の兄、ジョセフ・ボナパルトをスペイン国王に据えた。これに対しスペイン国民は反乱を起こし、レジスタンス活動を開始した。その中央組織として全国委員会が組織され、1810年最初のスペイン憲法が採択され、全国委員会の実権は摂政審議会に委ねられた。

ホセ・デ・サン・マルティン
［出所：H.F. Helmolt ed., *History of the World*. New York, 1901］

本国スペインへのナポレオンの侵入とその後の一連の動きは、スペインの支配していた新大陸の植民地における自治政府樹立運動や独立運動を引き起こした。チリでも、自治政府を主張する人々とスペインの摂政審議会の命令に無条件に従うべきだとする人々の対立が激しさを増していった。１８１０年９月18日、総督トロ・サンブラーノは、公開参事会（カビルド・アビエルト）を開催した。市民約３５０人が出席し、統治評議会（フンタ・デル・ゴビエルノ）を設立することが決定され、トロ・サンブラーノを議長とした新政府が設立された。こうして、「自治革命は成功する。国王との絆は断たずに、チリに初めて独自の政府ができたのである」（エイサギレ、前掲書）。この日９月18日はチリの独立記念日であり、今日でも最も重要な祝日となっている。

チリではじめての独自の政府ができたものの、その後の道のりは平たんではなかった。国会選挙で多数を占めた愛国派内で主流派と少数派の対立が起き、少数派を武力で支援したホセ・ミゲル・カレーラが１８１１年クーデターによって政権に就いた。こうした混乱を見た、ペルー副王はチリの新政権を倒すため、１８１３年軍を派遣しコンセプシオンを制圧した。チジャンでの戦いの後、１８１４年には副王はさらに援軍を派遣し、首都サンティアゴの制圧を目指した。この王党軍を迎え撃つため、ベルナルド・オヒギンズはランカグアの中央広場に布陣したが、王党軍に包囲され攻撃された。

オヒギンズは、チリのチジャンで生まれ、母の実家で育てられるが、父、アンブロシオ・オヒギンズがペルー副王に任ぜられた後、ロンドンへ留学、ここでスペイン植民地独立を目指すラウタロ秘密結社に入会、チリに戻り独立運動に加わっていた。11月2日、オヒギンズ軍の救援のためランカグアに近づいたカレーラの軍も王党軍に迎撃され、退却を余儀なくされた。孤立したオヒギンズは、敵の囲いを破って脱出したが、このランカグアでの愛国軍の敗北で、王党軍はサンティアゴも制圧し、絶対君主制が復活することとなった。

ランカグアの戦いで敗れたオヒギンズの軍はアンデス山脈を越えてアルゼンチンのメンドサに逃れたが、この時、ここで地方長官の任にあったのが、ホセ・デ・サン・マルティンであった。アルゼンチン生まれだが幼年期からスペインで育ったサン・マルティンは、ナポレオン軍のスペイン侵入への抵抗戦で勲功をたて、軍人としての道を歩んだ。しかし、ラウタロ秘密結社に入会し、独立運動のために1812年アルゼンチンに戻り、メンドサのあるクージョ地方の長官に任命され赴任した。ちょうど、その1か月後にランカグアの戦いに敗れたチリの愛国軍がメンドサに逃れてくる。当時、サン・マルティンは、ペルー副王領を撃滅するには、まずチリの王党軍を打ち破り、そこで船団を組織して海から攻め込む以外にないとの考えを持つに至っていた。チリ愛国軍のなか

ベルナルド・オヒギンズ
(ホセ・ヒル・デ・カストロ画、19世紀)

では、カレーラとオヒギンズの対立が表面化したが、サン・マルティンはオヒギンズの側につくことを明確に示した。オヒギンズはサン・マルティンのペルー副王領撃滅の計画を支援することを決意する。

オヒギンズのチリ解放軍（エヘルシト・リベルタドール）は、1816年の1年間を準備にあて、この間、マヌエル・ロドリゲスほかの密使を通じて、チリの愛国派の主要人物と密接な連絡を取り合った。サン・マルティンは、解放軍を数か所からチリに侵入させて、サンティアゴで合流させる戦略をたてていた。本隊は、オヒギンズとエスタニスラオ・ソレールの両少将指揮下、ロス・アンデスの北、バージェ・エルモーソ峠を経てサンティアゴに向けて進軍した。チリ総督マルコー・デル・ポンは、王党軍が各地に分散して駐留していたため、十分に対応ができないままラファエル・マロト少将指揮のもと、首都近郊に駐留していた部隊をサンティアゴ北部のチャカブコの坂に布陣した。1817年2月12日、オヒギンズ隊が戦闘を開始、ソレール隊が側面から攻め、解放軍の勝利が決定的となった。2日後、戦いに勝利した解放軍は、サンティアゴ市で市民の大歓迎を受けた。チリにおけるスペインの支配が終わった瞬間であった。

このチャカブコの勝利から3日後、サンティアゴ市の有力者は、サン・マルティンをチリの最高指導者に選任した。しかし、サン・マルティンは戦争を終結させるまで自分は指揮官として専念したいとの意向を表明し、これを受け入れなかった。1817年2月18日の公開参事会では、サン・マルティンの意向を尊重して、オヒギンズが最高指導者（現在の大統領にあたる）に任命された。オヒギンズは、翌1818年2月2日タルカで独立宣言文を発表し、サンティアゴなどの諸都市で宣誓式が行われた。このときから「国民の父(パドレ・デ・ラ・パトリア)」と慕われるようになる。翌3月オヒギンズは、ペルーからの援軍を得て北へ進軍してきた敵将マリアノ・オソリオとの決戦を期し南部に向け進軍した。しかし、タルカ近郊のラジャータでオヒギンズ軍は急襲をしかけられ、サン・フェルナンドまで逃れた。この時オヒギンズは右腕を負傷した。サン・マルティンとオヒギンズはサンティアゴに帰還、1818年4月5日、この章の冒頭に述べたような、解放軍(愛国軍)と王党軍の事実上最後の決戦が行われ(マイポの戦い)、解放軍が勝利したのである。

このあと、王党軍はコンセプシオンに退却、さらに、バルディビアに退却して、抵抗を続けたが、1821年10月愛国軍が勝利した。一方、これより先、チリ陸軍の大将に任じられたサン・マルティンとチリ艦隊の司令官に任じられたトマス・コクランがペルーに向かい、リマを占領、1821年7月28日ペルーの独立を宣言し、サン・マルティンはペルーの護民官に任じられた。この間、コクランは、リマの外港のあるカジャオ湾でスペインの戦艦「エスメラルダ」を拿捕した。この戦艦の後を継ぐ「エスメラルダ2世」は後の「太平洋戦争」で活躍する(コラム9参照)。この時期のサン・マルティンとコクランの活躍の背景には、独立したばかりのチリ政府による戦費の調達(外国人からの多額の借款による)と両指揮官のもとで戦ったチリ軍による大きな貢献があった。その後、シモン・ボリバル等の活躍により、ペルー副王領のスペインからの解放が実現する。

(細野昭雄)

4

共和国の確立

★ディエゴ・ポルタレスと1833年憲法★

1818年の独立後、最高指導者に任じられたオヒギンズにより新たな制度が整備されていったが、サンティアゴの貴族階級などオヒギンズの政治に抵抗する勢力が次第に強まり、1823年オヒギンズは辞任した。その後1830年までは、次々と政権交代があり、憲法もしばしば改定され混乱状態が続いた。

チリの政治に安定をもたらしたのは、1830年4月に大統領に就任したホセ・トマス・オバージェのもとで、内務大臣、外務大臣、陸海軍大臣に就任したディエゴ・ポルタレスであった。ポルタレスは大統領となるよう強い要請を受けたが、固辞し、ホアキン・プリエトを大統領に推した。このことによってポルタレスはオヒギンズ派を退け、陸軍を取り込むことに成功した。1831年9月プリエトが大統領に就任する。ポルタレスはすでに内務大臣の時から憲法改正の必要性を訴え続けていたが、1831年10月憲法改正を早めるための国民会議の開催を定めた法律が公布され、国民会議での議論を経て1833年5月25日、新しい憲法が公布された。この憲法は、国政は大統領制によるものとし、大統領の任期5年、1期だけ再選可能とした。大統領は、閣僚、州知事、郡長の任命権を有し、中央集権的性格が強い体制が整備された。国会は、上下2院制で、上院は議員数20名、下院は各州からその住民数に比例した議員数を選出することも定められた。また、国家の宗教はローマ・カトリックであるとした。この1833年憲法は、安定した立憲共和制による政治を可能とするものであり、実際、この憲法は、1925年の憲法まで、100年弱の期間継続し、そのもとで長期的に安定した政治が維持された。この安定した政治がチリのこの時期の経済的繁栄にとっていかに重要であったかは、後に述べる。

1836年には、プリエトが2期目の大統領に就任するが、この時期チリにとっての重大な脅威となっていたのが、アンドレス・サンタ・クルースが進めてきていたペルー・ボリビア連合の動きであった。彼はスペイン人を父に、インカ王族の血を引く先住民を母として「アンデスのナポレオン、インカの後継者」を夢みて、この連合をチリ、アルゼンチンに匹敵する強国に作り上げようとした（増田義郎編『ラテン・アメリカ史II』）。サンタ・クルースは、スペイン軍、サン・マルティンの軍隊、ボリーバルの軍隊に加わった経験を持ち、1829年にはボリビアの大統領に就任している。ペルー・ボリビア連合は1836年10月に結成される。

ディエゴ・ポルタレス［出所：Claudio Guy, *Atlas de la Historia física y política de Chile*, 1854.］

サンタ・クルースはチリに対して経済的圧力を強め、政治的干渉を行ったが、ポルタレスは艦隊の派遣や外交的交渉などにより、決然と対抗し国会もこれを支持する。1837年1月には国会は「政府に最大限の権限を与え、戦争の続く限りチリ全国を非常事態宣言下に置く」と発表した（エイサギレ『チリの歴史』）。しかし、サンタ・クルースの画策などもあり、反ポルタレス勢力の動きが強まる中、1837年6月3日ポルタレスは閲兵中に監禁され、その後暗殺された。チリ政府は、マヌエル・ブランコ・エンカラーダ率いるチリ軍を海路派遣、ペルーのアレキッパを占領するものの、その後事実上の敗退を喫した。翌1838年7月プリエト大統領の甥マヌエル・ブルネス総司令官率いる新遠征軍を派遣する。数か月に及ぶ戦闘の後、1839年1月20日のジュンガイの戦いで、ブルネス軍は6時間にわたる激戦の末、サンタ・クルース軍を破った。サンタ・クルースは、エクアドルに亡命しペルー・ボリビア連合は崩壊した。2期にわたって大統領を務めたプリエト大統領の後継者となったのが、このジュンガイの会戦での戦功で、強い国民の支持を得たブルネスで、1841年大統領に就任する。ブルネスも2期にわたり大統領の職にあり、その後を継いだのが、マヌエル・モン大統領であった。

右記のようなプロセスを経て、植民地であったチリは独立し、安定した共和国として確立した。エイサギレは1830年以降、チリにおける不安定は一掃され、「新しく根を張った強力な秩序が生まれたのである」と述べ、具体的には次のような点を指摘している。「抽象的な思想を振りかざしたり、他国から移入したなじみのない制度を振り回したり、あるいは旧時代の君主制や軍事独裁政治を標榜したりすることもなくなった。我国の欠点と可能性を見極めたうえで、現実的な政策がとられ、解決策を見出していったのである」(『チリの歴史』)。エイサギレは、こうした方策を見つけ出したのは鋭い直観の持ち主であるポルタレスであるとし、その協力者に実行力と謙虚さをそなえたホアキン・プリエトやホアキン・トコロナル、優れた法学者マリアーノ・エガーニャ、天才的財政家マヌエル・レンフィーフォ、博学なアンドレス・ベジョがいたとしている。1833年の憲法は、そのような考え方に基づくものであり、憲法公布令の前文にはこの憲法の編纂にあたった人々の現実的な考え方が次のように記されていることをエイサギレは指摘している。「この憲法は、実行できないような夢想的な理論を排して、政党の変転という国民が今まで苦しまされてきた事態を解消し、常に秩序を保ち人心の安定を確保するために編纂された」。

また、ポルタレスは教育と文化の普及を重視した。すべての国民が政治に参加するためには、時間をかけて教育を行う以外に方法はない、しかもその教育は古い君主制政権が行うのではなく、強い中央集権の機能を持った共和制政権が行わなければ意味がないというのがポルタレスの考え方であった。政府は常に初等教育をその最優先政策の一つとして掲げた。教員不足解消のため、1842年師範学校が開設された。チリ大学は1843年に創設され、初代学長にアンドレス・ベジョが就任した。

多くの中南米諸国では、独立後の19世紀においては長期の政治的混乱が続くが、チリにおいては、右記のようなポルタレスのリーダーシップと1833年憲法が、政治的な安定と経済的繁栄を可能にした重要な要因であったということができよう。このポルタレスによって構築された強い大統領制のもとでの共和制は、「ポルタレス体制」とも呼ばれ1891年のバルマセダ大統領の失脚まで続く(第6章参照)。

独立後の目覚ましい経済発展を可能にした最大の要因の一つは、スペイン植民地としてのさまざまな制約から解放されたことによるものである。アニーバル・ピントは、1830年からマヌエル・モン大統領までの30年間は、新しい市場によって生み出された刺激を「強烈な活動力と想像力で受け止め、短い期間にチリをラテンアメリカ諸国で筆頭の地位につかしめ」たと述べている（『チリ経済の栄光と挫折』）。1844年から1860年までに輸出総額は4倍となった。チャニャルシージョ鉱山（1832年）、カラコレス鉱山（1870年）の開発が、鉱産物輸出を主導した。銀の生産は1840年から1850年の間に、6倍に増加した。銅の生産は1841〜43年の6500トンから、1860年代には5万トンに増加し、当時の世界の銅生産の40％以上を占め、イギリスが必要としていた産業用と民需用の約65％を供給していたとピントは述べている。

またピントは、この経済発展におけるポルタレスの構築した政治制度の重要性を強調している。「ポルタレスの処方箋こそがチリの生産体制を『飛躍的に成長させた』実質的な要因であったと考えざるを得ない。さらにわれわれは重要な事実、すなわち彼がチリの発展をその社会的基礎に合致した道程ならびに枠組のなかで促進したという事実（中略）を指摘しなければならない」（前掲書）。

（細野昭雄）

5

南米の「太平洋戦争」

★硝石をめぐるチリとペルー・ボリビアの戦い★

スペインから独立後のチリと周辺の3国（ペルー、ボリビア、アルゼンチン）は、その国境については植民地時代の国境線を踏襲することとしていたが、スペインは植民地時代、国境線を厳密に定めることに関心がなく、曖昧なままとなっていた。スペインとの戦争後、チリとボリビアは国境に関する交渉を再開し、1866年には国境協定を締結し、両国の国境は、南緯24度とし、南緯23度から25度までの地域で生産された鉱産物の輸出収入は、2国間で折半することが定められた。しかし、1871年ボリビアでクーデターが起こり、新政権は前政権のもとで結ばれたチリとの協定を無効とした。

チリとペルー・ボリビア連合との間の「太平洋戦争」の遠因は、硝石の生産と貿易をめぐる争いにあった。ペルー領であったタクナ、アリカ、タラパカ（イキケ）におけるチリ・英国資本による硝石産業への投資の拡大に対し、1873年ペルーは、チリに対抗するための相互防衛を内容とする秘密条約をボリビアと結んだ。一方ボリビアとチリは、右記の1866年締結済みの国境協定の再交渉を重ね、1874年新たな国境協定を結んだ。ところが、ボリビアが、この協定に違反したことが、

「太平洋戦争」勃発の直接のきっかけとなった。ボリビアは、アントファガスタで操業していたチリ・英国の硝石会社の輸出に対して、新たな課税を行ったのである。この企業は、CSFA（アントファガスタ硝石・鉄道会社、英国企業Gibbsが資本の34%を所有）で、ボリビアの許可を得て操業を行っていた。チリ側の抗議にもかかわらず、ボリビアは支払いを迫り、支払いが行われないことを理由にCSFAを収用した。チリのアニーバル・ピント大統領は、1879年2月14日、アントファガスタ市を占領し、これに対しボリビアはチリに宣戦布告した。チリはペルーに対して中立を保つように求めたが、ペルーは1873年のボリビアとの秘密条約によりボリビア側についた。チリは、4月5日、ボリビアとペルーに対して宣戦布告する（マリオ・バロス・バン・ブレン「チリ国際関係史」）。こうして「太平洋戦争」が勃発した。

この戦争は4年間にわたるが、開戦直後のイキケ、アリカの海戦やタラパカの会戦によってチリが優勢となり、1881年リマを占領、1883年にはチリとペルーの講和条約に至る。この過程で特に重要であったのは、イキケの海戦（コンバテ・ナバル・デ・イキケ）であった。1879年5月21日行われたこの戦いの勝利を祝し、この日は現在もチリの祝日となっている。チリの主力艦隊はペルーのカジャオを目指したが、「エスメラルダ2世」と「コバドンガ」は、イキケ港の封鎖を続けるため、イキケ湾に残った。そこへ、ペルーの主力艦隊が封鎖を破るための攻撃を行った。「エスメラルダ2世」は木製の小艦で、しかもこの時はボイラーが故障していた。その艦長であったのが、後にチリの英雄として知られることとなるアルトゥーロ・プラット艦長であった。ペルー海軍の強力な「ウアスカル」と「インディペンデンシア」からの激しい攻撃を受けるが、プラットは巧みに防戦した。しかし、「ウアスカル」が衝角攻撃（体当たり攻撃）を行うに至ったため、プラットは斬込隊を率いて「ウアスカル」に飛び移ったが、敵弾を受けて戦死した。このあと、ペルーの「インディペンデンシア」が座礁したので、チリ側はすかさず撃沈させ、これを機にチリ側が優勢となった。その後の海戦でチリ側は「ウワスカル」も拿捕、制海権を掌握し、ペルーのカジャオ港も封鎖した（イキケ海戦の部分については、妹尾作太郎『日智両海軍友好一世紀の航跡』）。この「太平洋戦争」の帰趨を決するイキケの海戦で活躍したプラット艦長は、国民的英雄として称えられている。そして、そのときの「エスメラルダ2世」の後を継ぐ「エスメラルダ3世」が後に日露戦争で活躍した戦艦「和泉」である（コラム9参照）。

翌年6月には、チリ軍はペルー領のアリカとタクナを占領し、11月にはイカを占領、さらに、1881年1月首都リマを占領した。ペルー軍はアンデス山中に立てこもったが、1883年ペルーは降伏し、チリとペルーの講和条約（アンコン条約）が結ばれた。この条約により、チリはタラパカの割譲を受けるとともに、タクナ・アリカを10年間占拠し、その後住民投票で帰属を決めることが合意された。実際には住民投票は行われなかったが、1929年の平和条約でタクナはペルー領、アリカはチリ領となった。一方、チリとボリビアは、1884年バルパライソで休戦協定を締結し、1904年の講和条約でアントファガスタをチリ領とすることが確定した。この結果、チリは硝石地帯のほぼ全てを領有するにいたった。

しかしながら、この間、硝石事業における英国資本の優位も強まった。「太平洋戦争」が起こる前の1875年、ペルー政府はチリ・英国系企業の保有する硝石事業を国有化し、その代償として硝石証券（政府証券）を発行した。債券市場での価値をほとんど失ったこの証券を、額面10～20％で買い集めたのがジョン・ノースであった。彼は、バルパライソ銀行からの資金でこの投機を行い、硝石証券とタラパカ鉄道を購入した。1881年チリ政府が硝石工場を硝石証券保有者に返還するよう決定したことから、証券保有者が硝石産業の大部分を支配することとなり、ノースは硝石王となった。こうした経緯などから、硝石産業における英国資本の割合は「太平洋戦争」後、大きく上昇した。戦争の前の1878年のチリ硝石産業に占める英米資本の割合は、13％であったのに対し、1884年における英国資本の割合は34％に達し、1901年におけるその割合は55％に上った。戦争前のペルーとチリの資本の割合は、合わせて67％であったが、戦争後の1884年のチリ資本の割合は36％に、1901年のそれは15％に低下したとされる（カルドーゾ、ファレット『ラテンアメリカにおける従属と発展』）。

このような強い英国の支配から脱しようとして、民族主義的な政策を実行したのが、「太平洋戦争」後、大統領に就任したホセ・マヌエル・バルマセダであり、その政策が強い反発を招くこととなる（第6章参照）。「太平洋戦争」は、チリにとっては容易ならざる試練であった。当時領土をめぐっては、パタゴニアにアルゼンチンが強い関心を有していた。ヨーロッパでは、産業革命による需要の拡大があり、肥料としても爆薬の原料としても重要な硝石資源とその権益については、ヨーロッパ列強が虎視眈々と狙っていた。戦況によっては、領土に関しても資源に関しても、いつでもすきを突かれかねない状況下で行われたのが「太平洋戦争」であった。

（細野昭雄）

6

チリの繁栄と挫折

★硝石ブームとその終焉★

1875年に就任したアニーバル・ピント大統領、1881年に就任したドミンゴ・サンタ・マリーア大統領につづいて、1886年に大統領に就任したのがホセ・マヌエル・バルマセダであった。バルマセダ政権は後に述べるように、積極的経済開発政策を推進してチリ経済の目覚ましい発展の基礎を築くとともに、硝石産業などにおける英国の関与に変更を迫る政策を進めた。

「硝石王」ノースが登場し（第5章参照）、硝石産業を支配した経緯については、アニーバル・ピントが次のように説明している。「ノースの介入と、かれに協力した硝石鉱山の財務官ハーベイ（ノースにチリ政府の意図をもらしたのはこの人物であったと思われる）およびチリの金融界・政界の人物が指導的な役割を果たし、硝石の非民族化はおもにこれらの人々の陰謀的な操作に原因があったという意見が支配的である」（ピント『チリ経済の栄光と挫折』）。

バルマセダ政権は、1889年に北部硝石産業の国営化を断行した。その一部はチリ企業に払い下げ、外国人への譲渡を禁止した。英国の経済支配から脱却するため、貿易、借款の相手

ホセ・マヌエル・バルマセダ
［Biblioteca del Congreso Nacional de Chile 所蔵］

国をフランス、ドイツなどに変えて多様化をはかり、タラパカの英国系硝石鉄道会社を国有化した（硝石産業に対するバルマセダ政権の政策に関しては、増田義郎編『ラテン・アメリカ史II』による）。

しかし、この政策の実施は英国を含む様々な利害関係者の強い反発を招き、大統領と、保守派が多数を占める議会との対立は深まり、陸海軍をも巻き込む内戦を引き起こした。増田義郎編『ラテン・アメリカ史II』はこのことについて次のように述べている。「以上の施策は既成秩序の大幅な変更を意味し、サンティアゴ、バルパライソの保守派ばかりでなく、銅・硝石産業を支配する北部の新興鉱業寡頭支配層を基盤とする自由党の離反を招き、これをイギリス資本が後押しすることとなった。（中略）バルマセダが陸軍の支持をえて行政権を行使したのに対し、議会側は海軍将校のマヌエル・モンを臨時大統領に選出し、イキケに政府を樹立して海軍の支援のもとに議会軍を集結した」。約8か月の内戦ののち、議会軍が勝利した。バルマセダは、アルゼンチンに亡命後自殺した。

ピントは硝石の「非民族化」とその「問題の核心」は何かについて次のように述べている。それは「チリの企業者と労働者が硝石資源を発見し、この開発に決定的な役割を果たしたのだということであり、外国やこの地帯の所有者はそれに参加しようとするチリ人を追い払い排除しようとしたことであり、財産の権利、衰退しつつある輸出経済に硝石が果たす役割を自覚したわが国が最大の犠牲である戦争に突入したことであり、勝利を達成し、ただちに獲得された成果の民族的支配を短期間のうちに、実質的に放棄するような方策をとったことである」（『チリ経済の栄光と挫折』）。

1891年のバルマセダの失脚とマヌエル・モンの正式の大統領就任により、1830年代以来続いていた大統領の強いリーダーシップによる「ポルタレス体制」に代わり、議会主導の政治体制がはじまった。しかし、失脚したとはいえ、バルマセダの推進した積極的な経済開発政策は、画期的な意義を有していた。なかでも、鉄道、道路、港湾などのインフラの建設、国立銀行の創設や、税制改革、教育の近代化など経済発展を支える制度の整備が重要であった。バルマセダ政権下で産業公共事業省が設立された。セントラル駅、マポチョ駅、ベージャス・アルテス博物館、フォレスタル公園などが建造されたのもこの時代である。それは、その後、1930年代以降、ブラジルのバルガス、メキシコのカルデナスなどによる政府主導の積極的開発政策の推進のさきがけとなったと言えよう。

「太平洋戦争」は、その後のチリの輸出の拡大と経済の繁栄をもたらした。硝石ブームにより、1913年のチリの輸出に占める硝石の割合は71・3％となり、銅は7・0％に低下した。しかし、銅の輸出は、1910年代のエル・テニエンテ銅山の開発、そのあとのチュキカマタ銅山とポトレリジョス銅山の開発により拡大する。チリの人口一人当たりの輸出額は1850年（3年平均、以下同じ）7・8ドルであったが、1870年には14・2ドル、1890年には20・3ドル、1912年には44・7ドルに増加し、その水準は、米国のそれの2倍弱となった（ビクター・バルマー＝トーマス『ラテンアメリカ経済史』）。

モン大統領以降のチリ外交は、硝石貿易における覇権と列強諸国との適切な外交関係の二つを基本とするものであったとされる。「太平洋戦争」での勝利と経済の繁栄がそれを可能にした。こうした外交政策の下で、世界各国との関係の拡大を目指し、1897年日本との修好条約を締結した（マリオ・バロス・バン・ブレン「チリ国際関係史」）（第36章参照）。これより先、1894年には「エスメラルダ3世」の日本への譲渡が行われている（コラム9参照）。

硝石ブーム以降、経済発展、都市化が進む中で、様々な社会問題が深刻化し、労働者や新興の中産階層の不満が強まった。20世紀に入って労働条件の改善のために「チリ労働者連盟（FOCH：フェデラシオン・オブレラ・デ・チレ）」のような労働組合の組織が生まれた。なかでも、硝石労働者等のストライキが頻発し、社会問題への対応が迫られる中で、1920年アルトゥーロ・アレサンドリ・パルマが大統領に選出された。大統領に対する保守勢力の抵抗は強く、アレサンドリは一時海外への亡命を余儀なくされる。しかし、復帰し、1925年大統領の権限の強化、労働者保護などを定めた新憲法を制定し、これが1833年以来続いてきた33年憲法に代わることとなった。他方、第1次世界大戦（1914～1918年）中に、ドイツで人工硝石の生産が行われるようになり、チリの硝石輸出は多大の影響を受けただけでなく、これに1929年の世界大恐慌の衝撃も加わって、硝石に大きく依存していたチリ経済は深刻な不況に陥るに至った。1927年、大統領に就任したカルロス・イバニェスは、史上最大の公共投資を実施し経済回復を目指すが、その強権政治にたいする反発にあい、亡命した。1932年には、軍部と社会主義グループによるクーデターが発生、短期間社会主義共和国が成立するものの、国民は民政への復帰を求め、同年アレサンドリが再選されて大統領に就任した。アレサンドリは1938年まで政権の座にあり、経済的危機の克服に努めた。

（細野昭雄）

Ⅱ

政治経済

7

経済構造とシステムの特徴

★中南米における経済改革の先駆者★

チリは市場経済、民主主義、人権尊重、法の支配などの基本原則のもと、南米で最も安定した成長を過去25年間にわたり維持し続ける貿易志向型の経済である。マクロ経済の健全性、開放的な対外政策、競争力を持つサービス業や金融機関は海外から高い評価を受けており、同国ソブリン債の格付けは高い。野心的な構造改革の結果、チリは公共政策ガバナンスにおいても国際的なモデルとなっている（チリモデルについては第11章、コラム2を参照）。チリは2010年5月に南米で最初の経済協力開発機構（OECD）加盟国となった。チリ経済は一人当たりのGDP（購買力平価で2万4600ドル）、国際競争力、グローバル化、経済的自由度において南米をリードするだけでなく、汚職・腐敗が少ないことでも知られている。

チリ経済を長年にわたり牽引してきたのは、GDPの6割超を占める家計最終消費である。GDPの構成を支出（需要）面からみると、家計最終消費に次いで政府最終消費がGDPの14％を占める。民間と政府による最終消費は合わせてGDPの76％を占めており、チリ経済は消費に大きく依存する（表1を参照）。一方で、総固定資本形成がGDPに占める割合は20

表１　チリＧＤＰ構成の変化：支出（需要）
2013〜2017年　　　　　　　　　　　　（10億ペソ、％）

支出項目	2017年 名目 GDP （10億ペソ）	2012〜17年 年平均成長率 （%）	2017年 支出部門別内訳 （%）
国内総需要	176,698	6.2	98.3
国内消費	137,054	7.3	76.2
家計最終消費	111,955	6.7	62.3
耐久消費財	10,188	6.2	5.7
非耐久財	47,240	7.2	26.3
サービス	54,527	6.4	30.3
政府最終消費	25,100	10.3	14.0
総固定資本形成	38,757	3.2	21.6
建設、その他	24,626	3.5	13.7
機械設備	14,131	2.7	7.9
在庫品増加	886	−5.9	0.5
財・サービス輸出	51,602	3.8	28.7
財輸出	44,885	4.3	25.0
農業・林業・漁業	3,662	7.4	2.0
鉱業	24,570	3.2	13.7
銅	22,565	3.3	12.6
その他鉱物	2,005	1.9	1.1
工業	16,653	5.3	9.3
サービス輸出	6,717	1.1	3.7
財・サービス輸入	48,524	1.8	27.0
財輸入	42,057	1.8	23.4
農業・林業・漁業	759	5.6	0.4
鉱業	3,595	−6.9	2.0
工業	37,703	2.8	21.0
サービス輸入	6,467	1.7	3.6
国内総生産（GDP）	179,776	6.9	100.0

出所：チリ中央銀行のデータから筆者作成。

１７年で22％、中南米地域全体の平均値20％を上回る水準で推移してはいるが、設備投資が必ずしも経済の牽引力となっていないのが現状だ。

ＧＤＰを生産（供給）の側面からみると、従来チリではサービス業のＧＤＰ比率が高く、２０１７年にはＧＤＰ比で67％を占めた（表2）。レストラン・ホテルおよび電気・ガス・水道が急成長している。その反面、製造業のＧＤＰ比率が過去25年で低下しており10％に過ぎない。２０１３〜17年では、繊維・衣料品や非金属鉱物分野がマイナス成長となった。アジア開発途上国のように世界をリードする輸出志向の製造業はチリには存在しない。銅を軸とする鉱業はＧＤＰの９％を占めており、その割合は長年大幅には変わっていない。農林水産業がＧＤＰに占める割合は２０１７年に４％を切っており、食糧輸入の依存度が高まっている。

銅部門は１９７１年に一時的に国有化されたが、多国籍企業による投資が徐々に増えたことで、国営企業は現在銅生産の３分の１を担っているに過ぎない。銅はチリの財政と国際収支に直

表2　チリＧＤＰ構成の変化：生産（供給）
2013〜2017年

（10億ペソ、％）

産業	2017年 名目GDP (10億ペソ)	2013〜17年 年平均成長率 (%)	2017年 産業別内訳 (%)
農林業	5,598	8.6	2.9
漁業	1,296	19.7	0.6
鉱業	18,135	4.6	9.0
銅	16,220	4.8	8.1
その他の鉱業活動	1,915	3.4	0.9
製造業	18,372	4.6	10.9
食品	5,534	8.5	2.7
飲料およびタバコ	2,594	6.2	1.7
繊維、衣料品 皮革・履物	306	−5.1	0.2
木材および家具	1,062	7.6	0.6
パルプ、紙、印刷物	1,703	8.8	1.3
石油精製	1,612	8.7	1.0
化学品、ゴム プラスチック	1,951	−3.0	1.3
非金属鉱物、金属	684	−6.6	0.5
金属製品、機械 機器、その他	2,926	2.4	1.8
サービス業	120,880	7.3	67.2
電気、ガス、水道	5,633	12.3	2.5
建設	11,713	6.8	7.6
商業	16,497	7.1	8.6
レストラン・ホテル	3,825	10.6	1.8
輸送	9,152	8.9	4.9
通信	4,747	2.4	1.5
金融業務	8,129	4.2	4.9
ビジネスサービス	17,406	4.3	13.8
住宅サービス	14,025	9.4	5.4
個人向けサービス	21,322	9.2	12.0
行政	8,433	8.0	4.8
GDP（生産要素コストベース）	164,281	6.8	91.2
付加価値課税（IVA）	14,705	7.4	8.3
輸入税	791	5.1	0.5
国内総生産（GDP）	179,776	6.9	100.0

出所：チリ中央銀行のデータから筆者作成。

接的に貢献するとともに、国営企業（コデルコ）が毎年の売上の10％を軍部に納付することを義務づける「銅機密法（Ley de Reserva de Cobre）」の改正が遅れていることから、銅輸出はチリの軍事費にも間接的な影響を与えている。チリは２００６年以来、鉱山会社の営業利益に課税する鉱業特別税を導入している。

チリ政府は通常、銅価格が高騰し高度成長が続く時期には、財政黒字を「チリ経済社会安定化基金（Economic and Social Stabilization Fund）」と称されるソブリン・ウェルス・ファンド（ＳＷＦ）に一時的に蓄積、景気が後退し銅価格が下落する期間において財政が赤字になった際に、好景気の際の黒字で埋める反景気循環的な財政政策を踏襲してきた。これらの政府系ファンドは、中央銀行の外貨準備とは別に海外で貯蓄され、2015年10月末現在で、224億ドルに達した。2009年のリーマンショック期には、政府は財政の刺激策としてこれらの資金をあてた。また金融政策においては、チリ中央銀行が2年ごとにインフレターゲットを設定（2017年の時点では年率3％）、低くかつ安定した持続可能なインフレ率を保つことを目指す。

チリ経済の秩序は、強靭な制度基盤に支えられている。政府の役割は一般的に、「ゲームの規則」の保証とその維持に限定されている。市場競争の原則がマクロおよびミクロ経済の両レベルで一貫して適用される。価格統制や政府管理価格は価格補助（例えば、エネルギー供給）が絡む例外を除いて存在しない。通貨兌換性は100％、為替は1999年から変動相場制である。市場は競争的であり、独占の性格が強い公益事業などにおいても潜在的競争が機能する。商品や生産要素市場への新規参入や撤退が自由である。中小企業に対する税制上の特別待遇を除けば、企業の規模による差別はしていない。中央銀行の独立性も確保されている。チリはインフォーマル・セクターの規模では中南米で最も低い国の一つである。

また、チリは中南米諸国のなかでも経済開放率が高く、関税・非関税障壁がほとんどない輸出主導型の経済といっても過言ではない。まずは自律的な自由化を図り、後に低率の一律関税制を導入、そして、26におよぶ二国間・多国間自由貿易協定（FTA）を世界の64か国と締結したことで、実質関税は低率まで削減された。発効済みのFTAは合わせてチリの貿易総額の93％をカバーする（チリの

FTA網については第16章を参照)。

チリは中南米において、経済改革の先駆者的な存在といえる。自由市場経済に向けての改革だけでなく、新しい制度の構築に貢献し、世界のモデルとして注目された。1980年代には、イギリスのサッチャー政権よりも早い時期に電力の民営化に取り掛かり、後に多くの基幹部門でも民営化が図られた。民間企業は経済の機動力であるとの考え方から、市場原理は公共性が高い医療保険(ISAPRE)、年金基金(AFP)、教育、道路インフラ、病院、刑務所施設にまで浸透しているが、民間企業の営利に基づく運営体制が社会の階層化を顕著化しているとの批判の声も上がっている。政府当局は、民間企業による社会サービスの提供に関わる社会的不平等の問題を是正するために、これまで「官民混合」の制度を導入してきた。

チリの年金制度は世界で先駆者的な役割を果たしてきた。チリは1981年に賦課方式の給付建て年金を段階的に廃止する一方で、民営化による個人勘定を持つ積立方式を拠出建て年金に切り替えた。年金の財源は、個人が年金基金に拠出した保険料に運用益を加え,手数料を控除したものであり,最低保障年金は国庫が負担する。運用利回りの悪化に対する対応,手数料の高さ、財政負担などの問題に加えて、毎月の掛金を払い込むことができるのは労働者の40%に過ぎなかったことから、2008年の改革で強制加入となった。現時点ではAFPは6社によって運営されており、健全性の確保と加入者の保護のために,監督機関としてSAFP(Superintendencia de AFP)が設置されている。

チリは中南米でも医療保険の普及が進んでいる国であり、国民の95%以上が被保険者となっている。しかし、その約8割を占める公的保険(FONASA)では、公的医療機関の医師不足などの問題により十分な医療サービスが受けられない場合がある。これに対して民間保険（ＩＳＡＰＲＥ）に加入している被保険者は約14％だが、保険料は高いがサービスの水準も高い。その他の保険（軍部のための保険など）が３・０％、未加入・不明は合わせて４・５％にすぎない。傾向として、１９９０年代後半から民間保険の被保険者の割合が徐々に減少し、公的保険が増加している。一方、ＩＳＡＰＲＥの場合、本人および扶養家族の年齢、性別、既往症・持病の有無などにより、異なる保険会社のさまざまなプランの中から希望するものを選んで加入することができる。両保険制度の被保険者に提供される医療サービスについて平等のアクセス、治療の質を保証するために、２００３年に特定疾患向けの医療制度（Regimen de Garantías Explicítas en Salud：ＲＧＥＳ）が設立された。

経済成長の恩恵でチリでは貧困率が急激に減少し、中間層が増えているが、社会的不平等と所得分配の問題が残存する。中間層に属する所得階層は総人口の47％を占めると推計される。チリの全国社会経済実態調査（ＣＡＳＥＮ）によると、貧困層は１９９０年の38・６％から２０１７年には８・３％、極貧層は２・３％まで減少した。貧困が逓減する一方、所得分配は改善していない。所得の不平等を測定する際によく使われるジニ係数は50～53の間で変動しており、中南米諸国の間でも分配が悪い国の一つで、ＯＥＣＤ諸国の平均38を大きく上回る。

「成長の痛み」はその他にもある。首都サンティアゴに少なくとも40％の人口が集中し都市化が進んでいる。チリの総人口の87％が都市部に居住する。都市の混雑、環境汚染、非行や犯罪、家庭内暴力、住宅事情の悪化、相対的貧困の増加、階級化、通勤時間などが問題視されており、高度成長が生んだこれらの「社会的負債」の解決がこれからの大きな課題である。

（桑山幹夫）

8

1930年代からフレイ政権まで

★「チリ化」に向けて動き出す★

1930年代にヨーロッパで起こった「人民戦線」旋風の影響をうけて、チリ急進党は社会党、共産党、その他の左派勢力と集結、人民戦線（Frente Popular）を結成する。急進党候補のペドロ・アギーレ・セルダ（1938〜41年）が大統領に就任し、1952年まで続く急進党派勢力の礎を築く。ホアン・アントニオ・リオス（1942〜46年）、ガブリエル・ゴンザレス・ビデラ（1946〜52年）による3代の急進党政権が続くことになる。しかし、ビデラ政権は1947年に社会主義圏諸国と断交、翌年には共産党を非合法化するとともに、米国からの融資を拡大した。ビデラの大統領選で選挙対策委員長を務めた共産党員の詩人パブロ・ネルーダ（後にノーベル文学賞受賞）がアルゼンチンに亡命した。こうしてチリが自由主義圏へ組み込まれ、中間層の政党である急進党が右傾化し、左派勢力が弾圧によって弱体化するなか、1952年に世界大恐慌の時期に大統領を務めたカルロス・イバニェス（無所属）が一般選挙で大統領に選出され、イバニェス第2期政権（1952〜58年）が始まることになる。

急進党政権の当初は、政府主導の工業化政策が功を奏して、輸入代替工業化が推進され、GDP成長率は上昇した。1939年にはチリ産業開発公社（CORFO）が発足した。さらに、太平洋製鉄（GAP）の他、重化学工業に携わる多数の国営企業が設立された。セルダは「統治することは教育することである」の方針を掲げ、学校の設立にも熱心で、教育改革に積極的に取り組んだ。女性が大統領選での投票権を獲得（1949年）、1947年にガブリエラ・ミストラルがノーベル文学賞を受賞、アルベルト・ウルタド神父が教育と弱者の救済などの慈善事業を使命とする「オガール・デ・クリスト」を設立するのもこの時期である。

だが、急進党政権下では、党と大統領の衝突、共産党の非合法化、農牧業の停滞、都市の貧困化などの問題が顕著化した。この状況を打開するために、イバニェス大統領は1955年半ばに米国よりクライン・サックス調査団を招く。この調査団によって作成された計画に基づき、経済安定化、自由化政策が翌年から実施された。この政策はかなりの成果をあげたが、1958年には経済は再び悪化した。

1958年の大統領選では自由、保守、急進の3党から成る「自由同盟」を率いるホルヘ・アレサンドリが当選し、保守党支配が復活した。アレサンドリ保守政権（1958〜64年）がとった政策は、歴代の保守政府と同じく、賃金の安定、緊縮財政、貿易自由化であった。その結果、成長率は回復した。中央銀行による紙幣の増発は通貨不安を招くとして、海外からの借款に頼る工業政策が進められた。アレサンドリ政権下において、1960年の地震災害からの復興に役立った経済・開発・復興省、エンテルチリ（電気通信）、エナミ（鉱業）、ラデコ（航空）、エンポルチ（港湾）などの国営企業がCORFOを介して設立された。1962年にはワールドカップがチリで開催され、チリのスポーツ振興の

エドゥアルド・フレイ・モンタルバ
［提供：駐日チリ共和国大使館］

シンボルとなった。

１９６１年には米国がキューバ革命の影響を阻止するために対中南米政策を転換し、「進歩のための同盟政策」を提唱する。それを受けて、アレサンドリは社会改革のための「10カ年開発計画」と農地改革を実施するが、米国からの資金の獲得のためのショーウィンドー的な政策に過ぎず、実質的な改革はなされなかった。政権初期は銅の国際市況に支えられて安定していたが、１９６２年末から市況が急激に転換、輸入の自由化と相まって国際収支が悪化した。その結果、物価上昇、生産減退、社会不安に繋がった。

１９６０年代に入ると、左右両派との同盟を嫌うキリスト教民主党が中道勢力として力を強めるようになる。同党は経済、社会、政治面での改革を促進する政策課題を掲げた。１９６４年末、社共両党の候補のアジェンデに圧勝して登場したキリスト教民主党のエドゥアルド・フレイ・モンタルバ政権は、アレサンドリ政権下で顕著化した経済的困難に対して、主に構造的改革によって対処する姿勢をとった。フレイ大統領はインフレ、経済成長の停滞、市場規模などの問題を解決するには、構造改革の実行が必要であるとの考え方から、国内市場の拡大のため、土地改革とスラム対策によって、低所得層の所得を引き上げる必要性を訴えた。歴代の政府の工業開発政策とは異なり、単なる輸入代替工業の育成ではなく、外資の協力によって重化学工業開発を図るとともに、輸出可能な産業を育成することによって工業製品輸出を拡大し、国内市場規模の問題を克服しようとした。

フレイ政権は社共両党からの資源国有化要求の対案として、銅の「チリ化（チレニサシオン）」政策を実行した。政府が銅鉱山会社の株式の51％を買い上げることによって、経営の支配権を確立し、同時に銅収入を拡大するのが狙いであった。しかし、設備拡張などの資金は政府が負担するのに対し、会社の運営は企業側に委ねられ、株式の買い上げに対する代償として、税制上の優遇措置や利潤の本国送金に対する特権が認められたため、「チリ化」されたアナコンダ社やケネコット社などの米国系銅山会社の収益はむしろ大幅に増加した。

右記のような積極的な工業開発政策と平行して、フレイ政権は下層大衆の所得引き上げ策を導入した。１９６７年には農地改革が議会を通過し、チリ史上初めて土地所有限度が設定された。農地は、土地の性質によって各々の所有制限が設定された灌漑地、農場に住む小作人に有償で分配された接収地、受益農民のための自営農化への過渡期措置としてアセンタミエントと呼ばれる協同組合の設置など、三つの形態に再組織された。キリスト教民主党はこれらの農地改革の受益農民を中心として農民の組織化を進め、農村での勢力を伸ばしていった。農地改革法成立後は土地接収がかなり進んだが、財政が悪化した１９６８年以降は政府の姿勢も消極的となった。

社会改革の2本の柱の一つであるスラム対策は、住宅建設を中心として、母性保護を目的とした「母親センター」の設立、低所得層へのミルクの支給などが進められたが、１９６８年から採られた緊縮財政政策の影響により、計画は縮小せざるをえなかった。また、フレイ政権は町内会、スポーツクラブや農民組合の設立を奨励することで、国民の政治参加を推進した。異なるレベルにおいて教育改革も実施した。

これらの構造的改革の成果が表れるには時間がかかり、フレイ政権下の成長率は相対的に低いものに留まり、対外収支も改善されなかった。１９６５〜70年の平均成長率は３・８％、インフレも25％の高い水準で推移した。国際商品の価格上昇で貿易収支は黒字を維持したが、対外債務が輸出総額の2〜３倍まで拡大した。チリの小規模な国内市場において、輸入代替工業化がもはや限界に達しているとの認識のもと、この時期政府はアンデス地域統合の実現に努めた。

（桑山幹夫）

9

アジェンデ政権

★選挙で選ばれた世界で初めての社会主義政権★

１９７０年9月の大統領選挙において、人民連合（社会党、共産党、急進党に加えてキリスト教民主党から分裂してできた3党を含む6政党で構成される）が擁立した社会党のサルバドル・アジェンデ候補がわずかの得票率の差で国民党のホルヘ・アレサンドリとキリスト教民主党のラドミロ・トミッチ候補を下した。いずれの候補も過半数を得られなかったため、選挙の2か月後に議会の上下両院合同会議が開かれ、キリスト教民主党と協定して憲法の定める原則の保障（憲法保障条令）が承認されたことで、アジェンデが議会において同年11月に大統領に指名された。

アジェンデ政権は、選挙で選ばれた初めての社会主義政権として、旧ソ連、キューバとは異なるチリ独自の「社会主義への道（Via Chilena al Socialismo）」を標榜、一連の社会主義的政策を打ち出した。このため、アジェンデ政権の動向は「チリの実験」として世界の注目を集めることになった。アジェンデは急進党政権期に保健社会厚生相、１９６０年代に上院議長の重職を務めた経験豊富な政治家である。１９６９年に採択された「人民連合綱領」には、人民連合政府の基本的課題として、チリにおいて社会主義建設を開始することが明記されているもの

サルバドル・アジェンデ［提供：駐日チリ共和国大使館］

の、アジェンデ政権は従来の「プロレタリアの独裁」体制をチリに植え付けるものではなかった。人民連合内の急進派と中道派との間に政治戦略について見解が異なることもあり、人民連合は、計画経済に基づく権威主義的な古典的社会主義を代表する政権ではなかった。

アジェンデ政権が実行した政策は、フレイ政権期に尻つぼみに終わった諸改革の実施、そして社会主義社会建設の布石としての政策の二つに大きく分けられる。前者には低所得層の所得引き上げや社会福祉政策の拡大などの所得再分配政策および農地改革が含まれる。これらの政策は既存の法律を適用することによってかなりの成果をあげた。一方、後者には自然資源の国有化や大企業国有化、労働者の経済計画や企業経営に対する参加などが含まれるが、アナコンダ社やケネコット社などの大産銅会社の接収を除いては、野党の反対が強かったため新立法を制定できず、ほとんど全ての場合、行政措置によって実行せざるを得なかった。「人民連合綱領」に基づき、資本金１４００エスクード以上の２４３社を国有化するとしたが、最終的には90社が対象となった。しかし、野党が強く反対し、キリスト教民主党が企業の労働者を主体とした法案を提出したこともあって、実現することはなかった。

アジェンデ政権は所得再分配政策の一環として、最低賃金を引き上げるだけでなく、全ての階層に対して賃金を100％物価上昇率にスライドする賃金調整政策を採用した。低所得層には一層の上積みが認められた。その他、寡婦、老人、退職者のための年金の大幅な引き上げ、労働者や失業者に対する医療費の免除、15歳以下の子供に対するミルクの無料支給、家族手当の引き上げなどの社会福祉政策が拡張された。アジェンデ政権の当初、失業率は前政権期と比べて大幅に低下した。

農業分野では、フレイ政権下において承認されていた農地改革法を短期間に完全実施した。キリスト教民主党政府末期には農民の不満が高まり、土地占拠運動が激しさを増していた。この農民の要望に応えるためアジェンデ政権は、フレイ政府による1967年の農地改革法に基づき、発足と同時に農地改革に着手した。1972年8月までのわずか2年足らずの間に法律に定められた灌漑地基準面積80ヘクタール以上の農場の接収はほぼ終了した。協同組合形態の農地改革センター、より緩い組合形態である農民委員会やアセンタミエントなども設立された。その結果、アジェンデ政権初期には農牧生産はほとんどの作物において増大した。

アジェンデ政権では、一連の構造改革と並んで、労働賃金引き上げによる大衆の購買力の拡大に支えられ、工業操業率が高まり、生産拡大が可能となり、失業率も一時的に低下した。1971年末までは経済は順調に拡大し、GDPは1966〜70年間の平均3・7％から1971年には7・7％の高い成長率を記録した。国民の支持が高まり、1971年4月の地方選挙では人民連合は50・9％の支持を獲得した。しかし、1972年に入ると、国有化をめぐって国会における野党の妨害工作が活発になり、国会外での反政府運動も激化した。3月にはアジェンデ暗殺計画およびマーシャル少佐によるクーデター未遂事件、9月には軍部の右派勢力による「9月クーデター計画」が発覚して、世情は騒然となってくる。また、8月にはトラック業者、医師、商店等がストに突入した。

政府はこの危機を軍人の入閣によって乗り切ることにし、1971年11月に3軍人を迎えて軍民内閣が発足、その体制が1973年の国会議員選挙まで続いた。しかし、選挙は野党の大勝に終わるという大半の予想に反して与党は大幅に議席を増やし、得票率も伸ばした。この選挙結果により、チリの社会主義化は不可避であるとみられ、それを阻止するには軍事クーデター以外に方法はないとの認識が強まり、軍右派の動きが活発になった。

1972年、73年のGDP成長率はマイナスに陥る。物資不足に加えて、公務員の増加、社会保障支出の拡大、民間企業の国営化等により財政赤字が拡大したことで、インフレが1971年の22％から1972年には163％、1973年には508％まで高騰した。財政赤字は対GDP比で25％に達した。1971年には大きく拡大した農牧部門の生産は翌年に商店、トラック業者のストなど反政府攻勢が始まると、再び縮小に転じた。特に富裕層が生産する小麦、コメ、工業原料における減産が大きかった。大量の農産物が正規の物流ルートに乗らず、闇市場に流れた。前政権から引き継いだ対外債務の累積、銅価格の下落、銅生産の停滞、輸入の増大、資本の流出が重なって、国際収支が危機に直面するようになる。インフレ高騰、物資不足で社会不安が日増しに高まり、1973年半ばには経済運営が著しく困難になった。米国の圧力により、世界銀行の対チリ融資が1971〜73年には枯渇する。

第９章

アジェンデ政権

アジェンデ大統領は、資本家や軍などの反対勢力、そしてカトリック教会の支持が強いキリスト教民主党と対話することで、危機を打開しようとしたが、同党は人民連合政府成立以後1年足らずのうちに野党側につくようになり、政府が提出する法案はことごとく拒否された。１９７３年には同党内では中道右派のパトリシオ・エイルウィン党首の支配権が確立しており、話し合いは失敗に終わった。アジェンデが１９７３年8月にアウグスト・ピノチェットを軍司令官として任命する背景には、軍部との和解の試みがある。経済運営の失敗から起きた経済危機に加えて、米国の対チリ工作、キリスト教民主党との対立、人民連合内部の戦略の不一致が重なり、１９７３年9月11日に海軍、空軍に続いて陸軍が蜂起したことで、クーデターによってアジェンデ政権は崩壊する。

（桑山幹夫）

10

ピノチェット政権

★1990年まで続く軍事政権の誕生★

軍事クーデター翌日の1973年9月12日に、3軍と国家警察長官により構成される軍事評議会が発足、議長にピノチェット陸軍総司令官が就任した。同評議会は発足と同時に戒厳令を布告し、左翼政党の非合法化を図り、全政党の活動を禁止した。議会を閉鎖する一方、労働組合など人民連合系の団体を全て解散した。軍事評議会が1974年3月に発表した「チリ国家再建方針」において、軍事支配は非常時における過渡的な政権ではなく、これからも続くものであることが明らかにされた。チリの歴史的伝統であった議会制民主主義に終止符が打たれた。1974年6月にはピノチェット軍事評議会議長が大統領に昇格した。1976年1月には国会に代わる国家評議会が設置され、1978年10月には憲法草案が発表され、1980年9月に国民投票により採択された。

軍事政権は1974～81年および1982～89年の二つの期間に大きく分けられる。前期においては、ピノチェット政権はアジェンデ政権下で導入された高関税、数量制限、複数為替相場制、資本規制などの措置による極端な保護政策を撤廃し、関税率の段階的削減（一律10％まで引き下げる）、為替の自由化、外国投資の誘致、国内規制の緩和（特に価格規制の撤廃と金利の自由化）、経済活動に対する政府介入の縮小（特に公営企業の活動の縮小）、民営化などの政策を軸に経済改革を推進した。軍事政権は、人民連合による輸入代替政策に代わって、貿易自由化、銀行システムの健全化、為替切り下げ、税制改革、および非伝統的な輸出商品の促進を支援する施策など、実用主義的なアプローチで経済改革を図った。これらの自由化政策は、米国のシカゴ大学経済学部で学んだ「シカゴ・ボーイズ」と呼ばれる、ミルトン・フリードマンの弟子のマネタリストたちによって推進された（コラム1を参照）。

ピノチェット政権は貿易金融自由化、大規模な民営化、加えて内外資本の平等待遇、特定分野・産業を優遇しないニュートラルな経済政策を採用した。チリは1978年には南米の中でも高度成長を示した経済に回復した。財政調整（例えば、1975年には10万人の公務員が解雇された）や為替の安定化（1979～81年の期間、為替レートが対米ドル39ペソに固定された）ことで、インフレは年間30%まで低下し、1981年には9・5%まで低下した。前政権下で接収された土地や資産は返還された。ピノチェット政権前期（1977～81年）では、GDPは年間平均で8・1%、一人当たりのGDPは6・5%増加した。

アウグスト・ピノチェット
［提供：駐日チリ共和国大使館］

1米ドル39ペソに固定化する政策により実質為替レートが米ドルに対して大幅に上昇する一方、内外の金利差が広がり、これを受けて民間銀行が海外から多額の資金を調達し、それが不動産投資に向けられたため、国内でいわゆるバブル経済が発生し、対外債務が急増した。これは、放漫なマクロ経済政策で対外債務問題に陥ったブラジルやアルゼンチンとは異なる。輸入の自由化および為替の固定化政策はインフレ圧を鎮静したものの、資産価格が高騰する反面、国際競争力の低下につながった。のちに債務危機と同時にバブルが崩壊、チリの銀行は多額の不良債権を抱え、有力企業グループの多くが深刻な危機に陥った。

よって、1981年までのマクロ経済パフォーマンスは、国際収支の不均衡と巨大な債務、低投資比率等の犠牲の下で成し遂げられたものであるといえる。政府の規制が不十分なため、銀行融資のリスクが高まった。経常収支赤字の拡大、通貨高、国際市場での金利の上昇などの要因が重なり、国内投資と消費が1982年に大きく後退した。実体経済の不均衡は経済の崩壊に繋がり、1982年のGDPは14％のマイナス成長を記録、失業率が20％、貧困層が拡大し所得分配が悪化した。1984年にチリ経済はプラス成長に回復するものの、1988年の一人当たりGDPは1981年の水準を下回った。

後期では、ピノチェット政権は深刻な経済・社会危機を克服するために、より実践的な政策を打ち出すようになり、同政権が以前は強く批判していた政府介入政策へと転換する。その改革の骨子として次が挙げられる。①関税引き上げ（一律10％の関税は一時的に35％まで引き上げられたが、1988年には15％まで削減された）、②デット・エクイティ・スワップと呼ばれる債務の資本化（ドルで割り引した価格で購入した債務をチリ中央銀行が額面に近い額でペソに交換し、それをチリで国内投資に充てる）、③公営企業の民営化（1985年以降、主要な基幹産業の民営化が進む）、④年金、医療保険、教育部門での民営化、⑤新しい為替レート制度（変動幅を定め、その幅を次第に拡大する）の導入、⑥投資・輸出促進のための税制改革など、の政策が実施された。

政府は対米ドル39ペソの固定為替率を１９８２年6月に放棄し、3か月後には63ペソまで低下した。通貨安は自国の輸出促進には役立つものの、対外債務が外貨で大幅に増大し、ドル建ての融資を抱える企業の収益に大きな影響を与えた。ピノチェット政権は対応策として、特恵為替率による債務削減、銀行支払いに苦しむ債務者の救済に乗り出した。また、崩壊状態にあった民間銀行を一時的に買収し、銀行と債務者に対して公的に補助したことでバランスシートが改善した後で、それらの銀行は再び民営化された。この公的補助金はＧＤＰ比で35%の高額に上った。後期末には、経済は危機から回復するものの、所得分配がさらに悪化した。経済は堅調であったが、年平均成長率は平凡な２・９%に留まった。

「80年憲法」は１９８８年までにピノチェット続投の是非をめぐる国民投票を実施すると定めていたが、その背景にはピノチェットの勝利が想定されていたことがある。近隣諸国で民主化が相次いだことに刺激されて、チリでも民主化を求める動きが活発になった。１９８８年10月にピノチェット続投の是非を問う国民投票が実施されたが、ピノチェット支持率は43%にとどまり、その政治戦略の大幅な修正を余儀なくされた。軍部は民政移管のための大統領選挙に敗北したとはいえ、軍部の影響力が温存できるよう、制度的あるいは非制度的な方策を講じて民政移管に備えた。様々な提言がなされるなかで、80年憲法を広範に修正することが１９８９年7月の国民投票において、85%の賛成を得て承認された。

（桑山幹夫）

コラム１　シカゴ・ボーイズ

桑山幹夫

チリの史上初の合法的社会主義政権が1973年9月に崩壊した。軍部クーデターを通して誕生したピノチェット独裁政権のもと、社会主義体制を払拭する試みが政治、経済、社会など国民生活の全ての分野で始まった。ピノチェット政権は、輸出競争力と市場原理に基づくネオリベラリスムを導入し、80年代後半には経済の安定化だけでなく、経済成長を遂げるようになる。このネオリベラリスム経済政策を担った経済学徒集団こそが「シカゴ・ボーイズ」であった。なかには、エルナン・ビュッヒ、ホアキン・ラビンなどチリ大統領候補となった人物も含まれる。

ピノチェットの支持者たちは「アジェンデの失政によって混乱した経済を立て直した」と評価し、1976年にノーベル経済学賞を受賞したミルトン・フリードマンは、ピノチェットの政策を「チリの奇跡」と称賛した。フリードマンは1975年にチリを訪問、ピノチェット大統領と会談している。また、1981年には、ノーベル賞を受賞したフリードリヒ・フォン・ハイエク（1944年に発表された『隷属への道』〔The Road to Serfdom〕が有名）がチリを訪問し、ピノチェット政権による自由市場経済を高く評価した。しかし、両知識人は、個人の自由を厳しく制限する軍事政権を道徳的、知的に支持したとして批判の対象となった。

「シカゴ・ボーイズ」の呼称は、狭義ではチリの大学（特にチリのカトリック大学経済学部）の卒業生のなかでも、シカゴ大学経済研究科でシカゴ学派ドクトリンの「伝道師」的な役割を果たしたフリードマンやハーバーガーのもとで研鑽を積み、チリ本国に帰国後にピノチェット政権の経済テクノクラートとして新自由主義経済

シカゴ・ボーイズ

政策を促進した集団を示す。広義では、シカゴ大学だけでなく、その他の米国の有名大学に留学した経験がある留学組テクノクラートを指すこともある。

チリでは既に1950年代において、シカゴ学派と構造学派との間でハイパーインフレーションをめぐって論争が始まっていた。50年代の米ソの対立のなかで、米国は西側世界におけるマルクス主義的および民族主義的運動の動向に強い関心を持ち、とりわけチリの政治経済の左傾化に警戒心を強めていた。ラウル・プレビッシュが主導する国連ラテンアメリカ経済委員会（西語略CEPAL）、さらにはマルクス主義、構造学派、ケインズ主義者の総本山となっていたチリ大学経済学部に対抗し、中南米地域に台頭した急進派に「楔」を打ち込もうとしていた。

シカゴ大学経済学部は1950年代にはハーバード、イェール、MIT、プリンストンなどの米国東部地区の名門大学と競合するなかで、フリードマンらが独自の新自由主義経済学を打ち立て、その学説の普及を行う上でも資質の高い学生の確保には最適とされた。シカゴ大学は世界各国から学生を集めるため米国政府との協定に基づく「技術協力」プログラムを履行するための資金を民間から調達した。チリ・カトリック大学をはじめとする中南米諸国との協定によるトレーニング・プログラムは研究面で大きな成果を挙げたため、ロックフェラー財団やフォード財団によるシカゴ大学への資金援助が活発化するようになる。このようにして、「チリ・プロジェクト」が制定された。同プロジェクトは1956年から開始され、63年まで継続された。シカゴ大学経済学研究科で学位をとったチリ人学生は約30名に上り、その授業料や生活費は米国政府、右記の財団から支給された。

ネオリベラリスムは今日のチリにおいても大きな影響を与えている。民政に移行した後でも、チリの市場主導の自由化路線は維持されてきており、安定的な経済運営の基盤となっている。政治面では1983年に「独立民主同盟（UDI）」が設立され、「チリのための同盟（Alianza por Chile）」を経て、現在は「チレ・バモス（Chile Vamos）」という保守系政党同盟の一角を形成しており、シカゴ・ボーイズはチリの政界で大きなプレゼンスを占めている。

11

民政への移行とエイルウィン政権からラゴス政権まで

★ピノチェット政権の終焉★

民政移管に向けてチリ国民は1989年12月14日、19年ぶりに大統領選挙および二院制議会選挙で投票した。キリスト教民主党、社会党、民主化党をはじめとする17の政党（共産党は含まれていない）が結成してできた「民主主義を求める政党連合（コンセルタシオン）」候補のパトリシオ・エイルウィンが55％の票を得て、保守派の国民改新党（RN）、独立民主同盟（UDI）の2党を中心とする「民主主義と進歩の同盟（Democracia y Progreso）」が推す軍事政権時代のブュッヒ元蔵相に勝利した。企業家のフランシスコ・ハビエル・エラスリスが無所属として立候補したことで保守派の票が大きく割れ、最終的にはエイルウィン候補が大差で勝利した。1989年の憲法改正で大統領の任期が8年から4年に縮小されたことにより、エイルウィンは民政への「移行期」である1990〜94年の4年間大統領を務めた。

民政移管において、コンセルタシオン派の首脳部はピノチェット政権下で導入された経済モデルを維持し、人権侵害に関わった軍人の処罰を回避する基本路線で合意した（「チリモデル」についてはコラム2を参照）。エイルウィン政権は、軍政時代

パトリシオ・エイルウィン
［提供：駐日チリ共和国大使館］

の人権抑圧に対する対応として「真実と和解委員会」による人権侵害の調査を認めたが、軍人に対する処罰は回避した。ピノチェットは依然として陸軍総司令官の地位に留まって軍部を支配し続けた。また、選挙によらない軍の任命議員が存在したため、軍部の影響力を排除することはできなかった。エイルウィン政権は多くの政策において国民の和解を優先させ、国論を分断するような政策を避けることで、中庸の基本路線を維持した。中道志向であるキリスト教民主党のエイルウィン政権が連合政権をまとめたことで、円滑な民主化が可能になった。

エイルウィン政権期にはＧＤＰは年平均７・７％の高い成長率を示した。野党との合意のもと、社会福祉に必要な財源を確保するために増税が図られた。また、世界の主要通貨へのペッグを基本とした為替バンド制による変動為替制を採用した。その上、短期資金の流入の急増を抑制する「強制預託制度」が１９９１年６月に初めて導入され、海外からの借款の20％（後１９９２年には30％まで引き上げられ、１９９８年には０％に引き下げられる）が強制的に無利子で中央銀行に預託されることとなった。また、エイルウィン政権は社会面でも中庸を目指し、富の偏在の是正を試みた。１９９０年から95年にかけてチリの貧困家庭数は人口の40％から28％にまで低下した。政府の社会支出が１９８９年から95

年にかけて約5割拡大した。特に衛生保健、教育などが補助された。ピノチェット時代に劣化が目立った港湾、一般道路、高速道路などのインフラ整備が拡充された。

民政移管が確定した選挙から4年後の1993年の大統領選挙においても、キリスト教民主党が擁立したエドゥアルド・フレイ・ルイス・タグレ（第28代大統領エドゥアルド・フレイ・モンタルバの息子）が58%の得票率で勝利を収めた。チリでは民政移管後8年間にわたって、キリスト教民主党を軸とした民主化が進められることになる。フレイ大統領はピノチェット政権時代に「自由選挙のための委員会」の設立に尽力した人物でもある。また、1988年の国民投票において、ピノチェットの続投に対して「NO」を突きつけたキャンペーンで重要な役割を果たしている。しかし、大統領任期中はピノチェットが終身上院議員になることを阻止しなかった。1998年10月にピノチェットがイギリスで逮捕され2000年3月に帰国したが、それはフレイ大統領任期終了間際のことである。

エドゥアルド・フレイ・ルイス・タグレ
［出所：Eduardo Frei Ruiz Tagle/ flickr］

フレイ大統領在任期（1994～2000年）には、メキシコの「テキーラショック」、アジア金融危機などの影響を受けてマクロ経済の運営は複雑になったが、GDP成長率は年平均で5・4%、インフレ率はピノチェット政権期の79・9%から6・1%まで大幅に低下した。実質賃金もピノチェット時代、そしてエイルウィン政権期と比べてもフレイ政権下で大きく伸びた。設備投資のGDP比もフレ

リカルド・ラゴス
［提供：駐日チリ共和国大使館］

イ政権下で増大した。また、財政も改善された。フレイ大統領は貧困の減少に貢献し、公職における女性の進出を促進した。また、比較的寛大な最低賃金政策を導入し雇用を保護した。フレイ政権は北米との関係強化を目指した。最終的には具体化しなかったものの、「北米自由貿易協定（NAFTA）」への加盟を試みた。大統領在任中、チリはカナダ、メキシコ、加えていくつかの中米諸国と自由貿易協定を締結し、アルゼンチン、ブラジル、パラグアイ、ウルグアイの南米4か国で構成されるメルコスール（南米南部共同市場）の準加盟国になった。「アジア太平洋経済協力会議（APEC）」グループの一員にもなった。

チリ政府および中央銀行は、フレイ政権下でも為替制度と短期資本流入に対する規制を組み合わせることで、短期資金の流入を抑制し、為替レートが過大評価となることを回避する努力を行った。それにもかかわらず、1996～97年には為替レートの過大評価が進み、為替制度は投機的な資金の流入を抑制することができなかった。このような形で流入した資金の多くがアジア危機の影響下で1998年には流出に転じ、チリの外貨準備を減らす原因となった。

2000年に大統領に選出され、翌年に就任したリカルド・ラゴス（2000～06年）は、アジェンデ以降初めての社会党候補の大統領である。しかし、アジェンデとは異なり、ラゴスは積極的に大企業や銀行との関係を強化すると共に、労働組合の強化や労働法の改正についてはどちらかというと消極的な姿勢を示した。彼のモットーは「組織を機能させる」ことであった。また、環境保護団体には彼らの要求を緩和するよう要請した。ピノチェット政権下で制定された1980年憲法を廃止することなく、軍事政権から民政への移管プロセスを推進した。任命上院議員および終身上院議員の廃止、大統領の軍総司令官および警察軍長官の罷免権の復活、国家安全保障委員会の大統領諮問機関への改編が達成された。人権の分野では、ピノチェット軍政下での人権侵害を調査する『バレック報告書』が2004年に発表された。

経済面は、ラゴス政権はオーソドックス政策を打ち出し、保守的な財政政策、特にGDP比で1%の財政黒字を制度化する「構造的財政黒字」政策を2001年から開始した。2006年には「財政責任法」が制定され、財政黒字の大半がソブリン・ウェルス・ファンド（SWF）に連結された。社会面では、ラゴス政権は中間層と労働者階級のために、公衆衛生での改革に乗り出し、医療保険の対象となる慢性疾患項目を拡張する「アウヘ・プラン（Plan AUGE）」制度を導入した。加えて、民間部門の強力な参加を得て、道路や都市高速道路使用料の新しい決済システムを介して、インフラの整備に大きく貢献した。

（桑山幹夫）

コラム2

チリモデル

桑山幹夫

チリにおける改革と発展の経験が他の中南米諸国に与えた影響が大きかったことから、「チリモデル」という言葉も広く用いられている。しかしながら、「チリモデル」とは何かという点については、必ずしも明確な定義があるわけではない。広義でみると、チリの経済改革が成功した背景にある自由市場経済、天然資源分野での比較優位の開発による経済発展戦略、民間主導の経済発展、小さな政府などが「チリモデル」の特徴要因として挙げられることが多い。

一方で、市場重視、開放経済、貿易自由化、税制改革と財政の均衡、為替政策と経済安定化および輸出競争力、為替政策と短期資本移動に関する政策、労働分野の改革など、他の中南米諸国、またアジア開発途上国にはみられない、チリ独特の一連の経済改革に言及する場合もある。狭義には、銀行危機に対する対応、新しい輸出市場の開拓、年金政策、社会保険制度、民営化、および対象を絞った社会政策などが「チリモデル」の主要素として注目されることもある。例えば、「年金システムのチリモデル」というように、特定分野の改革のチリにおける経験をチリモデルと呼ぶ場合も少なくない。

「チリモデル」は東アジアモデルに対するきわめて明瞭な対照的モデルで、また軍事政権発足以前の長期にわたる輸入代替工業化によって経済発展を達成しようとしたモデルとも異なる。それは政府が成長の可能性の高い産業分野の発展を促すといったようないわば政府主導型、または政府介入型の東アジアの発展のモデルとも明らかに異なっている。

一般に自由市場経済に向けての改革というと、単に自由化を意味するように考えることが多い。しかし、チリの改革は時間をかけて、段階的に古い制度に代わる新しい制度を作ってきた成功例である。チリは他の国よりも早い時期に改革を進めたことから、新しい独自の制度を工夫する必要があった。改革はまさに「制度的革新」であり、その意味で、チリモデルは「改革の改革」の経緯でもある。ピノチェット時代の貿易自由化、外国直接投資自由化、固定為替制度から、80年代には為替変動相場制への移行、「債務の資本化」、国営企業の民営化、年金改革、そして、90年代の貧困対策、社会福祉政策、税制改革、労働法の強化、最低賃金の引き上げ、教育制度の拡充など、過去30年余にわたり、改革の長所は強化され、短所は是正されてきた。

12

バチェレ政権、ピニェラ政権、第2次バチェレ政権まで

★政権交代でもブレない政策路線★

チリ社会党（PS）の党員であり1995年に中央委員、ラゴス政権では保健社会厚生相および国防相を務めたミチェル・バチェレ候補が、2006年1月15日の決選投票で保守派の「チリのための同盟（Alianza por Chile）」が擁立するセバスティアン・ピニェラを制し、チリ史上初の女性大統領が誕生した。軍事政権下では東独などで亡命生活を送り、帰国後の1983年にチリ大学医学部卒の経歴をもつ（第53章を参照）。

バチェレ政権下（2006～10年）のチリは、リーマンショックの影響で貿易、海外投資、実体経済は大きな打撃を受け、成長率は3・2%まで減速した。しかし、国内民間銀行が危機に陥ることはなかった。同金融危機以前には輸出品価格が高騰、交易条件が改善したことで、米国で貯蓄された政府余剰が増加していた。同政権下ではインフレは平均で4・0%、ラゴス政権下での2・9%を上回ったものの、失業率は8・7%でラゴス政権下での10・7%を下回った。実質賃金も確実に伸びた。また、総固定投資形成の対GDP比は記録を更新し26・2%に達した。一般政府収支もGDP比で4%の黒字を計上した。所得分配は五分位数所得分布でみると改善し、貧困層と富裕層の

格差が縮小した。バチェレ政権が終わりを迎える直前の1月11日にチリはＯＥＣＤ正式加盟を果たす。

バチェレが率いた第４次連立政権は、就任当初、「市民のための政府」と「ジェンダー平等を目指す政府」の二つのスローガンを掲げ、社会的格差の是正に向けて、社会保障と年金制度の改革の推進を図った。貧困層向けの最低年金制度の改正、老齢者介護制度の完全普及、障害者や老齢者の介護者に対する補助制度、公共部門における性差別の廃止、働く女性のための保育室の設置など、選挙戦間中から強調していた社会保障改革に乗り出した。特に民間基金方式の年金制度（ＡＦＰ）から抜け落ちていた低所得者や女性への支給拡大を目的とする連帯年金制度（Sistemas de Pensiones Solidarias）が２０07年に実現した。また、低所得者向け住宅制度として、従来の「住宅連帯基金」や「農村補助金」に加えて、住宅の質の改善と資金援助の制度が導入された。国民医療保険（ＦＯＮＡＳＡ）に加入している高齢者に対し、初期治療費用、糖尿病などの治療費、補聴器の提供が無償化された。

ミチェル・バチェレ［提供：駐日チリ共和国大使館］

バチェレ大統領はハーバード大学公共政策大学院ケネディスクール教授、アンドレス・ベラスコを経済チームのリーダーとして財務相に任命した。ベラスコは、財政の安定化を図る一方で社会格差の是正や制度改革など、従来の経済モデルの転換に繋がるような大胆な改革にはむしろ消極的であった。その影響もあって、バチェレ第1次政権は教員制度の改革や公共のＡＦＰ制度など、これまで「歴史的な負債」とされていた社会改革に根本的に踏み込むことができず、政府内での対立が高まるだけでなく、市民団体、環境団体、労働組合などからの要求が高まった。リーマンショックの打撃を最小に抑え、支持率も高かったバチェレ大統領だが、２０１０年1月17日に実施された大統領選挙では、次期の連立候補を勝利に導くことはできなかった。２０１０年2月27日にはチリ大地震が発生、バチェレ大統領は被災地への対応に追われるなかで任期切れを迎えた。

中道右派・右派の政党連合「変革のための同盟」は２００６年の大統領選挙では敗北したが、２０１０年の選挙ではセバスティアン・ピニェラ元上院議員を擁立し、フレイ元大統領を52％対48％の得票率で破り、１９９０年の民政移管後初めて右派が政権を獲得、3月にピニェラ政権が発足した。クレジットカード会社やメディア、航空会社など、多くの会社や株式を所有する企業家である。国民革新党（ＲＮ）所属の議員であるが、１９９０年に行われたピノチェットの信任投票では不信任を投ずるなど、連合内の右派であるピノチェット派とはやや距離を置いてきた中道右派の政治家である。

ピニェラ大統領は就任にあたり、２０１８年までにチリを先進国のレベルに引き上げることを表明、その目標達成のために、①経済成長の回復、②雇用増大と雇用の「質」の向上、③犯罪や麻薬取引との戦い、④教育制度の改革、⑤保健衛生の改善、⑥貧困の撲滅と極貧の克服、⑦民主主義の「質」の向上、などの七つの政策領域を優先すると公約した。ピニェラ政権はまず大統領就任の数日前に起こった地震からの復興に焦点を当てた。

ピニェラ第1次政権期（2010〜14年）では、年平均で5・4％の高い成長率を2・3％の低いインフレ環境の中で果たした。失業率も6％台で推移、輸出も順調に伸びた。高度成長と一次産品価格の高騰により、財政収支が大きく改善された。サン・ホセ鉱山落盤事故で地下700メートルに閉じ込められた33人全員が救出されたのもピニェラ政権期であった（この救出劇については、第21章、コラム4を参照）。しかし、2011年に、自分たちの要求が満たされていないと感じる学生、先住民組織団体、市民団体の抗議デモが発生するようになり、支持率が低下した。アイセン水力発電計画に反対する環境活動家の活動も活発化した。2013年4月にボリビアが「海への出口」問題に関して国際司法裁判所（ICJ）にチリを提訴した際、その対応に当たったのもピニェラ政権であった。

セバスティアン・ピニェラ
［提供：駐日チリ共和国大使館］

ピニェラ大統領の任期満了に伴い、2013年12月15日、2人の女性候補による大統領選挙の決選投票が行われ、野党左派連合候補で前大統領のミチェル・バチェレが与党右派連合候補で前労働社会保障相のエベリン・マテイに圧勝、4年ぶりに中道左派が政権に返り咲いた。今回の選挙ではコンセルタシオンに共産党やその他の左派政党が加わり、連合の名称が「新多数派（ヌエバ・マジョリア）」に変わった。大統領選は従来、事前登録した有権者による義務投票であったが、今回の選挙から18歳以上の任意投票となった。２０１３年の一般選挙の結果、「新多数派」は上下両院で過半数を占めた。

第２次バチェレ政権（２０１４～18年）は教育、税制、憲法および労働の分野で抜本的な改革を推進した。同政権は憲法改正に関して次の３項目を選挙戦で挙げた。①法案の可決および新法制定のために必要な票数の統一（以前は法律によって可決のために必要な票数が異なっているため、これを統一する）、②憲法裁判所が行っている、議会を通過した法案の合憲性判定制度の廃止、③同性婚に関する議論の促進および合法化のための法案提出、である。また、バチェレ政権の主要政策の一つであった「多数二名制」の廃止や議員数および選挙区割の変更等を規定した選挙制度改革法案が２０１５年２月に上下両院において可決され、２０１７年の上下両院議員選挙から新制度が適用された。

バチェレ政権が推進した教育制度改革の柱は、全教育制度における「営利追求（la educación con el lucro）」の廃止である。大統領就任から一年後の２０１５年1月、「初等・中等に関する教育制度改革法案」が上下両院で可決された。同法案では、一部の伝統的進学校を除く補助金受給私立校における選抜試験の廃止、補助金受給私立校での営利追求の廃止、学校が受給する補助金や学費の使用用途の監督体制などが規定された。加えて、２０１６年1月に上下両院において高等教育の無償化に向けた法案が可決され、対象となっている高等教育機関（全ての国公立大学および一部の私立大学）に所属し、家庭の所得水準が下位50％である学生の学費の無償化が承認された。

労働改革については、国営ＡＦＰ（年金基金運用会社）創設、農業分野等に従事する季節労働者を保護するための法律制定、政権中期までに最低賃金を25万ペソへ引き上げることなどを選挙戦で挙げた。２０１６年４月、国会で労働改革法案が可決された。同法では、労働交渉の主体は組合を結成するための定足数を満たす労働組合のみに限定される（ただし労働組合が存在しない場合に限り労働組合ではない交渉団体も可能）。同法では、ストライキ期間中の社外からの代替職員の雇用・配置は禁止となった。また、交渉参加者（雇用主や団体交渉中の労働組合）の合意がある場合、労働組合に加入していない労働者に、団体交渉による成果を拡大適応することが可能となった。しかし、右記の企業側と交渉できる主体、および交渉の成果の拡大に関しては、法案可決後に憲法裁判所が違憲との判断を下したため、政府は内容を今後修正する必要がある。

社会格差の是正に必要な財源を確保するために、バチェレ大統領は、税制改革を２０１４年に導入した。税収をGDP比で３ポイント上昇させ、同比をOECD水準まで引き上げることを目指した。改革の三つの柱には、①法人税を４年間で段階的に20％から25％へ引き上げる、②政権発足から４年後にFUT（再投資収益基金）を廃止する、③新規投資に関し、外国企業がチリに投資する際に安全性を保証する役割を担う外国投資委員会について規定したDL６００および外国投資法の廃止および新たな外国投資の制度的安定性を高める仕組みの設定、が含まれる（外国投資法の改定については、第15章を参照）。

（桑山幹夫）

13

2017年の総選挙

★ピニェラ政権の返り咲きと新興左派の台頭★

中道左派ミチェル・バチェレ大統領の任期満了に伴う大統領選が2017年11月19日に投開票され、中道右派の「チレ・バモス」野党連合候補、セバスティアン・ピニェラ元大統領が36・6％を得票して首位に立ったが、過半数には届かないため、22・7％で2位につけた「新多数派（ヌエバ・マジョリア）」与党連合候補のアレハンドロ・ギジェル上院議員との間で決選投票（12月17日）が争われた。決戦投票ではピニェラが54・6％を得票、ギジェルの45・4％に圧勝し、全15州のうち、アイセン州とマガジャネス州を除く13州でピニェラが勝利した。有権者数が最も多いサンティアゴ首都圏とバルパライソ州では、ピニェラがそれぞれ53・1％、52・3％を獲得、ギジェルの得票率を大きく上回った。投票率は11月19日の46％から3ポイント上昇したが、任意投票制度が始まった2013年総選挙の49％と同じく低率に終わっており、過半数の有権者が選挙権を行使しなかったことになる。

今回の総選挙では、バチェレ大統領の後任とともに下院の総議席が全15州で、また上院議席の約半数（今回の選挙では奇数番号州の上院議員が対象）が選出された。バチェレ大統領の悲願であった選挙制度改革が２０１５年2月に達成され、下院議員の選出方法が「多数二名制」からドント(d'Hondt) 方式 に基づく「比例代表制」に変わったことから、「拡大戦線」連合（フレンテ・アンプリオ）などの新勢力の台頭が可能となり、27年前から二大政党・連合に支配されてきたチリ政界は新しい局面に入ったと考えられる。

２０１５年の選挙制度改定により、比例代表制が採用され、定数は下院が１２０から１５５、上院が38人から43人に増えて、２０２２年には50人までに増員される。比例代表制の導入で、民政復帰後初めて新議員の20％が5％以下の低い得票率で議席を獲得できた。また、上下両院合わせて１０９人の新議員が選出され、69人が再選となった。チリが１９９０年に民政移管して以降、現職議員が再選された割合が最も低いという結果となった。

加えて、２０１７年の総選挙から女性の政治参加を確実にする「クォータ制」が導入され、各連合の候補者の40％が女性であることが制定された。また、２０１７年の大統領選挙から海外在住の有権者が投票できるように選挙法が改定された。決戦投票では3万９１３７人の登録海外有権者のうち、計２０６３人が投票した。ギジェルが海外票の61％を獲得、ピニェラを大きく引き離したが、最終結果には影響しなかった。さらに、違法な政治献金問題が近年頻繁に発覚したことから、今回の選挙から不正政治献金に関する新しいルールが国会で制定され、政治献金に関する情報が公開されて限度額も設定された。

決選投票でギジェルが勝利を収めるには、第一次投票で20％の得票率であった新興左派連合「拡大戦線」のサンチェス代表支持者の票の獲得が必須だったが、新左派票は期待されたほど伸びなかった。

「新多数派」連合内に亀裂が生じ、与党連合が大統領予備選挙を実施し得ないまま大統領候補を一人に絞ることができなかったことが最大の敗因である。ギジェルがバチェレ第2次政権のレプリカとなりかねない印象を与えたのかもしれない。一方でピニェラは極右派政党やいくつかの中道派政党、そして無所属の支持を取り付けることができた。経済成長、雇用創出、犯罪防止の重要性を訴えて、現状維持に不満を抱く有権者の関心を引いた。ピニェラは中道であり、台頭が著しい中間階級有権者の多くが非イデオロギー的な観点から実用主義的な判断を下したと考えられる。

ピニェラの勝利を、アルゼンチン、ブラジル、ペルー、パラグアイでみられた右派政権復活の流れの一環と捉えるのは必ずしも正しくない。中道左派の候補者は2017年11月の第1次大統領選で合わせて42%を獲得した。第2次ピニェラ政権は議会で過半数を欠いており、立法議案で野党連合との協調が不可欠となる。右に再度シフトして自由化・規制緩和政策に逆戻りすることなく、また公的機関と民営で運営される社会サービスにおける「アクセス」と「質」の格差がある保健、教育、社会保障制度などの抜本的改革を要求して抗議デモを繰り返した新興左派への歩み寄りが必要となる。有権者は、急進的ではなく漸進的な改革を促進したいピニェラの中道路線に支持票を投じた。

ギジェル候補は医療制度や民間年金制度、教育改革を重視していたが、ピニェラ元大統領は第2次政権に向けて、市民の安全保障、医療、教育、交通制度を改善して、「生活の質を向上させる」ことを公約した。ピニェラはバチェレ政権下で減速した経済の回復を最優先しながらも、同政権の改革路線を選択的に進めていくと予想される（チリがこれまで進めてきた改革については第7、11章を参照）。ピニェラ第2次政権の4年後の評価は、後述する経済刺激政策と社会プログラムの両分野において融合性を保ちつつ、片方を犠牲にしないような業績をいかにあげられるかにかかっている。

ピニェラ元大統領は選挙戦中の10月に、マニフェスト（プログラム宣言書）を発表した。その提案によると、8年間で745の措置により変革を進めることを目標としており、最初の4年間は140億ドルの歳出を要するとしている。GDPの5・5％に相当する額だが、財歳入の増加で補えるとしている。経済改革の柱として掲げたのは、投資率の回復、生産性向上、雇用の拡大、財収と支出のバランスを確保しながら経済成長率の倍増（年平均4％）を目指すこと、また、現在の法人税では企業が65％、投資者や株主が35％を納税することを義務付けられているが、これら（従来の65％と35％）を統合して企業が100％納税する制度への法人税制の改正を検討することで、法人税をOECDの標準税率に近づけることを目指すこと、であった。その他に、未締結の通商協定交渉の推進を掲げ、2019年にチリで開催されるAPEC会合に向けて、官民パートナーシップの観点から優先議題が検討された。アジア太平洋地域諸国とのFTAを積極的に推進し、インドとの二国間FTAを進めて、中国との既存の二国間FTAを深化したい考えだ（チリの貿易・投資政策については、第14～18章を参照）。

チリではその他の中南米諸国と同じく、経済・社会格差を根絶するには、教育改革が急務だとの認識が強まっている。総選挙の論争の一つだった教育改革に関してマニフェストは、①教育へのユニバーサルなアクセスおよび約50万人の子供を対象とする就学前教育の無償化、②初等・中等教育においてピニェラ第1次政権時に設立された「質」の高い学校（リセオ・ビセンテナリオ）の増設とそれらの入試基準の見直し、③高等教育における学費支払いのための低金利貸付を含めた新しい「国家保証プログラム付き貸与（Crédito con Garantía Estatal：CAE）」の構築案を提示している。

ピニェラ大統領は年金制度改革において、個人勘定年金であるＡＦＰ制度（第7章を参照）の独占を廃止することで年金運営機関間の競争を促進することについてはギジェル候補と意見が合致していた。右記マニフェストは、①雇用者の負担による保険料の義務的拠出の増加による年金40％増を実現して、②国庫負担分の増加により、年金積み立てが困難な階層向けの保証の適用範囲を中間所得者層向けにも拡大しながら、③中間所得者層に対しては年金受給額の増加を図る、としている。

医療関係では、患者の統一登録制度を確立して、医療保険の対象となる疾患を3年ごとに見直す現行の「アウヘ・プラン（Plan AUGE）」に含まれないものについては、治療を受けられるまでの待機期間に限度を設定する。中間所得者層のセーフティネット拡大に向けて、深刻な病気を抱える患者の特別保険を制定し、社会開発省が運用する。また、国民の食生活を改善し、健康的な生活と栄養を促進することを目的としてチリ政府が推進してきた公共政策（Elige Vivir Sano）を強化したい意向だ。一方で、製薬業界における企業間の競争を奨励する。高齢者向けに健康や薬品に関して注意喚起を行うための「ポジティブ・エイジング」制度を立ち上げる計画だ。今後6〜8年の間に、30の新しい病院と7000病床の設置を図るなどの具体案を提示している。

その他、先住民族問題については、マプチェ族、農業関係者の代表による民族問題に関する和平のための委員会を設置するだけでなく、憲法で先住民族を明確に認める。移民については、移民に関する政府委員会を設置して、専門性の高い医師や熟練労働者に対するビザ付与を容易にすると共に、不法移民の取り締まりを図る。警察組織の改革に関しては、警察事務を行う民間事務員の採用などにより警察組織改革を図ると同時に、外部による財務会計監査制度を設けると提示している。（桑山幹夫）

14

貿易政策

★政権を問わず一貫して維持される開放路線★

チリが過去25年にわたって記録してきた持続的成長の原動力は、高い輸出成長にある。チリは輸出主導型の経済といって過言ではない。外国貿易への依存度が高く、財・サービスの輸出はＧＤＰの約３分の１を超える。輸出品は一次産品が中心で、輸出総額の約60％を占める。銅は第一の輸出品目だけでなく、政府財源としても重要で、政府歳入の約20％相当を拠出する。銅価格の下落を受けて、貿易額と開放度が２０１１年以降に低下していることが懸念材料となっている（図1参照）。

チリの輸出は、特に１９９８年のアジア経済危機の後、新世紀に入って増大した。２００８～09年にはリーマンショックの影響で大きく落ち込んだが、２０１３年に天然資源の価格が下落するまで、輸出は持続的に拡大した。ピークの２０１１年には輸出と輸入（財とサービスの合計）は、それぞれ９５３億ドル、８６９億ドル（名目ドル）に達した。２０００～10年の10年間に、輸出が年平均で13・６％成長した。輸出がＧＤＰに占める割合は、２０００年の31％から２００７年に45％まで伸びている（図1）。チリでは輸入のＧＤＰ比も高く、輸出によって輸入に必要な外貨を調達している。世界経済の変動は、銅輸出から

図1　チリの輸出と輸入の推移、財とサービス、1970～2017年
（左軸GDP比、右軸百万ドル）

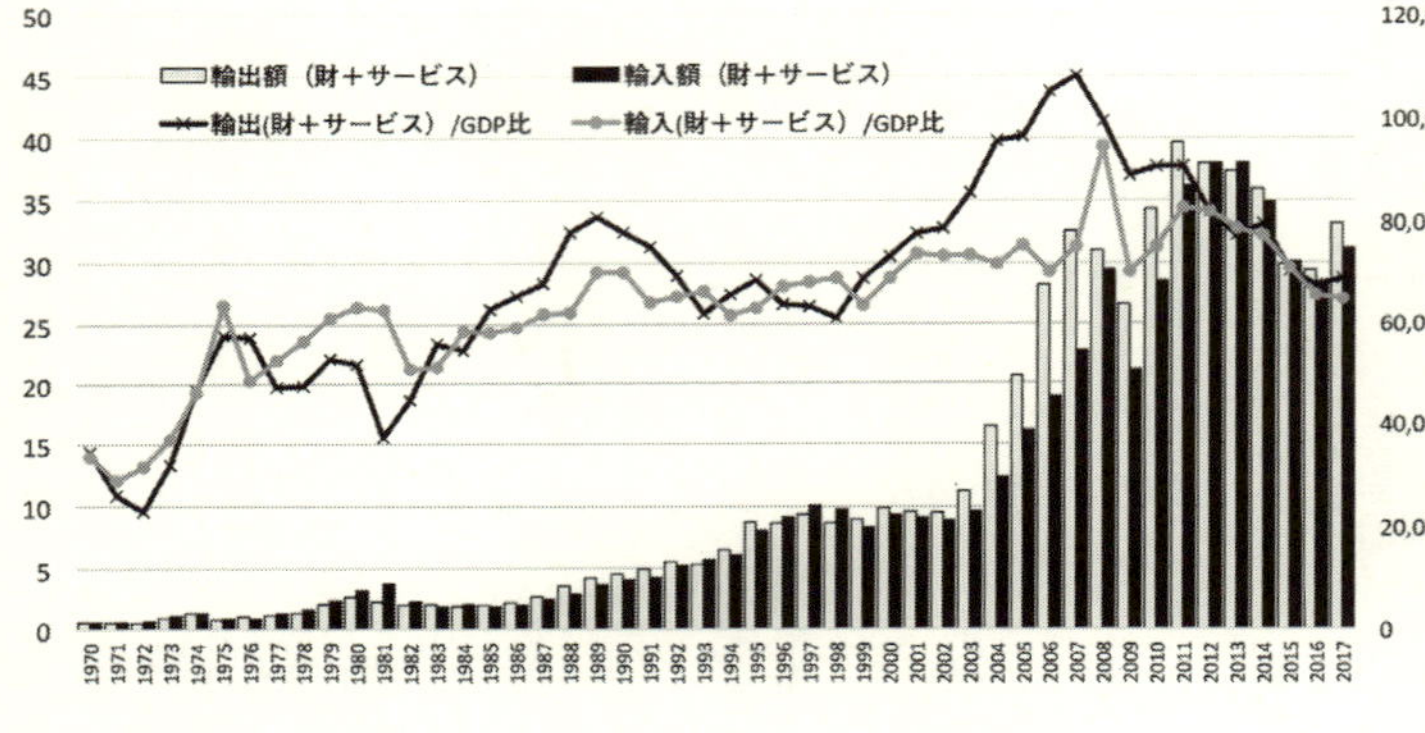

出所：世界銀行、World Development Indicators オンラインから筆者作成。

の外貨獲得力だけでなく、為替レートに影響を与える。

チリの輸出ダイナミックスは天然資源、特に銅の価格に大きく左右されることは否めない。だが、輸出では銅の他に、天然資源ベースの新しい商品が出てきているため、輸出構造が多様化してきている。加えて、その他の中南米諸国と比較して、サービスが輸出総額に占める割合が高いことは特記に値する。２０１８年には、サービスが輸出総額（財とサービスの合計）の約20％を占めた。

１９９０年に政権が交代し民主主義政権が復活するが、ピノチェット政権下で行われた貿易自由化は基本的には維持され、さらに深化されるようになる。１９９１年に世界全体に対する最恵国税率（ＭＦＮ）が15％から11％まで削減され、議会は１９９８年に5年間でさらに5％ポイントの削減を承認した。その結果、２００４年の最恵国関税は加重平均で6％まで削減された（図2を参照）。関税体制が極わ

図２　チリの輸入関税（最恵国関税、実行関税）の推移、1992～2015年
（加重平均、全商品％）

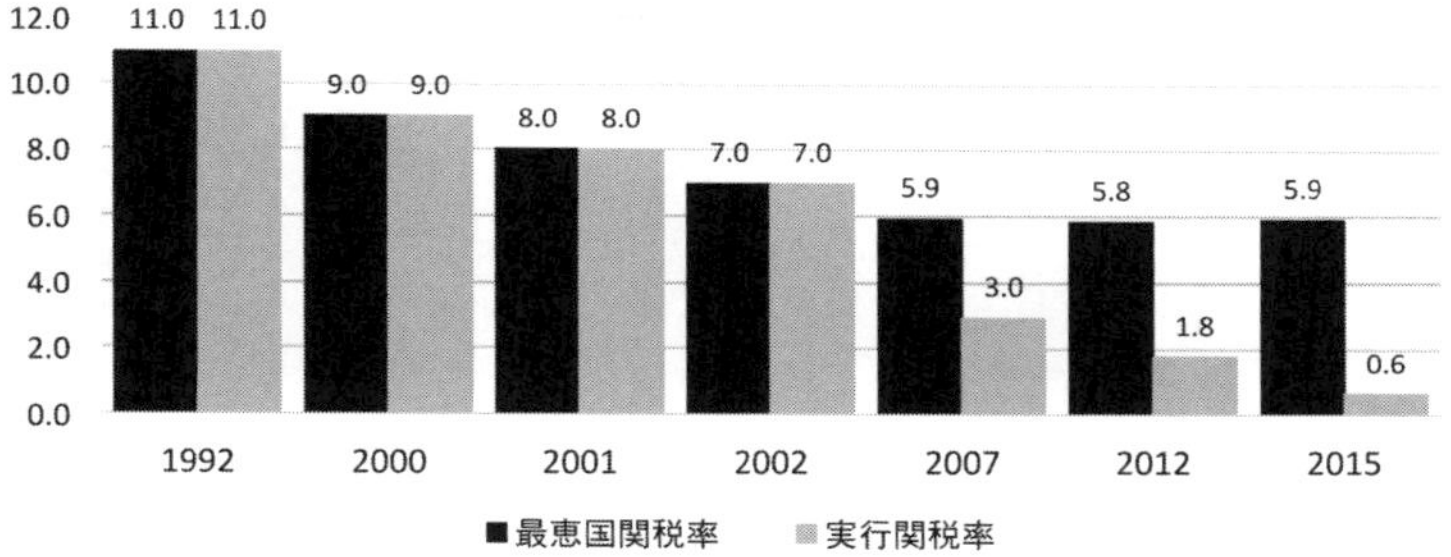

注：2015年の数値は暫定値。
出所：筆者が世界銀行、World Economic Development Indicators オンラインから作成。

ずかな商品を除いて一律であり、それが大幅に削減されたことで、チリの貿易政策は世界から評価される。

世界全体に対する最恵国関税の削減に加えて、１９９０年代に一連の特恵貿易協定の交渉の開始が決定された。チリがこの次期に始めた自律的（ユニラテラル）自由化だけでは、主要貿易相手国市場を開放することはできないとの認識が強まったことがその背景にある。二国間、多国間の貿易協定（ＦＴＡ）を締結することで、「世界貿易機関（ＷＴＯ）」の枠組みで取り決められている最恵国待遇を超える自由化を図り、非関税障壁削減のためのルールを設定し、貿易相手国との政策の透明性、先見性を目指すと共に、貿易相手国との政策の後戻り（policy reversal）を避ける狙いである。また、世界貿易が経済成長の重要な推進力であるとする認識が高まっていたが、ウルグアイラウンド多角間（multilateral）貿易交渉が難航し、ＷＴＯでの貿易自由化の行方が懸念されたことで、二国間、多国間協定に対する関心が高まったこともＦＴＡ戦略を選択した主要因である。

二国間、多国間ＦＴＡなどの特恵貿易協定を締結すること

により、実際に適用される税率はＦＴＡ間で異なるものの、実行関税率は最恵国関税より低率になってきている。２０１２年では、平均実行関税率は２％を切った。その後も二国間ＦＴＡによる関税撤廃・低減プロセスは進んでいる（図２）。

一方で、ＦＴＡを介する二国間主義は、自律的自由化の次善の策に過ぎず、チリが誇る一律関税制度が複雑な関税率に置き換えられ、透明性と効率が阻害されると主流派経済学者や右派勢力は危惧した。また、二国間路線はチリの従来の多角間（ＧＡＴＴ／ＷＴＯの枠組み）での交渉を重視してきたことと相反すると非難された。エイルウィン政権は、新しい方針がこれまでの自律的自由化戦略および多角間主義にとって代わるものではなく、むしろ補完的な役割を果たすものであると位置づけた。チリがフレイ大統領政権下の１９９４年にＡＰＥＣ（アジア太平洋経済協力会議）に加盟することで、アジア市場への足がかりを築いたことでも、多角主義を擁護する方針を維持してきたことが分かる。

チリは貿易促進を全て市場に委ねたわけではない。１９９０年代には、公的補助金により、貿易促進活動が強化された。企業が業界として連携し、商品開発や市場情報サービス活動で協力することが奨励された。輸出振興機関による海外活動に必要な資金は、最大期間6年間補助された。また、輸入代替政策期間で工業化に重要な役割を果たしたチリ産業開発公社（ＣＯＲＦＯ）も業界団体を支援するようになる。ＣＯＲＦＯは１９３０年代に設立された公社である。一例として、チリの北西部、タラパカ州のイキケ沿岸の港湾都市に位置するイキケ・フリーゾーン（免税区）は、１９７５年にピノチェット政権により創設されたが、この免税区の運営管理を目的とするＺＯＦＲＩ社が１９９０年に設立された。ＣＯＲＦＯはＺＯＦＲＩ社の大株主で72％を所有する。

２０００年以降、チリは主要な貿易相手国との協定に踏み切る。最初のＦＴＡは伝統的な貿易パートナーである欧州連合（ＥＵ）、米国と締結し、重要な輸出市場となったアジア諸国との協定がそれに続いた。ＥＵや米国とは、貿易の自由度が高く、サービス、投資、政府調達、競争政策、知的財産権などにおける規範・ルールを取り込むことで、関税障壁の削減・撤廃の領域を遥かに超える「包括的」なＦＴＡを目指すようになる。この新しい路線の背景には１９９６年に締結したカナダとのＦＴＡがある。一方で、チリ政府は、貿易相手国、特にアジアにおいて、必ずしも包括性が高くない協定も受け入れるプラグマチックな政策を採るように変わってゆく（チリのＦＴＡ網については、第16章を参照）。

（桑山幹夫）

15

FDI政策

★活発化するチリ企業の対外進出★

安定したビジネス環境、政策の透明性、競争力、世界経済との連結性、予見力および将来性などの恩恵を受けて、チリは中南米でだけでなく、世界有数の海外直接投資（ＦＤＩ）先となっている。２０１４年のチリ対内投資額は２３０億ドルに達し、世界投資先として11位にランクされた。中南米では、チリはブラジルに次いで2位で、メキシコを上回った。ＦＤＩは、総固定資本形成の一部を構成することから、設備投資としてチリの経済成長と発展に決定的な役割を果たしている。また、ＦＤＩは、チリの競争力の向上、技術開発、直接的および間接的な雇用創出、専門的なノウハウとイノベーション、起業家精神の助長に大きく貢献している。

１９７４～２０１４年の期間にチリが海外から受け入れたＦＤＩ累積総額は実行ベースで１１００億ドルに達し、その26％が米国発のＦＤＩである。米国に次いでスペイン（19％）、カナダ（17％）、日本（9％）、英国（6％）、オーストラリア（4％）が続く。これら6か国がチリの対内ＦＤＩ累積総額の82％を占める。米国とカナダを合わせて43％に達する。一方で、欧州が36％、中南米が7％を占める。アジア発のＦＤＩは累積総額の

図１　チリの対内直接投資および対外直接投資の推移、1990～2017年
（左軸ストック、右軸フロー、百万ドル）

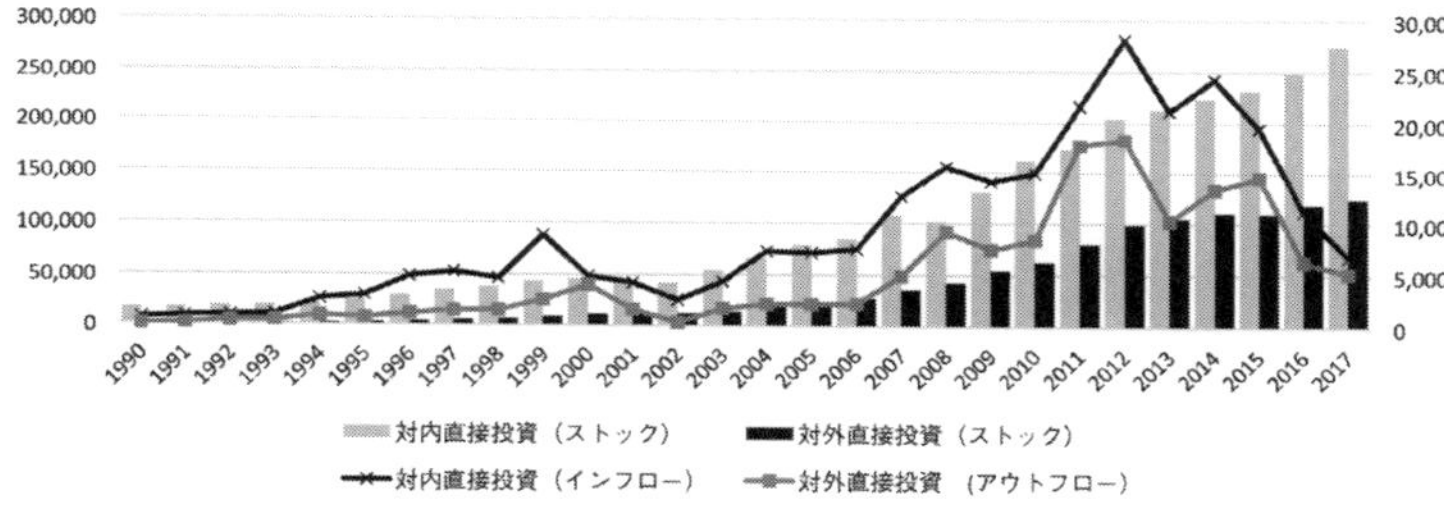

注：フローおよびストックの数値は実行ベースではなく、契約ベースに基づく。
出所：UNCTAD、FDI Statistical database より筆者作成。

約10%を占めるが、その中では日本からのＦＤＩが支配的である。中国からのＦＤＩは累積総額で1億１７００万ドル、全体の０・１%に過ぎない。オセアニアからのＦＤＩではオーストラリアからの投資が大半を占める。

チリは投資先として魅力を増しているだけでなく、投資国としての重要性を高めてきている。対外投資額は対内ＦＤＩと比べて変動幅は大きいものの、２００５～14年の間で、年平均で約87億ドルが対外投資されている。チリの１９９０～２０１７年の28年間の対外ＦＤＩ実行額は累積で約１０００億ドルに上った（図1）。特に２０００年代に入って、中南米で有数の投資国になっている。約１２００におよぶチリ系資本企業が世界で３０００件のプロジェクトに関わっている。特にブラジル、ペルー、コロンビア、アルゼンチン、米国、ウルグアイ、カナダ、メキシコ、クロアチア、ドイツに集中する。対外ＦＤＩを後押しするのはチリ系多国籍企業で、石油（ＥＮＡＰ）、食品（Embotelladora Andina）、鉱業（ＳＱＭ）、建設（Sigdo Kooppers, Salfacorp）、商業（Cencosud, Falabella）、林業（ＣＭＰＣ、Arauco）などの大企業が特に南米市場で活躍する。

チリの対外直接投資は大まかに四つの期間に分かれる。第1期（1900～95年）には、主にアルゼンチン経済が急成長したことで、エネルギー、サービス、工業分野向けの投資が急増した。第2期（1996～2001年）では、ペルー、コロンビアやブラジルなどで発電および配電の投資が拡大した。第3期（2002～07年）では、電力関係の投資は一息し、アルゼンチン、ペルーでの製造業、アルゼンチン、ペルー、米国との航空輸送サービス分野が主要な投資先であった。2008～14年の第4期では、FDIはブラジル、コロンビア、ペルー向けで、特に小売業を中心にサービスと製造業投資が急増した。

チリでは、1974年以来40年以上の長期にわたり、外国人投資家の対チリ投資は、同年に制定されたDL600（外資法600号）のもとで行われてきた。同制度のもと、外国人投資家はチリ外国投資委員会との間で投資契約を締結することで、外資法600号に規定された各種制度の適用を受けることができた。バチェレ政権は2016年にDL600号を廃止したが、その理由として、41年前に定められた法令であり、チリの政治・経済状況の変化により、現状に適さなくなったため、新しい規制が必要となったことを挙げている。これにより、OECDの「投資のための政策枠組み」要件を満たし、国家戦略に基づく投資誘致活動が行われることになった。

バチェレ政権下で新税制が2014年9月に公布されたことで、外資法600号は2016年1月1日をもって廃止されることとなった。外国投資委員会に代わる新たな組織が設立されると共に、既に締結済みの外国投資契約および一定期間の経過措置を除き、外国人投資家は従来の外資法600号の適用を受けることができなくなった。新外資法では、外国投資をさらに促進するための取り組みとして、従来の外国投資委員会に代わって新しく対内投資促進庁（ＡＰＩ）が設立された。

新外資法では、外資法６００号で認められた固定税率（42％）の適用が廃止される。新法の発効以前に締結された外資法６００号に基づく投資契約および法（ＤＬ６００号に修正を加えた法）の移行条項に基づいて定められた期間内に締結された契約は、引き続き有効とされる。また、新法の発効後４年間の移行期間中は、外資法６００号に基づく国との投資契約の締結が可能で、税率不変性も保証される。移行期間の終了後には、税率不変性は廃止される。また、国との投資契約の締結も行われない。代わりに、ＡＰＩから投資証明書の発行を受けることができるようになる。加えて、投資案件用の輸入資本財に対する付加価値税（ＩＶＡ）の免除は引き続き適用されるが、ＩＶＡ法が改定されたことで、投資家はＡＰＩ発行の投資証明書を付して財務省にＩＶＡ免除の申請を行うことになった。

鉱山会社の営業利益に課税する鉱業ロイヤルティ（正式名称：鉱業特別税）が２０１０年に引き上げられた。従来法では、年間販売量５万トンを超える鉱山会社について、ロイヤルティ税率は営業利益の４％（法律上は５％であるが、２００６年の制度導入時の経緯により２０１７年までは４％で固定）であったが、改正法の適用を受ける鉱山会社については、ロイヤルティ税率は営業利益率をベースに算出され、２０１０〜12年の３か年における実効課税率は４・０〜９・０％、２０１８年以降は上限が14・０％に引き上げられた。


（桑山幹夫）

コラム3

チリ経済の世界ランキング

桑山幹夫

チリは経済の安定性、透明性、競争力および事業の予見性が高いことから、直接投資先として中南米域内だけでなく、世界で新興経済国の一つとして高く評価されている。

チリではビジネス環境が優れており、公的債務のレベルが低く、金融システムが健全で、組織・制度が充実していることから、リスク評価機関の格付けも高い（Fitch Ratings: A+, Standard & Poor's: AA-, Moody's: Aa3）。エコノミスト・インテリジェンス・ユニット（EIU）のビジネス環境指標（2014～18年）ランキングでは、チリは82経済のうち13位につけた。

チリは中南米で最も競争力を持つ経済として知られる。持続的な経済成長と開放性の恩恵を受けて、世界でも自由でダイナミックな市場としての評価が高い。例えば、世界経済フォーラム（WEF）の2018年国際競争力ランキングによれば、チリは140か国のなかで33位、中南米ではメキシコ（46位）、ウルグアイ（53位）、コスタリカ（55位）を大きく引き離している。

チリは経済の透明性が高いことで知られており、汚職や腐敗、財政管理の質が向上されたことで、2014年のトランスペアレンシー・インターナショナルによる腐敗認識指標では、チリは175か国のうち第21位にランクされた。

チリは、小学校、企業、そして公共サービスに至るまで新しい技術を採用できる環境が整っている。デジタル接続性や情報通信技術（ICT）の部門において「接続性」の高い経済と評価されている。WEFが発表した2014年ネットワーク化準備度によると、チリは148経済のうち35位にランクされ、中南米諸国のなかでトップに位置している。

チリ経済の世界ランキング

外国人投資家はチリの人的資源を高く評価する。チリの大学、特にビジネススクールの高い水準に注目している。チリは、専門家だけでなく、世界の大学ランキング（ARWU）でも中南米のトップ10の中に入る大学が2校ある。また、EIUの2015年グローバル・タレントランキングでは、60経済のうち26位にランクされた。

チリは、自然の美しさ、優れた地理的条件、公共安全性、政治的安定性、近代的なインフラ整備を提供することで、海外からの移住者が増えている。EIUの世界平和度指数によると、中南米で最も住みやすい国の一つであり、2014年には162か国のうち30位にランクされている。

UBS投資銀行によると、首都サンティアゴは、外国企業が事業を始める際にかかる費用が最も低い都市の一つである。同銀行の2012年「価格・収益レポート」によると、首都サンティアゴは52・8点を獲得、72都市のうち12番目に安い。最も高い都市、オスロとニューヨーク（100点）と比較すると格安である。同報告書は欧州の消費習慣に従い、3種類の家賃のカテゴリを含む122の異なる財・サービスを考慮してランキングしている。

16

米国、欧州、アジア太平洋諸国との通商関係

★FTA先進国★

チリの財（モノ）貿易では、アジアが総額の約半分を占めるが、その他の貿易額は北米、南米、欧州の地域でほぼ均等に配分されており、多様化されている貿易構造といえる。輸出先を2017年の数値でみると、アジアが50％、米国とカナダ、欧州、中南米諸国が輸出総額でそれぞれ15％前後を占める。中でも、中国の占有率が突出しており、輸出総額の28％にのぼる。中東、オセアニア、アフリカの割合は、それぞれ0・7％、0・4％、0・3％と低い。

チリは、二国間、地域および多国間貿易協定を戦略的に追及することにより、経済の開放度が高まり、商品やサービスの貿易が急増し、国の競争力の向上に繋がっている。その結果、国際的なパートナーとしての地位が確固たるものになっている。FTA締結国は、世界GDPの86％、世界人口の63％に相当する。チリは世界で64か国と貿易協定を締結しており、チリの貿易総額の94％がFTAでカバーされていることになる（表1を参照）。チリがFTAでは先進国と呼ばれる所以である。

米国とのFTA構想は1990年代初期に遡る。チリは1991年、ブッシュ元大統領（父）の「新中南米支援構想（Enterprise

表１　チリのＦＴＡ網：貿易相手国・地域別ランキング 2017年
（百万ドル）

協定締結国・地域（*）	輸出＋輸入		輸出		輸入	
	市場規模ランキング	貿易額	市場規模ランキング	貿易額	市場規模ランキング	貿易額
中国（2006）	1	34,305	1	18,752	1	15,552
米国（2004）	2	21,604	2	9,833	2	11,771
欧州連合（2003）	3	18,410	3	8,659	3	9,751
メルコスール（1996）	4	14,486	5	5,156	4	9,331
日本（2007）	6	8,395	4	6,330	6	2,065
太平洋同盟	7	7,882	7	3,603	5	4,279
韓国（2004）	8	6,153	6	4,213	7	1,939
インド（2007）	13	2,920	8	2,118	12	802
カナダ（1997）	15	2,174	9	1,377	13	797
エクアドル（2010）	19	1,938	13	505	8	1,433
ボリビア（1993）	23	1,302	11	1,183	25	119
タイ（2015）	24	1,226	15	337	10	889
ベトナム（2014）	25	1,170	17	278	9	892
EFTA（2004）（**）		793		448		345
中米（***）		641		498		143
トルコ（2011）	32	615	16	298	18	317
オーストラリア（2009）	35	572	21	226	17	345
マレーシア（2012）	39	395	23	188	21	207
P４（2006）（****）		371		132		238
パナマ（2008）	43	291	18	246	38	45
香港（2014）	49	201	27	105	26	96
ベネズエラ（1993）	57	129	36	66	33	63
キューバ（2008）	76	35	44	31	60	4
自由貿易協定（FTA）相手国総額(A)		126,008		64,582		61,423
世界貿易総額（B）		133,468		68,306		65,162
FTA締結国が貿易総額に占める割合（A）/（B）×100		94.4		94.5		94.3

注：(*): 協定が発効した年度
(**)：EFTA：アイスランド、リヒテンシュタイン、ノルウェー、スイス。
(***)：中米：コスタリカ（2002年）、エルサルバドル（2002年）、グアテマラ（2010年）、ホンジュラス（2008年）、ニカラグア（2012年）。
(****)：P4：チリ、ブルネイ、ニュージーランド、シンガポール。
1）コロンビア、エクアドル、メキシコ、ペルーの場合は、現行の貿易協定の発効年度を示す。
2）市場別ランキングは、チリの対世界貿易総額の占有率の順位を示す。 EUとメルコスールはグループとして示す。
3）メルコスール、欧州連合（EU）の加盟国リストについては、第17章、表１の注を参照。
出所：Reporte Anual: Comercio Exterior de Chile, 2017, Departamento de Estudios (DIRECON), Ministerio de Relacoines Exterior から筆者作成。

for the Americas Initiative)」に積極的な姿勢をみせた。後にクリントン政権下で、米国とのFTAに関する議論が始まった。1994年末の米州マイアミ・サミットでチリのNAFTA加盟交渉を開始することが既に合意されていたが、米国議会でファスト・トラックの審議の権限付与が拒否されたこと、同年が米国大統領選挙の年であること、メキシコがテキーラ・ショックに見舞われたことなどを理由に棚上げされた。この間、チリはカナダと二国間FTAを1996年に締結、財、サービスと投資などの条項だけでなく、環境や労働を付属文書に含む「深い」協定を締結した。後にチリが米国やその他諸国と締結するFTA規範の布石となった。

一度棚上げされた米国とのFTA構想は、12年後の2003年6月に実現した。この協定はカナダ・チリFTA、NAFTAを雛型とした包括的な自由貿易協定である。市場アクセス、貿易救済措置、税関ルールおよび基準、サービス、投資、労働、環境の7分野をカバーする当時としては野心的な協定であった。この協定の交渉で問題となった一つの論争は、チリが当時短期の投機的資本移動を回避するために採用していた資本規制であった。最終的には両者当局の顔が立つ内容での妥協に至った。米チリFTAは官民連携のもと、世界最大の経済を相手に貿易と投資が深まった。発効12年後の2015年1月に関税削減スケジュールが完了、それ以後、関税が撤廃されている。

米国は中国に次いで、チリの第2位の貿易相手国で、2017年にはチリの貿易総額の約16%を占めた。チリの対米輸出は2017年に99億ドルに達した。輸入額は118億ドルで、チリにとって大きな赤字となった。米国は最大のチリ対内直接投資（FDI）国でもある。外資法（DL600号）の下、2014年末の累積総額は290億ドル、全体の26%を占めた。カナダは、チリの主要貿易相手国ではないが、ＦＤＩでの存在感は高い。

チリが新世紀に入って最初に推進した協定は、欧州連合（ＥＵ）との経済連携協定である。同協定は、貿易・投資の自由化の他に、政治的対話に加えて産業、科学、技術協力、文化、教育、移民、麻薬などの分野での協力など、３分野の広範な領域をカバーする包括的な協定であり、２００３年1月に発効した。同協定には、財、サービス、政府調達、投資、資本移動、知的財産権、拘束力のある紛争解決メカニズムなど幅広い領域でのルールが設けられ、ＥＵは同協定を貿易の観点からして「これまでにＥＵが交渉したなかで、最も革新的で野心的な成果」と高く評価した。同協定には、①衛生植物検疫、②ワイン、③シャンパン、ピスコ（ブドウ果汁を原料とした蒸留酒）、その他のアルコール飲料品、に関する三つの追加協定が含まれているのが特徴である。その後２００３年に、アイスランド、ノルウェー、リヒテンシュタイン、スイスの５か国で構成される「欧州自由貿易連合（ＥＦＴＡ）」との多国間貿易協定が締結され、２００４年12月に発効した。

欧州はチリの対内外ＦＤＩにおいても重要な存在である。対チリＦＤＩの累積総額（１９７４～２０１４年）を投資国別にみると、米国に次いで2位のスペイン、5位の英国がＥＵからの主要投資国となっている。イタリア、フランス、オランダも上位10か国に入っている。ＥＦＴＡ加盟国であるスイスも主要投資国である。欧州は合計で、チリ対内ＦＤＩ累積額の36％を占める。同時に、ＥＵはチリ対外直接投資の受け入れ地域でもある。

チリはアジア太平洋地域では12か国と貿易協定を締結している。韓国（２００４年4月に発効）、中国（２００６年10月）、インド（２００７年8月）、日本（２００７年9月）、オーストラリア（２００９年3月）、マレーシア（2012年2月）、ベトナム（2014年1月）、香港（2014年10月）、タイ（2015年11月）と二国間貿易協定を締結している。シンガポール、ニュージーランド、ブルネイとは「戦略的経済連携協定」、いわゆる「P－4」と呼ばれる協定が2005年半ばに締結され、2006年11月に発効した。P－4協定は包括的で中身が「深い」協定であることから、「環太平洋パートナーシップ協定（TPP）」の土台になっていることはよく知られている。インドネシアとのFTAは2017年12月に署名された。

中国チリFTAは2006年に発効してから10余年が経った。2015年1月1日の時点で関税削減スケジュールが完了した。当初、関税、知的財産権、紛争解決などに重点をおいていた中国との協定は、段階的にサービスや投資に関する条項が新しく取り込まれることで格上げされた。チリ政府は今後、関税の領域を超える幅広い範囲での中国の市場開放を目指しており、特に政府調達、原産地規則の緩和、衛生植物検疫の問題、技術的貿易障害、電子認証システムに重点を置いている。また、チリ韓国FTAはアジアと中南米との間で最初に署名された協定で、財に関する条項は幅広く、幾つかの例外があるとはいえ、投資、サービスを含む相対的に包括的な協定になっている。それとは対照的に、インドとの協定は包括性が低く、限定的な性格が強い。本書第43章で検討するように、日本とのEPA協定はサービス、政府調達、植物検疫措置、技術的貿易障害などの領域を含む幅広いものであるが、農産品の市場アクセスに関して例外措置が多い。

チリは近年、ASEAN諸国との関係強化を図っている。2016年9月、ASEANの「東南アジア地域における「友好協力条約（TAC：Treaty of Amity and Cooperation in Southeast Asia）」に署名したことで、ＡＳＥＡＮとの関係は大きく前進した。中南米でＴＡＣに加入するのは、ブラジルとチリの２か国のみである。チリが加盟する太平洋同盟とＡＳＥＡＮとの間でも、地域間統合に向けた作業が進められている。協力の分野には、経済に留まらず、教育、科学、技術、イノベーションおよび持続的成長なども含まれる。

（桑山幹夫）

17

中南米諸国との通商関係

★貿易投資で補完性が高い近隣国について★

チリにとって、中南米には重要な貿易相手国が多い。同地域はチリの輸出、輸入総額でそれぞれ15％と21％を占める。中南米は、北米、欧州に肩を並べる主要な輸出市場である。なかでもブラジルとの貿易が大きい。第2位はアルゼンチンである。輸出・輸入額における占有率でみると、チリにとって、加盟する「太平洋同盟」（後述）よりも準加盟国である「メルコスール」の方がより重要な市場となっている。

貿易構造をみると、一次産品輸出に特化するチリでも、商品によっては中南米域内で製造業品の競争力を持っており、同じ産業分野での「産業内」貿易が盛んである。チリが対アジア太平洋およびEUには一次産品を主に輸出し、技術集約度が異なる多種の製造業品を輸入する「産業間」貿易の形態とは本質的に異なる。チリの対中南米輸出は、対米国、EU、アジア太平洋の市場と比較して、商品の多様化が進んでいる。チリの輸出構造の「再一次産品化」傾向が懸念されている現状では、チリが太平洋同盟やメルコスールとの関係を強化することは、その傾向に歯止めを掛けるだけでなく、中南米の製造業分野における生産網を促進する潜在力を秘めている。また、チリのサービス貿易でも、中南米は主要なマーケットに成長している。米国の貿易相手としての重要性は否めないものの、アルゼンチン、ブラジル、ペルーなどの近隣諸国の市場の役割が高まっている。

その上、中南米はチリの主要投資先でもある。2017年の統計によると、チリの対外FDI累積額の約49％が対メルコスール加盟国向け投資である。加えて、33％が対太平洋同盟向けである。例えば、ブラジルは近年、対チリ貿易およびFDIにおいて第5位にランクされており、チリにとって中南米で最大の輸出相手国であると同時に、主要な投資パートナーとなっている。チリの対ブラジルFDI累積額は2014年末で260億ドル、世界累積額の26％を占める。ブラジル市場では150社以上のチリ資本企業が製造業（42％）、サービス業（28％）、エネルギー（18％）、農業（11％）などの様々な分野において約200件の事業に参加している。

チリは、メキシコとは1991年に、ボリビア、コロンビア、ベネズエラとは1993年、エクアドルとは1994年、メルコスール4か国（アルゼンチン、ブラジル、パラグアイ、ウルグアイ）とは1996年、ペルーとは1998年に、それぞれ特恵貿易協定を締結している。これらの協定は「ラテンアメリカ経済連合（LAIA）」の枠組みの中で交渉される関税削減・撤廃に焦点を当てる「浅い」特恵協定で、「経済補完協定（Economic Complementation Agreement：ECA）」と呼ばれる。これらの協定のいくつかは後に、チリ・メキシコECAやチリ・ペルーECAのように、関税だけでなく、非関税障壁の撤廃、貿易投資ルールの調和などにおける取り決めを含むFTAに格上げされた。この意味で、チリは新しいFTAモデルを中南米に導入する役割を果たした。チリが締結するFTAが「包括的」であると言われる所以である。ウルグアイとは2016年10月に個別にFTAに署名している。チリ・

メルコスール間で締結されているECA（第35号）の枠組みの中で、チリとアルゼンチンの二国間協定が2017年11月に改定された。

2010年代に入って、チリは開放貿易、経済自由化、そして規制緩和の理念に基づく開発モデルを共有するコロンビア、メキシコ、ペルーと「太平洋同盟」を設立する。同盟の全加盟国は米国、EUとそれぞれFTAを締結している。その上、チリ、メキシコ、ペルーはAPECの加盟国であり、TPP協定の署名国でもある。太平洋同盟は、貿易・投資・産業振興面での補完性に焦点を当て、市場主導で統合を推進する革新的な統合機関で、漸進性、柔軟性に富んだ市場統合を目的にした最先端の統合構想として評価される。サービス貿易、投資、政府調達、知的財産権、貿易円滑化の他に、国際競争力の促進、中小企業によるFTAの活用、サプライチェーンの開発等の新しい領域を統合の優先項目として取り入れることで国際経済の変容に対応しようと試みる。

同盟の統合プロセスを制度化し、自由化スケジュールを明確化する「太平洋同盟枠組み協定の追加議定書」が2016年5月に発効したことで、同盟加盟国間における統合プロセスが公式に始まった。同議定書では、市場アクセス、サービス、投資、政府調達、原産地規則、貿易円滑化と税関協力、衛生植物検疫、技術的貿易障害、紛争処理制度、透明性などを自由化の対象としており、サービスでは越境サービスだけでなく、金融サービス、海運サービス、電子商取引、電気通信などの分野も含むことで、包括的なFTAとなっている。その他に、中小企業による貿易協定の活用促進、競争力の向上、域内での「規模の経済」達成、サプライチェーン開発などの「分野横断的事項」も同盟の目標として挙げている。

表1　チリの財貿易（国際収支データ）、貿易相手国・地域別 2017年

（百万ドル、％）

I. 貿易相手国・地域			輸出 額	輸出 総額に占める割合（％）	輸入 額	輸入 総額に占める割合（％）	貿易収支 額
米州			22,899	33.1	26,903	43.9	−4,004
	北米		12,495	18.0	13,786	22.5	−1,291
		米国	9,932	14.3	11,014	18.0	−1,082
		カナダ	1,390	2.0	718	1.2	672
		メキシコ	1,172	1.7	2,054	3.4	-882
	南米		9,414	13.6	12,184	19.9	−2,770
		アルゼンチン	969	1.4	2,625	4.3	−1,656
		ボリビア	1,202	1.7	106	0.2	1,095
		ブラジル	3,440	5.0	5,323	8.7	−1,882
		コロンビア	702	1.0	1,063	1.7	−360
		エクアドル	507	0.7	1,370	2.2	−863
		パラグアイ	628	0.9	618	1.0	10
		ペルー	1,766	2.6	890	1.5	876
		ウルグアイ	123	0.2	132	0.2	−9
		ベネズエラ	68	0.1	55	0.1	13
		その他	8	0.0	1	0.0	7
	中米およびカリブ		991	1.4	933	1.5	58
ヨーロッパ			10,345	14.9	10,051	16.4	294
中東			495	0.7	193	0.3	302
アジア			34,656	50.1	22,084	36.0	12,572
アフリカ			203	0.3	121	0.2	82
オセアニア			309	0.4	442	0.7	−133
II. 上記の分類に含まていない取引（*）			324	0.5	1,513	2.5	−1,189
Total（I+II）			69,230	100.0	61,308	100.0	7,922
貿易協定別（**）							
APEC			47,695	68.9	36,253	59.1	11,442
ALADI			10,607	15.3	14,240	23.2	−3,633
メルコスール			5,160	7.5	8,698	14.2	−3,537
NAFTA			12,495	18.0	13,786	22.5	−1,291
TPP11			11,610	16.8	7,240	11.8	4,369
太平洋同盟			3,641	5.3	4,007	6.5	−366
欧州連合（EU）			8,816	12.7	9,338	15.2	−522

注：(*) 主に海港で調達された物資が含まれる。(**) 貿易協定に加盟する国は下記の通り。
国際収支のデータに基づくので、輸出・輸入共にFOB価格で評価されている。
APEC：オーストラリア、ブルネイ、カナダ、チリ、中国、香港、インドネシア、日本、韓国、マレーシア、メキシコ、ニュージーランド、パプアニューギニア、ペルー、フィリピン、ロシア、シンガポール、チャイニーズ・タイペイ、タイ、米国、ベトナム。
ALADI：メキシコ、キューバ、ベネズエラ、コロンビア、エクアドル、ペルー、ボリビア、ブラジル、パラグアイ、チリ、アルゼンチン、ウルグアイ。**メルコスール**：アルゼンチン、ブラジル、パラグアイ、ウルグアイ。チリは準加盟国。**NAFTA**：米国、カナダ、メキシコ。**欧州連合(EU)**：オーストリア、ベルギー、デンマーク、スペイン、フィンランド、フランス、ドイツ、ギリシャ、イタリア、アイルランド、ルクセンブルグ、オランダ、ポルトガル、英国、スウェーデン。2004年から、キプロス、スロバキア、スロベニア、エストニア、ハンガリー、ラトビア、リトアニア、マルタ、ポーランド、チェコ共和国が加盟。2007年からルーマニアとブルガリア、そして2013年からクロアチアが加盟。**TPP11**：カナダ、メキシコ、チリ、ペルー、日本、マレーシア、シンガポール、ベトナム、オーストラリア、ニュージーランド（ブルネイはその他に含まれる）。**太平洋同盟**：メキシコ、チリ、コロンビア、ペルー。
出所：筆者がチリ中央銀行のデータバンクから作成。

２０１４年12月にチリのバチェレ政権は、太平洋同盟とメルコスールとの協調路線を打ち出し、貿易投資ルールの調和を図るため、両者間の規制やルールの共通化を段階的かつ実用的に図ることは地域全体にとって大きな便益となると現実的な観点から連携強化を訴えた。両統合機構は既に2国間および準地域協定で結ばれているのに加えて、企業による市場主導の経済統合がひそかに進んでおり、中南米での投資が活発化し、市場統合による相互関係が強化されている。官民連携主導の新しい「制度的な統合（*de jure* integration）」が「事実上の統合（*de facto* integration）」を後押しする必要があることが強調されるようになった。

バチェレ政権が「太平洋同盟」と「メルコスール」との連携強化を図ってきた背景には、両機関の間に開発戦略が収斂する必要性があるとするチリ政府の認識がある。ここで留意したいのは、チリ政府が提唱する太平洋同盟とメルコスールの関係強化は、関税や通商ルールの共通化のように現時点では難しいとされる領域ではなく、むしろ、両統合機関の間で、貿易投資において相乗効果が期待されるような、「衛生植物検疫」措置の調和、インフラ整備、製造業の輸出促進、サプライチェーンの構築、中小企業の国際化などの分野で一致協力すること、加えて、貿易手続きに関する行政の窓口を一本化する「シングル・ウインドー」制度、原産地規則の累積と電子証明書など、「貿易円滑化」に関わる分野での協力が優先項目となっていることである。すなわち、協調路線が追求するものは、両統合スキームの「統合」や「合体」ではないという点である。共通の関心事において、合意可能な領域を摸索しながら、時間をかけてルールの収斂化を図ることが狙いだ。太平洋同盟の大きな特徴として、原産地規則の「統一化」と原産地基準の「累積」制度の導入が挙げられる。世界で多数のＦＴＡを締結しているチリなどの同盟国にとって、累積制度のメリットは大きい。同盟域内では関税がほとんど撤廃されており、さらなる関税削減によるメリットは限られていることから、累積制度がチリ企業のアジア進出とバリューチェーンへの参入を後押しする重要な貿易促進の手段であると考えられる。

太平洋同盟は、問題を抱えていないわけでない。太平洋同盟の世界貿易額はメルコスールのそれを上回っているが、同盟の域内貿易額は小規模であり、同盟域内のみでバリューチェーンを構築するには限界がある。太平洋同盟の域内貿易率（域内貿易が同盟国の対世界貿易に占める割合）は3％に過ぎない。同盟国間の貿易額は中南米全域内の貿易のわずか10％を占めるに過ぎない。一方で、チリにとって、メルコスール市場は太平洋同盟地域よりも重要であることはそれほど知られていない。南米では、ブラジルとの貿易が大きい。第2位はアルゼンチンである。サービス貿易、直接投資においても、チリにとっては太平洋同盟よりもメルコスールの方がより重要な市場となっている。数多くのチリ資本多国籍企業が太平洋同盟とメルコスールの両地域で事業を展開している。太平洋同盟諸国は貿易・投資面で補完性が高いメルコスール諸国と通商連携を深めることによって、初めてチリが中南米全域の「ゲートウエー」の役割を果たし、日本を含むアジアのバリューチェーンへも参入できるようになる。

（桑山幹夫）

18

国連ラテンアメリカ・カリブ経済委員会（ECLAC）

★中南米で有数のシンクタンク★

国連ラテンアメリカ・カリブ経済委員会（ＥＣＬＡＣ、西語略称ＣＥＰＡＬ）は、国連経済社会理事会の下部機構である五つの地域経済委員会の一つで、１９４８年2月にチリ国サンティアゴに設立された。同委員会はサンティアゴに本部を置き、中米とカリブを包括する副本部をそれぞれメキシコ（メキシコシティ）とトリニダード・トバゴ（ポート・オブ・スペイン）に置いている。その他に、コロンビア（ボゴタ）、ブラジル（ブラジリア）、アルゼンチン（ブエノスアイレス）、ウルグアイ（モンテビデオ）、米国（ワシントン）に事務所を持つ。サンティアゴ本部の建物は、チリの文化遺産に登録されている。この歴史的建造物は２０１２年2月の地震で大きな被害を受けたが、1年半におよぶ復旧工事により、コンクリート製の外壁は保存され、内装は大幅に改築された。正規加盟国は現在45か国、うち中南米地域以外の加盟国は欧米9か国と、アジアでは日本（２００６年7月に加盟）と韓国である。その他に13の非独立国・地域がＥＣＬＡＣに準加盟している。

設立以来、ＥＣＬＡＣはマクロ経済の運営・調整、経済・社会統計の充実化、地域統合の支援、企業・産業レベルのミクロ政策、海外投資分析など従来の研究分野に加えて、環境問題、ジェンダー、社会開発、IT関連分野での地域レベルの政策提起への寄与も高く評価されており、各分野での研究や政策提言においてもリーダー的存在である。中南米域内最大のシンクタンクとして高い評価を得ている要因としてはその他に、設立当初からの加盟国に対する技術支援が挙げられる。その影響力は研究分析の領域だけでなく、多岐にわたる分野において域内加盟国と常設機関を通して緻密に政策協議を図ることによって、ＥＣＬＡＣが提唱する政策の有効性と実用性が高まっている。

ＥＣＬＡＣは、多くの著名な研究者、閣僚、国際機関の高官を輩出しており、ＥＣＬＡＣの開発思想と政策提言は設立から60年以上経つ現在でも、同地域の政策形成に少なからぬ影響を与えている。ＥＣＬＡＣ関係者には中南米諸国の閣僚、中央銀行の総裁などの重職を務めた経歴を持つ経済・社会専門家も多い。例えばチリの場合、ＥＣＬＡＣはこれまで3人の中銀総裁を輩出している。リカルド・ラゴス政権で蔵相を務め、バチェレ第2次政権では教育相、のちに大統領府長官となったニコラス・エイサギレもＥＣＬＡＣの研究員であった。ブラジルのフェルナンド・エンリケ・カルドーゾ前大統領もチリ亡命時代にＥＣＬＡＣで研究員として活躍した経験がある。サンティアゴ本部、副本部と各事務所に合わせて約５００人（専門職は約２００人）の職員がいるが、常勤の日本人職員は２０１8年現在1人のみである。しかし、創立以来、著名な日本人研究者の方々が在籍したり、またジェトロ・アジア経済研究所や日本のその他の研究機関との交流があるなど、日本の研究者には馴染み深い組織でもある。日本での中南米研究において、重要な情報源となっている。

ＥＣＬＡＣの事務局長職は、政界や国際機関での豊富な経験とともに学者の経歴を持つ実力者によってこれまで引き継がれてきた。1950年5月から1963年7月まで2代目の事務局長を務め、「プレビッシュ報告書」を書いたラウル・プレビッシュはよく知られている。後にUNCTAD（国連貿易開発会議）の初代局長となった。4代目のエンリケ・イグレシアス（1072年4月〜1985年2月）は、ウルグアイの外相の後、米州開発銀行総裁を2005年まで務めた。8代目のホセアントニオ・オカンポ（1988年1月〜2003年8月）は、事務局長就任以前にコロンビアの財務相や農業相の重職を務めた経験がある。ECLAC退職後に国連経済社会問題担当事務局長として活躍した。現在はコロンビア大学国際公共政策大学院教授である。オカンポを受け継いだ現職のアリシア・バルセナは環境問題の専門家で、国連本部で前潘基文事務総長の下で管理局担当事務次長を歴任したECLACの初めての女性事務局長である。

ECLACは、特に理論的なオピニオンリーダーとして高い評価を受けてきた。ECLACの分析と政策提案の原点は、誘導方法と理論的抽象化の両者間の相互性に基づくプレビッシュの「周辺—中心」理論と言ってよい。また、セルソ・フルタード、アニーバル・ピント、アルド・フェレールなどの研究者により、プレビッシュの構造的観点に地域の国々の史観が取り込まれ、ECLACは「歴史的構造学派」的アプローチをとるようになる。この二重の構造学的視点に基づき、ECLACは中南米諸国における中長期的な経済・社会変化の解析について独自の考え方を提唱するようになる。

開発途上国の経済は先進国とは異なるかたちで機能することだけでなく、中南米地域特有の構造的不均一性に適応できる独自の開発理論を提唱してきた。1980年代後半には、中南米が直面した対外債務問題の打開策として、IMFや世界銀行が進める「調整」政策とは異なる「生産構造の変革と社会公正（Changing Production Patterns with Social Equity）」と呼ばれる独自の処方箋を展開するようになる。また、中南米の「開放的な地域主義（Open Regionalism）」を提唱したのもECLACである。「生産構造」の変革が「社会公正」の向上に繋がるという考え方が1990年代から現在までECLACが提唱する開発戦略の根底に流れている。経済構造改革を進めるにあたり、成長、技術革新、雇用、そして社会公正がどのように関連しているのかを解明するのが鍵であるとし、その理論化をECLACのメインテーゼとして、引き続きその研究分析を行っている。特に2010年以降、バルセナ事務局長の時代に入ってから、この基本的な考え方が新構造派的な観点から再検討・分析され、改めて世に問うようになってきている。

中南米での地域統合は1980年代に入って一時停滞するが、ECLACは1994年に「開放的な地域主義」を提唱、貿易・投資自由化を域内外で同時進行させるメリットを強調した。経済統合には、市場が主導する「事実上の統合（*de facto* integration）」および政府が協定を締結し制度・組織を設立することで可能となる「制度上の統合（*de jure* integration）」があり、中南米地域統合を深化するには両者間の相関性を強化することが必要であると主張したことで、従来の統合思想を刷新した。

これらのECLAC提案は、1980年代と1990年代に優勢であった新自由主義の考え方とは大きく異なる。当時はECLACの提案は異端と考えられたが、今から見ると新しい時代に相応しいものであった。ECLACの考え方が後にIMF、世界銀行や他の多国間機関が発表する公式文書に反映されるようになるのは単なる偶然ではない。

（桑山幹夫）

III

産　業

19

産業構造

★州・地域によって異なる産業特化★

他の中南米経済のように、チリ経済を牽引するのはGDPの67％を占めるサービス業である。このセクターは、2013～17年平均で7・3％成長した。チリは、世界でも競争力をもつ多様なサービスセクターを有している。主な業種は、個人向けサービス、ビジネスサービス、商業、建設だが、金融、運輸、住宅サービスで近年堅調に伸びてきている（産業別成長率については、第7章を参照）。2012年にブラジル最大の航空会社TAM航空を買収合併してできたLATAMチリ社は世界第11位の規模を誇る。1872年創業のCSAV社は中南米では最大級のチリ大手海運会社である。チリ国内だけでなく、アルゼンチン、ブラジル、コロンビア、ペルーで小売業関連の事業を展開するCencosud社もチリ系多国籍企業である。

一方で、製造業のGDP比率が過去25年継続して低下しており、GDP占有率は11％に過ぎない。アジア開発途上国でみられるような繊維・衣料品や非金属鉱物分野などの輸出志向の製造業の重要性は相対的に低下してきている。主な製造業部門は、食品、金属製品（機械機器）、食料およびタバコ、化学品（ゴム・プラスチックを含む）、紙・パルプ、石油精製の順となっている。なかには、2013～17年に順調に生産を伸ばしてきた業種もあり、特に食品、食料加工生産の成長率は著しい。木材および家具の部門も堅調だ。同期間では、製造業全体で年率4％超の成長をみせている。銅を軸とする鉱業はGDPの9％を占める。世界経済の変動次第で、チリ経済に大きな影響を与えるものの、鉱業の生産と貿易における重要性は、長年顕著には変わっていない。農林業がGDPに占める割合は2017年に3％を切っており、食糧輸入の依存度が高まっているのも特徴だ。漁業は同期間の年率平均で20％伸びた。

産業構造を輸出の観点からみると、2013～17年には農林水産部門の輸出の伸びが顕著であることから、輸出構造が多様化してきていることが分かる。チリは銅、硝酸塩およびリチウムの世界最大輸出国である。鉱物に加えて、肥沃な農地、多種多様で豊富な海洋資源を育む広大な海岸線に恵まれ、農産品においてもブドウ、ブルーベリー、プラムを輸出、魚介類では養殖サケ、マスなどで世界で1、2位を争う輸出国にまで成長した。

チリの非銅輸出はここ数十年で大きく伸びる反面、銅が輸出総額のほぼ50％を占めており、紙・パルプ、材木、魚介類などの加工品を加えると、天然資源への依存度が高まってきている。その結果、資源の枯渇や環境への影響が懸念される。貿易収支は2013年を除いてわずかながら黒字だが、財貿易収支、サービス収支、海外からの投資利益などで構成される経常収支は赤字となることが多い（第16、17章を参照）。

チリは13州に分かれるが、各州は経済活動において、それぞれ特化傾向がみられる。チリのGDP総額の45％は人口の約4割が集中する首都サンティアゴ州で生産されている。首都圏はサービス業、

表1　チリのGDPと輸出の州別内訳、2017年

（GDP 10億ペソ：輸出 百万ドル、％）

州	GDP		輸出	
	10億ペソ	%	百万ドル	%
XV アリカ・パリナコッタ州	1,126	0.8	160	0.2
Ⅰ タラパカ州	3,337	2.3	2,987	4.6
Ⅱ アントファガスタ州	13,642	9.2	20,423	31.8
Ⅲ アタカマ州	3,539	2.4	4,488	7.0
Ⅳ コキンボ州	4,135	2.8	3,439	5.3
Ⅴ バルパライソ州	12,390	8.4	6,218	9.7
RM 首都サンティアゴ州	62,372	42.2	8,153	12.7
Ⅵ オヒギンズ州	6,464	4.4	4,368	6.8
Ⅶ マウレ州	4,598	3.1	2,209	3.4
Ⅷ ビオビオ州	10,634	7.2	4,764	7.4
Ⅸ アラウカニア州	3,787	2.6	563	0.9
XIV ロス・リオス州	1,901	1.3	492	0.8
Ⅹ ロス・ラゴス州	4,427	3.0	4,814	7.5
Ⅺ アイセン州	850	0.6	484	0.8
Ⅻ マガジャネス州	1,597	1.1	749	1.2
州合計	134,983	91.3	64,311	100.0
州外	75	0.1		
IVA及び輸入税	12,751	8.6		
国内総生産（GDP）	147,809	100.0		

出所：輸出額は Dirección General de Relaciones Económicas Internacionales, *Impacto de los tratados de libre comercio hacia una politica comerial inclusiva*, Santiago de Chile, febrero 2019. página 50.
GDPの数値はチリ中央銀行のデータ。州別のGDP額は前年度価格連鎖方式で算出されていることから、第7章表1、2で示される数値とは異なる。

製造業の生産・輸出拠点である（表1）。アントファガスタ州（第2州）がGDPに占める割合はわずか10％に過ぎないが、銅関連産業が盛んで、チリの輸出総額の約32％が同州に集中する。アントファガスタ州の輸出総額の75％は銅が占める。チリの輸出総額の4割強がアントファガスタ州とサンティアゴ首都圏から出荷される。オヒギンズ州およびマウレ州は農産品、漁業、工業品の生産・輸出が盛んな地域である。また、首都サンティアゴ州、オヒギンズ州、マウレ州の3州はワインの生産地としても知られる。チリは、フルーツ生産でも有名で、その生産は全国に広がっている。アタカマ州、コキンボ州、オヒギンズ州、バルパライソ州

などの東部・中部の州はブドウ生産が盛んで、オヒギンズ州、マウレ州、アラウカニア州の3州はリンゴやブルーベリーの産地として知られる。世界で生産量第2位のサケ・マスはロス・ラゴス州に集中する。

輸出は少数の企業に集中している。チリの輸出業社数は2014年に8195社にのぼるが、そのうち325社が輸出総額の90％を占める。雇用全体の約10％はチリが輸出で特化する農林、水産、鉱業などの部門で就労しており、輸出部門の雇用創出は相対的に限られている。また、生産が少数の大企業に集中する傾向がある。企業総数でみると、零細・中小企業が圧倒的に多いが、労働者数でみると、55％が大企業で就労していることが分かる（表2）。

チリでは生産は少数の大企業に集中する傾向がある。2014年の統計によると、チリには数で100万を超える企業が存在する。販売額に関する情報が入手可能な約90万の企業の分布を企業規模でみると、零細企業、中小企業、大企業がそれぞれ企業総数の75％、24％、2％を占めており、零細・中小企業が圧倒的に多いことが分かる（表2）。卸売・小売、建設、運送・倉庫などの分野で多くの零細・中小企業が活躍する。チリが比較優位を持つ農林水産、鉱業の部門では、零細、中小企業と大企業が併存する。

一方で販売の観点からみると、大企業は販売総額の85％を占めており、零細企業、中小規模企業はそれぞれ2％、13％にとどまる。大企業の販売は非金属製造、卸売・小売、金融などのサービス部門に集中する。農林水産、鉱業の部門では零細・中小企業が併存するが、販売額では大企業の占有率が高い。世界で最も生産性が高いチリの銅産業においても、多くの中小企業が採掘事業に関わっている。

表2　チリの産業構造（企業数、販売額、労働者数）、企業の規模別、2014年

（企業数 件数：販売額〔1000ＵＦ〕：労働者数 人、%）

	企業数				販売額				労働者数			
	零細	中小	大	合計（件数）	零細	中小	大	合計（1000UF）	零細	中小	大	合計（人）
A　農業，畜産，林業	7.6	2.5	0.1	91,796	0.2	1.3	5.9	1,546	0.9	6.5	4.7	994,439
B　漁業水産	0.3	0.2	0.0	4,136	0.0	0.1	1.6	358,278	0.0	0.3	0.8	91,828
C　鉱業および採石業	0.3	0.2	0.0	4,657	0.0	0.1	6.5	1,380,481	0.0	0.3	1.1	117,333
D　非金属製造業	4.4	1.4	0.1	53,076	0.1	0.8	13.4	2,985,421	0.2	2.2	6.4	735,139
E　金属製造業	2.7	1.2	0.1	34,998	0.1	0.6	4.5	1,086,800	0.2	2.0	2.8	411,947
F　電気、ガス、水道	0.2	0.1	0.0	3,093	0.0	0.0	5.0	1,052,769	0.0	0.1	0.7	69,721
G　建設	5.2	2.6	0.2	71,344	0.2	1.4	4.1	1,169,877	0.9	6.3	9.9	1,423,790
H　卸売・小売、自動車／家庭用品販売	29.0	6.7	0.4	323,530	0.6	3.7	16.1	4,249,075	1.1	5.6	10.3	1,410,900
I　ホテル・レストラン	4.2	0.9	0.0	45,510	0.1	0.4	0.2	149,459	0.4	1.9	1.6	316,028
J　輸送、倉庫、通信	7.5	1.9	0.1	85,215	0.2	0.9	4.6	1,182,299	0.4	2.4	3.2	496,954
K　金融取引	2.4	1.8	0.2	39,243	0.1	1.2	19.3	4,296,718	0.1	0.6	2.3	240,606
L　不動産、賃貸事業	7.2	2.8	0.2	90,917	0.2	1.6	3.0	980,925	0.6	5.8	7.4	1,150,029
M　行政、防衛、政府社会保険	0.0	0.0	0.0	187	0.0	0.0	0.0	106	0.6	0.8	0.2	137,159
N　教育	0.4	0.5	0.0	8,441	0.0	0.3	0.7	223,958	0.7	2.2	1.8	383,693
O　社会および保健サービス	1.3	0.7	0.0	18,500	0.1	0.3	0.4	148,647	0.3	0.9	0.7	153,175
P　その他のコミュニティ、社会・個人サービス	2.0	0.3	0.0	20,701	0.0	0.1	0.1	48,753	0.4	0.7	0.8	155,693
Q　建物・マンション管理	0.0	0.0	0.0	74	0.0	0.0	0.0	33	0.0	0.0	0.0	529
R　領域外機関や団体	0.0	0.0	0.0	6	—	—	—	—	0.0	0.0	0.0	89
情報なし	—	—	—	412	—	—	—	80	0.0	0.0	0.0	11
全産業	74.7	23.7	1.6	895,836	1.8	12.8	85.4	20,859,246	6.9	38.5	54.7	8,289,063

注：企業規模の定義は年間の販売額により下記のように区別される。零細企業は三つのグループに分けられる（レベル 1：10.01 UF ～ 200 UF)、レベル2：200.01 UF ～600 UF、レベル 3；600.01 UF ～2,400 UF)。小規模企業は三つのグループに分かれる（レベル 1：2,400.01 UF ～ 5,000 UF、レベル2：5,000.01 UF ～10,000 UF、レベル 3：10,000.01 UF ～25,000 UF)。中規模企業は二つのグループに分かれる（レベル1：25,000.01 UF ～ 50,000 UF、レベル2：50,000.01 UF ～100,000 UF)。大企業は 4 つのグループに分かれる（レベル1：100,000.01 UF ～200,000 UF、レベル2：200,000.01 UF ～600,000 UF、レベル3：600,000.01 UF ～1,000,000 UF、レベル4：1,000,000 UF 以上。UF（ウニダ・デ・フォメント）は、インフレで調整して、安定した価値を表示するために用いられる「契約単位」である。

出所：Servicio de Impuestos Internos (SII), “Estadísticas de empresas por tamaño según ventas” から筆者作成。

輸出志向である農林畜産林業では、約100万人の労働者が就労しており、生産が労働集約的であることから雇用創出に貢献している。鉱業は一般的に資本集約的で、雇用の機会は限られる。

チリが持続的で社会的にインクルーシブな成長を遂げるには、鉱業だけでなく、その他の分野での設備投資、インフラ整備、生産性の向上と社会サービスへのアクセスと質の改善に向けた構造改革が必要となってくる。また、多くの業種でみられる企業の集中化についても改善が望まれる。チリはエネルギー資源において純輸入国であり、海外供給の依存度が高い。輸出が銅に大きく偏り、政府財源が銅部門の税収に大きく依存するのが現状であり、チリ経済の脆弱性となっている。持続的経済成長には、産業のさらなる多様化が必要になってくる。

（桑山幹夫）

Ⅲ

産業

20

鉄鉱石・鉄鋼業

★小粒ながら存在感★

中国、ブラジル、オーストラリア、インド、ロシアが世界の鉄鉱石の主要生産国である中で、チリは第12位の位置にあり年産1700万トン（2017年アメリカ地質研究所データUSGS）の中規模の鉄鉱石生産国である。サンティアゴから500キロメートル以北のアタカマ砂漠地帯のコキンボ地区、ヴァジェナール地区、コピアポ地区に鉱山が集中している。鉱山開発は1920年ころから米国製鉄会社・ベスレヘムスティールによって開始され、エル・トフォ鉱山の良質な鉄鉱石が米国に輸出され、第一次世界大戦以降の米国鉄鋼業の急速な発展に寄与した。第二次世界大戦以降には、年間400万トンの米国向け輸出を記録した。同鉱山の枯渇後、エル・ロメラル鉱山などの鉱山が開発され、海外への輸出に加えて1946年にチリ政府と民間資本により設立されたCAP社（太平洋製鉄）が操業開始したワチパト製鉄所（サンティアゴの南500キロメートルのコンセプション市に隣接）にも供給され、現在に至っている。

一方、第二次世界大戦後の日本の重工業の発展の中で、まさに日本では「鉄は国家なり」の時代を迎え、鉄鉱石を100%輸入に依存している日本としては、供給源の確保と多様化を図

ペレタイジング・プラント全景［提供：Compañía Minera del Pacífico S.A.（CMP）］

る必要に迫られた。１９５５年には中南米への調査ミッションが日本から数回にわたり派遣され、１９５８年にはアタカマ鉱山の開発に三菱鉱業（現・三菱マテリアル）と三菱商事が乗り出し、１９６０年末には八幡製鐵（現・日本製鉄）に向けて船積みが開始された。その後、ＣＡＰ社により、アルガロボ鉱山、その代替のロス・コロラド鉱山の大型開発が続いた。さらに、鉄鉱山の開発の歴史の中で特筆されるのはＣＡＰ社のアルガロボ鉄鉱石のペレット化である。１９７０年前後から日本の公害規制が厳しくなり、高いリンと硫黄を含む鉄鉱石の輸出が困難な状況となった。種々検討の結果、有害物質を除去するペレタイジング・プロセスが導入されることになり、日本輸出入銀行（現・国際協力銀行）によるファイナンスを得て米国A.G.McKEE社と三菱商事（主要機器は神戸製鋼製）が、１９７５年ワスコに年産３６０万トンのプラント建設供給契約をＣＡＰ社と締結、１９７８年１月に操業を開始した。アジェンデ政権からピノチェット政権に移行して間もない経済復興期の中での工事は困難

ペレダイジング・プラント焼成設備
［提供：Compañía Minera del Pacífico S.A.（CMP）］

を極めたが、当時のチリの最大プロジェクトは今なお高く評価されている。現在は、年産400万トン以上の生産をしており、製品の過半は中国・日本・韓国等のアジア諸国に向けられている。

なお、前述のCAP社はアジェンデ左翼政権により1971年には完全に国有化され、ベスレヘム社を含む外国資本は撤退していったが、日本への鉄鉱石輸出や技術協力の関係は年々深まった。日本への鉄鉱石輸出は、1988年に最大492万トンを記録、日本にとって重要な輸入先の一つとなった。これは、日本とチリとの長い友好関係によるもので、その後の両国間の関係強化においてCAP社の果たしている役割は非常に大きい。CAP社の鉄鉱石部門は太平洋鉄鉱石会社（CMP）として1982年に独立、1987年にはCAP社と共に再度民営化された。

最近の世界の鉄鋼産業の地図の変化により、チリからの鉄鉱石輸出は過半が中国向け（2017年には1068万トンで68%のシェアー、日本は154万トンで14%）になっている。さらに、過剰生産能力を持つ中国の影響により、世界の鉄鋼産業の動向は先行きが見通せない状況になっており、チリの鉄鉱山開発もその影響を大きく受けている。CAP社は2014年に新たにセロ・ネグロ・ノルテ鉱山での操業を開始、今後も既存鉱山の拡張、良質の鉄鉱石の埋蔵が確認されているアンデス山脈の高原にあるエル・ラコ鉱山を含む新規鉱山開発などの計画を、世界の鉄鋼業の方向性を見ながら慎重に開発を進めていくとしている。

チリの本格的な鉄鋼業は、チリ産業開発公社（CORFO）の援助を得てCAP社によって1947年に建設が始められ1950年に完成したワチパト製鉄所（生産量：年産18万トン）により始まった。1970年前後より始まった日本鋼管（現・JFEスチール）の技術指導により、1980年代から90年代にかけて多くの設備増強と改造が実施され、南米の中でも堅実な生産を行ってきた。小規模ながら製銑・製鋼・圧延のプロセスとコークス・プラントや化成工場を持つ一貫製鉄所であり、1997年には年産約100万トンの規模に達した。また、1990年には国内最大の建材メーカーのCINTACを傘下に収め、後にアルゼンチン、ペルーの製鉄・建材業にも出資をしている。現在は、チリ国内の鉄鋼需要270万トンに対し国内生産は100万トン（CAP社のシェアーは70％）となっている。しかしながら、チリ政府の自由開放政策により中国やブラジルなどの海外メーカーからの安価な鉄鋼製品が流入し、チリ国産企業の存在を危うくしている。この対応策として、2016年現在では政府によるセーフガード（一部輸入鋼材に対する暫定関税適用）といった手が打たれている。

ワチパト製鉄所は、2010年2月27日に近郊で発生したマグニチュード8・8の大地震により大打撃を受けた。その際に、CAP社から三菱商事経由で神戸製鋼所に支援要請があった。同社は、阪神淡路大震災の際に神戸製鉄所でCAP社が受けたのと同様の被害を被った。その復旧工事の経験を活かし、チリ国唯一の高炉を最短の時間で復旧させようと、直ちに3名の技術者を派遣した。現地にいる3名と日本側の技術陣が24時間体制で復旧案を作成し、CAP社に提示した。その結果、地震発生から103日目の6月9日にワチパト製鉄所は操業を再開した。CAP社のみならずチリ国からこの日本の援助に対し高い評価を得たが、地震国という共通の問題を抱える両国の絆がさらに深まったことは言うまでもない。

鉱物資源の豊かなチリ国にて、鉱石の粉砕設備で使用される鋼鉄ボールと鋼鉄バーの生産も同国にて行っている。特に、Moly-Cop社は年産130万トンの設備を持つ世界最大のサプライヤーであり、米国資本によって1930年代に生産を開始、その後チリを含む世界各国に拠点を拡大し、2010年にオーストラリアのArrium社により買収され今日に至っている。また、チリ資本のシグド・コッパーズ社も鋼鉄ボール生産設備を持つベルギー資本のMagotteaux社（マゴト社）を2011年に買収、2017年の生産実績は世界合計で年産約37万トン、うち約10万トンをチリにて生産している。今後も銅を主体とする鉱物資源の生産拡大が期待される中で、これらの鉱業を支える会社の役割はますます重要なものとなっていくであろう。

（水野浩二／工藤 章／佐々木 修）

21

銅産業

★チリは「銅」だ★

チリといえば銅、銅といえばチリというほどにチリにとっての銅産業の重要性は計り知れない。事実、銅に関してチリは「世界一」尽くしである。銅の埋蔵量、生産および輸出量も然りだが、その他にも№1となると、コデルコ（チリ銅公社）が世界一の銅生産企業、世界最大の銅生産鉱山がエスコンディダ、チリの輸出では銅が最大（チリ銅委員会コチルコの２０１７年資料によるとチリ総輸出額の49・６％を占める）、日本の輸入銅の最大の供給国はチリ（２０１８年の財務省の資料によると全輸入量の45・２％）など枚挙にいとまがない。チリの鉱山の規模がいかに大きいかは、日本で最大だった別子鉱山の１６９１〜１９７２年の２８０年間の総生産量が約67万トンだったのに対し、エスコンディダの年間生産量は現在約１２０万トンであることを知るだけで十分であろう。

銅の特徴は融点が低く加工がし易く、熱伝導率が高い点で、主な用途は電線、伸銅品などである。一時、相次ぐ新素材の出現で将来「どう（銅）はどうなるのか?」といった議論が行われたが、新産業を代表するＩＴ分野に新たな活路を見出した。今やパソコン、携帯電話などにとって銅は重要な原材料となっていて、世界的な需要も増加し続けている。

銅の価格はＬＭＥ（ロンドン金属取引所）で決められるが、21世紀に入り価格の低迷が続き２００３年当時の日本での価格は1トン当たり約20万円、つまり1キログラム当たり２００円であった。1キログラム当たりのレタスの値段が２２０円、ブロイラーが２４０円で、ほとんど同じ価格であった。しかしながら、中国の急激な経済成長によって翌年から価格の急騰が始まり、２００７年には８４０円にまで達した。その後リーマンショックによる世界経済の混乱の影響を受け２００９年には４８０円まで急落した後、２０１４年までに多少の回復を見たが、２０１７年は６００円台に留まっている。10年以上にわたる大きな価格変動は、世界中の鉱山会社や資源輸出国に重大な影響を及ぼしていることは言うまでもない。

銅の精錬技術は紀元前６５００年頃に遡るが、チリの銅開発の歴史も古く新大陸発見前にも、既に銅の精錬が行われていたといわれる。スペインによる統治時代にも多数の小規模銅山が開発され、19世紀の初頭には地金としてペルーやスペイン本国にも輸出されていた。しかしチリが産銅国として飛躍的な発展を辿り始めたのは20世紀に入ってからで、まず世界屈指の米国銅山会社であるアナコンダ社やケネコット社が、チュキカマタ、エル・テニエンテ銅山を開発しその基礎を築き、米国資本による主要鉱山の支配という構図は60年代まで続いた。その後の歴史を概観すると次のようになる。

・60年代～70年代前半：60年代後半のフレイ政権、70年代前半のアジェンデ政権による鉱山国有化
・70年代後半～80年代：ピノチェット政権による再民営化と、外資導入策による民間企業による探

鉱の活発化

・90年代〜：外資民間企業を主体とする開発ラッシュ

・２０１６年から２０２０年までの大手鉱山と今後の計画は、コチルコの資料によると、17案件が計画されており、全てが実現すると３２７億ドルの投資と年産２００万トンの増産が見込まれる。

今ではほとんど忘れられかけているが、日本もかつては世界的な産銅国だった。特に明治時代には銅は日本にとって重要な外貨獲得源で、１８９０年代後半には米国、スペインに次ぐ世界第3位の産銅国だったが、１９３３年以降輸入国に転じ、今では原料の銅鉱石は事実上ほぼ１００％輸入に頼っている。ここに銅鉱石の豊富なチリと、精錬業の盛んな日本との補完関係が成立し、50年代から日本企業による調査、開発あるいは長期融資買鉱などが実施されてきた。しかし本格的参入が始まるのは90年代以降で、この時期のチリの銅開発において、日本企業は資本参加（カセロネス鉱山：１００％、シエラゴルダ鉱山：45％、ロス・ペランブレス鉱山：40％など）、技術協力、資金援助などを通じてきわめて重要な役割を果たした。

また、チリで顕著なのは、湿式精錬法の「ＳＸ－ＥＷ（溶媒抽出－電解採取）」による精錬銅の急増である。これは酸化銅に硫酸を散布し銅を溶かして溶出する新技術で、60年代に米国で開発されたが、チリ北部の産銅地帯はこの技術の適用に最善の条件に恵まれ、１９９１年には全生産量のわずか７％だったのが、２０００年には30％と、この間約11倍増加し、現在ではチリは「ＳＸ－ＥＷ」による精錬銅で世界の約60％を占めている。最近ではコストが従来の精錬法の半分に近いこの製法を、バクテ

チュキカマタ銅鉱石［提供：コデルコ］

リアを使用して硫化銅として溶出させる技術開発が進んでいる。なお日鉱金属は２００２年、微生物などのバイオ技術を使い、銅の含有量が少ない鉱石から効率的に精錬する手法を研究するため、コデルコと合弁会社を設立したが、この詳細は、第45章を参照してほしい。

90年代以降チリでは、外資系民間企業による開発がコデルコを大きく上回り、この傾向は今後一層強まると予想されている。コデルコも生き残りを賭けて他の中南米諸国への進出や民間企業との提携などを行っているが、一つの方法として、コデルコから分社化した鉱山機械の修理工場を、民間に移せないかとの指摘もある。いずれにしてもチリの銅も可採年はあと40年弱といわれており、銅資源が枯渇した後をどうするかは真剣に考えておく必要があろう。

今後の課題は環境問題への対応、安価な電力の調達、さらに鉱業用水の確保である。チリでも環境規制は厳しくなってきており、精錬工場から排出される亜硫酸ガスの回収のための排煙脱硫装置の設置などが進められてはいるが、今後各国とのＦＴＡ（自由貿易協定）の増加に伴い、特に先進工業国向け輸出上の制約原因となる恐れもあり、一層徹底した処理体制の確立が望まれる。次に、既存の鉱山はもちろんのことであるが、前述の新規鉱山の開発も安価な電力の調達が必須条件になっている。Comisión Nacional de Energía の２０１８年の資料によると、電力消費は２０１８年から今後20年間にわたり平均２・４％の増加が見込まれ、新規の発電所の建設が急務である。さらに、チリの銅のほとんどが埋蔵し生産されているのは、世界で最も乾燥している北部に集中している。従来、アンデスからの地下水に依存していたが、近年の気候変動により水量が激減している。そのため、鉱業用水として海水の利用が始まった。未処理海水と海水淡水化による用水を使用している鉱山が出現し、今後さらにこの傾向が強まることとなろう。

引き続き世界の中で銅生産国として最も重要な役割をチリは果たすことになるが、前述の問題を世界の英知を集めて解決していく必要がある。

（水野浩二／工藤　章／佐々木　修）

コラム4

33人救出劇

工藤章／佐々木修

チリにとって独立200周年の年である2010年は、波乱の年となった。2月27日に500人を超す犠牲者を出した大地震と津波（詳しくは、第46章参照）が南部で発生した。3月には余震が続く中で、ピニェラ大統領が就任し新たな政権が発足した。その一方で、2008年のリーマンショックによる世界経済の混乱が続いていたが、チリは2009年後半から急速な立ち直りを始めていた。そして、2か月を超えて世界中の人々が固唾を呑んで動向を注視した銅鉱山落盤事故が、北部のアタカマ砂漠地帯のコピアポで8月5日に発生した。安全性の問題から一時期操業が中止されていたが、2009年から再度操業が始められていたサン・ホセ鉱山（1889年創業）の坑道で落盤事故が起きた。坑道入り口から5キロの坑道（地下460メートル）で起きた落盤で33人（チリ人32人とボリビア人1人、全員男性）が、地下634メートルの地点で生き埋めになり、生存は絶望視された。しかしながら、救助隊が地下700メートルまでドリルで穴を掘ったところ、落盤後22日目の8月22日に全員の生存が地下避難所で確認された。翌日の8月23日には、ピニェラ大統領と音声での通話ができた瞬間、現場のみならずチリ全土で生存を祝った。避難所にあった少量の備蓄食料を分け合い33人が団結して励ましあって生き延びたが、生存確認後は直径10センチのボーリング穴を通して1・6メートルの長さのカプセルを用いて、固形食、栄養剤、薬などが運ばれ、高温・高湿の避難所で救助を待つ33人の生命を維持した。

問題は、どのようにして救助するかであった。救助するためには、70センチの穴を地下に向けて700メートル掘ることが必要であり、4か月以上の日数が必要と見られていた。8月から三つのルートで救出穴の掘削を開始、既にあった10センチの補給用の穴を拡大するルートが、

サン・ホセ鉱山で、最後に救出された現場監督のルイス・ウルスアさん（中央左）と一緒に喜ぶピニェラ大統領（同右）［提供：AP／アフロ］

10月10日朝早く、拡張を終えて完成した。世界のメディアが見守る中、10月12日23時20分に最初の救出隊員が直径60センチ、長さ4メートルのカプセルで地下に降りて行き、10月13日0時11分に最初の被災者が救出された。最後の救出は、10月13日21時56分に完了し、その後に最初に降下した救出隊員が帰還し全ての作業が完了した。この救出は、チリ政府の尽力の賜物ではあるが、アメリカからは宇宙船での経験や採掘方法など高度な技術が供与され、日本からは、宇宙航空研究開発機構（JAXA）が最新のテクノロジーの下着、被災者のストレス解消に役立った緩衝材プチプチ、体調管理のためのパソコン、などを送って支援をした。

この救出劇では、一部にピニェラ大統領が政治的に利用したとの非難の声が上がったが、世界中の多くの国より高く評価された。また、国交のない隣国ボリビアのエボ・モラレス大

統領が現地に駆けつけ自国の鉱夫と面談し、両国の対話の促進を促す効果を持った。ただし、この事故ももとを正せば、人災といわざるを得ない。中国を含むアジアでの経済拡大の中で、銅の需要が増え、2010年には2001年の価格（LME－ロンドン金属取引所のスポット価格）の4・8倍と急上昇し、採算性の悪い中小鉱山での生産も増強されることとなった。これらの中小鉱山には、国の安全確保や労働環境の維持に対する監督の目が行き届かず、このような事故の発生を招いた。チリ政府は、この事故の後、労働災害を減少すべく対応し、鉱業省地質鉱山局の統計によれば事故発生の翌年の2010年から2015年の6年間で鉱山での死亡事故は65％減少した。

22

そのほかの鉱業

★なくてはならぬ鉱石たち★

チリには銅や鉄など様々な種類の鉱石を産出し埋蔵している。ここでは、特色のある鉱物、チリ硝石、リチウムとモリブデンを取り上げる。

チリ硝石は、アタカマ砂漠のアントファガスタ以北にある鉱脈が１８０９年に発見された。化学肥料が生産される前には、農業肥料として19世紀半ばより欧米に輸出された。この重要な輸出品目の鉱山の所有権をめぐってチリ・ペルー・ボリビアの３か国が、１８７９年から１８８４年にかけて武力衝突する。「太平洋戦争」とも「硝石戦争」とも呼ばれるが、チリが勝利し、硝石産地は完全にチリ国土に組み込まれた経緯がある（詳しくは第5章参照）。また、チリ硝石は火薬の原料として火薬生産の飛躍的増加に寄与した。しかしながら、20世紀前半になりアンモニア合成が成功し、窒素肥料や火薬の原料としての重要な役割を終えることになるが、この間、チリ硝石の産地のハンバーストーン、サンタ・ラウラなどの町には、近代的な工場群とイギリス風の町並みが出現した。最盛期には、年間３００万トンのチリ硝石が輸出され、米国のハリウッドの興業が回ってくるほど繁栄した。しかしながら20世紀半ばに相次いで工場閉鎖に追い込まれ、ゴーストタウンとなった。これらの町は、2005年に世界遺産に登録された。

一方、チリ硝石は肥料としての役割を持っている。特に、ヨウ素の原料として貴重な存在価値を維持している。ヨウ素は殺菌効果など特有の性質を持った物質であり、医療を中心に工業や農業の分野での需要がある。世界の生産量は3万トン強で、その6割はチリに集中し、残りの3割強を日本が生産している。また、肥料用の硝酸ナトリウムとして日本は現在でもチリ硝石を輸入している。

リチウムは、耐熱ガラスやアルミニウム軽量化に必要な添加物として貴重な鉱物である上に、地球温暖化に対抗するべく二酸化炭素の排出を抑える環境対策が取られる中で電池の需要が増え、最近ではその素材として非常に重要なレアメタルの一つとなった。特に電気自動車の普及には欠かせぬ材料である。世界の埋蔵量1600万トンの約5割がチリに存在し（ボリビア、アルゼンチン、中国、オーストラリアも埋蔵量が多い）、年間生産量では、世界では4万3000トン、チリは1万4000トンを生産する、オーストラリアに次ぐ主要生産国である（出所：2017年アメリカ地質研究所USGS）。チリのリチウムは北部のアンデス山脈に点在する塩湖に埋蔵されているが、現在、チリ政府はアタカマ塩湖だけに採掘権を与えている。SCL（Sociedad Chilena de Litio、ドイツ Chemetall の子会社）とSQM（Sosiedad Quimica y Minera de Chile、チリ資本）の2社が操業している。SQMは1968年にCORFO（チリ産業開発公社）によって設立されたが、1983年から株式が市場に売却され、1988年には完全に民営化された。現在、同社は硝酸カリウム・硝酸ナトリウム（肥料用途）、硝酸ナトリウム・ホウ酸（工

第22章

そのほかの鉱業

アタカマ塩湖［提供：Sociedad Quimica y Minera de Chile］

業用途）、ヨウ素と、リチウムを生産している。今後の需要増に応じてチリでのリチウム生産が増えると予測されているが、放射性物質としての取り扱いをしていることもあり、環境保全の観点を含めチリ政府からの開発許可の入手は決して容易でない。ボリビアのウユニ塩湖の開発など他国での動きもあり、チリのリチウムは引き続き世界的な注目を浴びるであろう。

モリブデンは、鉄鋼に添加し工具鋼を製造する、摩耗軽減剤として潤滑油やエンジンオイルに添加する、銅に添加し電子基板を製造する、などに利用される近代社会において欠かすことのできない素材である。モリブデンは、モリブデンのみを採掘する鉱山と、銅、鉛、亜鉛などの副産物として回収する鉱山の2種類があるが、チリの場合は後者である。世界の埋蔵量は約1700万トンと推定され、その分布は、中国48%、米国16%、チリ11%となっている（出所：2017年USGS）。また、世界の生産量は29万トンで、中国45%、チリ20%、米国15%なっており（出所：2017年USGS）、チリは生産・埋蔵量において世界的に重要な地位にある。近年、銅の世界的な需要の増加に従い銅生産も増え、それに伴いモリブデンの生産も増加した。2003年には世界最大の輸出国になり、今や銅に次ぐ輸出金額となりチリにおいて重要な輸出産品となった。チリ国内で最も多く生産しているのは、シエラゴルダ鉱山であるが、モリブデン生産については次の点が考慮される。すなわち、銅と同様にモリブデン価格も市場で大きく動くので、生産量の調整が必要になるが、副産物であるため、必ずしも容易ではない。さらに長期的に見ると代替素材の出現の可能性もあり、今後の技術革新に左右されるといえる。

（水野浩二／工藤 章／佐々木 修）

23

農林畜水産業

★銅に続く輸出産業の柱★

農産品、畜産品、水産品、および林産品は、金属資源に次ぐチリの有力な輸出産品の一つである。チリ外務省経済関係総局（DIRECON）の資料によれば2017年の同国の総輸出額は683・1億ドルだが、農産品は92・4億ドル（以下の数字はチリ農業省農業政策調査局〔ODEPA〕、水産庁〔SERNAPESCA〕資料による。なお2018年は100・5億ドル）、畜産品は11・8億ドル（同13・9億ドル）、この二品目で総輸出額の15・2%を占める。水産品は48・5億ドル（7・1%。2018年は54・4億ドル）、林産品は49・6億ドル（7・3%。2018年は63・0億ドル）となっている。一方で、農林・畜産業全体の輸入は2017年は58・4億ドル（2018年は65・6億ドル）であり、2017年の同セクター輸出全体が153・8億ドル（2018年は177・5億ドル）であることを考えると、セクター単独で100億ドルの外貨獲得に貢献する分野に成長している。中南米には、ブラジルやアルゼンチンのような農林畜水産業の国内生産・輸出の大国があるが、人口が少なく自国の消費量も限られているチリは、人口の急激な膨張による世界の需要が増大する中で、この分野での存在感が増している。また、銅を主とした金属資源に依存する経済構造から脱することを目的とし、長年にわたって農林水産業の発展と輸出促進を官民一体となって努力した結果、外貨獲得の第二の柱に育て上げたことは、チリが中南米の優等生として評価される一つの重要な要因といえる。

農産品については、チリはインディオの時代からジャガイモ、トウモロコシやキヌアの植物を生産していた。その後、スペインにより征服された後に小麦、ブドウなどが持ち込まれ、17世紀には小麦がペルーに輸出され19世紀末までオーストラリアや米国カリフォルニアにも輸出されていた。しかしながら、連作や技術的な問題により生産が激減し輸出時代は終わった。山岳地帯、乾燥地帯、寒冷地帯が多く、農業にはチリは非常に厳しい条件下にある。主な農業地帯は、第4州（ラ・セレナ）以南から第8州（ビオビオ）に限られており、2015年のODEPA資料では農地は1847万ヘクタール（日本は総務省「第65回日本統計年鑑」にある2014年資料では452万ヘクタール）である。また、チリの年間降雨量はチリ気象庁（DMC）によればチリ全体で2000年から2016年の平均で286・14ミリメートルであり、これを国土交通省が「日本の水資源」で発表している1981年から2010年の日本の平均1690ミリメートルと比べるときわめて少ないと言え、河川や地下水の利用などインフラ・灌漑事業などによる水の確保は常にチリにとって喫緊の課題であり、この点については政府が重要な役割を演じてきた。また、近年では鉱山の操業のために水利権を確保することは困難となって来ており、民間事業として海水淡水化による水資源の確保が増加して来ている（詳しくは第21章参照）。ただし、チリは、北はアタカマ砂漠、東はアンデス山脈、南はパタゴニア寒冷地帯、西は太平洋に囲まれ、農業を営む点で病害虫の被害が少ない利点を持っている。

農産品の品目別の状況を見ると、まず、小麦、トウモロコシなどの穀物、甜菜・砂糖、植物油は、国産に加え輸入により国内需要を賄っているが、これら品目はチリが締結している多くのFTAにおいてセンシティブ品目として取り扱われている。輸出されている品目は、スイートコーンなどの野菜、ブドウ（2017年FAO資料によれば生産量、世界9位、以下同様）、リンゴ（8位）、ナシ（10位）、サクランボ（5位）、モモ（9位）、クルミ（7位）、アボカド（9位）、アーモンド（13位）などの果実、ワイン（第25章を参照）を含む酒類、などである。多種多様な果実が国際競争力（南半球にあり季節が消費地である北半球と逆である利点を備えている）を持っているが、1964年からのキリスト教民主党政権と1970年からの社会主義政権は、生鮮果実輸出振興を国家重要施策として推し進め、その後、1973年からの軍事政権下では、この施策は消失したものの新自由開放経済の下で、多国籍アグリビジネスが1964年からの施策で築き上げられたインフラや生産基盤を有効利用して、現在の果実の輸出大国を誕生させた。また、農産品・畜産品の輸出額は毎年伸びており、2010年の80・8億ドルから2018年の114・4億ドルと9年間で41・6％増加しており、新たな商品が加わるなどの要因もあり輸出額の増加傾向は今後も続くことが期待される。

畜産業に目を移すと、ODEPAの資料によれば2018年の輸出金額は牛肉が4070万ドル、乳製品が2億400万ドルである。また、鶏肉輸出額は3億5690万ドル（12・8万トン）で前年比30％増、豚肉輸出は445億6000万ドル（14・9万トン）で前年比16％増であり、チリの畜産業は生産量の約40％を輸出する豚肉と、鶏肉を中心とした鳥類が産業全体を牽引している。また、牛肉は主に国内向けに消費しているが12万人の生産者を抱える産業であり、一部（2018年は9500トン）は輸出されている。乳製品は、粉乳、チーズ、飲用乳、ヨーグルト等であるが、価格競争力が乏しいこともあり輸出は減少している。鶏肉については、輸出大国のブラジルに対抗しながら着実に輸出量を増やしている。その理由として、少数の寡占企業による垂直統合型（バーティカル・インテグレーション）が確立したことが挙げられる。豚肉は、日本、韓国、さらに中国、ロシア向けに輸出を伸ばしている。畜産業は、飼料のほとんどを輸入に依存し、国による保護政策がない中で、高い技術や処理や加工の最新設備を導入する、あるいは川上から川下の一体化によって国際的な競争力を付けた注目すべき産業である。

水産業は、南北に4300キロメートルを超える海岸線の200カイリ水域に、世界有数の大きな漁場を持って発展している。水産品の輸出額については前述の通りだが、総漁獲量に関する2015年の水産庁（SERNAPESCA）の資料によれば天然ものが213万トン、養殖が119万トンで輸出金額はそれぞれ10・5億ドル、36・14億ドル（ただし同年1〜11月までの合計）である。漁獲量は世界の11位、養殖生産量は9位であるが、合計輸出額では6位にランクされている。イワシ・カタクチイワシ・アジ・サバ、カレイ・ヒラメ、タラ、カニ・エビや海藻、イカなどの収穫に加えサケ・マス（詳細は第24章を参照）、ホタテ、ニホンアワビ、カキや海藻の養殖も盛んである。また、漁獲量が激しく減っているメルルーサなどの底棲生物資源の保護を図っている。さらに、従来よりの産業である魚粉については、生産は世界第5位、輸出は世界第3位である。

林業については林産品の輸出を飛躍的に増やしている国として脚光を浴びている。ＩＮＦＯＲ（農林研究所）によれば２０１４年には国土の23％が森林となっていて第7州（マウレ）から第9州（アラウカニア）の地域が林業の中心である。２０１５年の生産量は伐採木材が８・37万立方メートル、パルプが５１０万トン、チップが１０２０万立方メートルであり、それぞれ２００７年との比較で０・３％、９・４％、17・８％の増加、また輸出総額は前述の通りである。この分野の特徴は、１９８０年代に日本をはじめとする外国企業が、成長の早い広葉樹のユーカリを植林し、パルプ用のウッド・チップを生産して輸出を発展させたことである。南部のパタゴニア地方の原生林も有力な資源だが、環境保存を重視し伐採はコントロールされている。

ユーカリ植林［撮影：林卓夫氏］

第二次ピニェラ政権はウォーカー農業大臣を任命し、下記を骨子とする「２０１８〜２０２２年プログラム」を発表し、農林畜水産業の発展を目指している。

1. 農林畜水産業従事者の生活の質の向上
2. 農業開発のための水資源管理
3. 農林畜水産業における家族経営、及び中小規模経営企業の強化
4. 社会統合の推進と動植物保護と検疫の向上
5. 諸制度の近代化
6. 生産性向上のための研究と革新
7. 持続可能な農林畜水産業の発展
8. 消費者に対する透明性と対応の向上

チリが、多くの国とFTAを締結して経済発展を目指す中で、これらの施策によって農林畜水産業のさらなる成長が期待される。

（工藤 章／佐々木 修）

24

サケ養殖産業

★サケのいなかったチリが輸出大国へ★

世界の総漁獲高は１９９０年から２０１２年に１億２８０万トンから１億８２９０万トンに増加したが、このうち、養殖魚の漁獲高は、１６８０万トンから９０４３万トンへと大きく増加し、総漁獲高に占める養殖魚の割合は50％を占めるに至った。こうした、水産養殖の拡大の代表的事例がチリのサケ産業であった。

チリでは１９６０年代末から大日本水産会による放流調査が行われ、続いて国際協力機構（ＪＩＣＡ）による北海道サケの卵のチリでの孵化・稚魚の成育と試験放流等が試みられたが、サケの養殖が一つの新たな産業として確立したのは１９８０年代であり、本格的な発展を実現したのは１９９０年代からであった。日本の水産会社ニチロがはじめて、ギンザケの海面養殖に成功し、１９８１年１３０トンが水揚げされた。チリの半官半民のチリ財団（Fundación Chile）も80年代サケの海面養殖に進出し、１９８８年のチリ財団傘下のサルモネス・アンタルティカ社の１０００トン生産体制の達成と国際入札を通じての日本水産（ニッスイ）による同社の買収は、チリのサケ養殖産業の本格的発展期への移行を意味した。この時期には、生産全体が飛躍的に増加するとともに、各生産拠点における生産規模の大型化が進み、かつ、サケの養殖と加工を支える関連産業が発展して、サケのバリューチェーンが形成されていった（第44章参照）。

サケの養殖生産は、大きく分けて、サケの卵を孵化し、スモルトと呼ばれる、海に移すことができる大きさに育てる淡水養殖と、生簀にいれて成魚にまで育てる海面養殖と、それを加工する部分の三つからなる（これに対し、日本では北海道で行われているように、淡水で育てた稚魚を川に放流し、海で成長して産卵のため回帰するサケを漁獲するのが一般である。宮城県などでは、海面養殖が行われている）。ノルウェーにおいては、養殖サケの多くを内臓の除去等の簡単な加工を施した後に輸出している。近年はフィレ形態での輸出も増加してきているが、加工度は高くない。一方、チリでは、内臓を除去しただけの一次加工品に始まりスモーク製品といった付加価値の高い加工品までの幅広い形態で輸出する割合が大きい。これは、チロエ島など、チリのサケ養殖地域における比較的豊富な労働力の存在などによるものであり、サケ産業は全体として、地元に多くの直接的、間接的雇用を生み出した。それが、生活水準の向上にもつながり、サケ産業の地域経済への貢献は大きい。

チリでのサケ養殖産業の目覚ましい発展の要因の一つは、チリの南部の自然環境にあった。チリと1、2位を争うサケの輸出国ノルウェーと同様、チリの最南部の沿岸はフィヨルド海岸で、そこに栄養豊富なフンボルト寒流が流れ込み、サケ養殖に最適の場所となっている。しかも、その寒流のおかげで、チリの南部から中部にかけては、アジなどの豊富な漁場となっている。これは、サケの重要な餌の一部となった（近年は、サケの餌に他の地域からの魚粉やその他の材料が用いられている）。事業の採算性がチリ財団のサルモネス・アンタルティカ社の1000トン生産体制の達成によって実証され、日本水産に売却されると、チリの有力企業の積極的な参入があり、続いてノルウェー企業、オランダ企業、日本企業など外資による投資が積極的に行われたことも、サケ養殖産業の目覚ましい発展に貢献した。

1991年に1億5000万ドルであったチリのサケ輸出額は、伝染性サケ貧血ウイルス（ISA、2007年の発生後から幼魚時の間引き水揚げが続き、2009～2010年にかけて成魚水揚げが大きく減少した、後述）の影響を受ける直前の2008年には、23億9200万ドル（44万5000トン）へと15倍の増加を実現した。この結果、サケはチリの主要輸出品の一つとなった。チリの輸出総額に占めるサケの割合は、ゼロから、1990年代末には、5％台となり、2003年には、最大の5・6％を記録した。高い競争力を有する銅をはじめとする鉱業品が圧倒的に高い割合を占めるチリにあっては、画期的なことであった。

サケの輸出は、ISAの被害で2009年、2010年と2年連続で大きく低下したが、2011年以降回復し、2014年には、輸出量は56万6000トン、輸出額は43億6000万ドルを記録し、2015年には、輸出量がさらに増え、59万トンに達した。一方、輸出額は、35億3000万ドルにとどまった。主要市場である米国で相場が大きく下落したことが背景にあるが、安い店頭価格が消費を刺激し、その後の市場拡大につながっている。

サケの輸出市場も、発展の初期にあっては、55％から60％を占める日本向けが圧倒的に多かったが、その後多様化した。米国向けなどが大きく増えたのは、日本向けのギンザケに加え、1990年代のはじめに、アトランティック・サーモンの養殖が盛んとなったからである。米国向け輸出が急増したこともあって、米国は、チリに対して、サケ輸出のダンピング訴訟を起こす構えをみせた。この教訓

チリ南部ロスアンヘレス市近郊のサルモネス・アンタルティカ社のサケ用餌の製造工場

から、チリは、サケ輸出市場の多角化を目指した。その結果、中南米諸国や、日本以外のアジア諸国向け輸出も拡大した。

サケの種類別の輸出量は、アトランティック・サーモンの割合が増え、２０１５年の輸出では、68％と最も多く、ギンザケが21％、トラウト・サーモンが11％となっている。輸出市場別では、輸出量でみると、最大の輸出先は、日本で、25％を占め（15万トン）、米国の24％がこれに次ぐ（２０１５年）。ただ、ＦＯＢ輸出額では、米国が最大で、33％、日本は22％となっている。両国がチリのサケ輸出先の半ばを占めるが、それ以外の市場としては、中南米諸国が21％（うち、ブラジルが16％）、ロシアが11％、ＥＵが５％となっている（２０１５年）。

また、日本では、日本の水産企業や、商社などにより、新たな流通ルートを構築する努力がなされた。かつて日本の一般家庭では、サケは高級魚で、正月に新巻鮭が食卓にのる程度であった。チリ等の外国産養殖サケの輸入とともに、回転寿司でのサーモンの寿司や、刺身としての消費や、コンビニでのサケ弁当、サケおにぎりなどが普及した。今や、チリのサケは日本の消費者に欠かせないものとなっている。このような消費形態は日本食ブームとともに世界中に拡がり、さらには各地の食文化や社会的背景の中で独自の発展を遂げ、サケの需要が年々増加している。畜産物に比べて飼料効率が良いこともあり、持続可能な優良動物蛋白源としても注目を集めて来ている。

こうして、サケ産業のグローバル・バリューチェーンが拡大・深化してきているということができる。特に、養殖されたサケの加工プロセスにおいてそれが見られる。頭と内臓の部分をカットした「ドレス」、骨を除去した「フィレ」（皮付き、または皮なしの2種類）、「塩ハラミ」などが、従来通り、チリで加工されるのに加え、寿司用のスライス、切り身、スモークサーモン（市販用小袋詰め）の多くは、タイやベトナムで加工されるようになっている。また、定塩フィレ、スモークサーモンの一部などは、日本国内の工場が優位性をもっており、日本で加工される。こうしてグローバルに最適な分業体制が、効率的輸送ロジスティックスに支えられて構築されており、しかも食品の安全性が確実に担保されている。たとえば、最近注目されるベトナムでは、他の多様な水産物における長期の経験と技術力をもつ企業が加工を行い、距離的に近いことから、日本市場に柔軟に対応できる体制を整えており、今後、TPP11などのもと関税の撤廃が行われれば、この傾向はさらに強まるであろう。グローバル・バリューチェーンは日本の商社や水産会社がリードしている。

さらに注目されるのは、これら企業が、サケの加工工程の工夫と市場の開拓を同時に進めることにより、サケのすべての部分を最適に消費できるような体制も構築してきていることである。例えば、サケの腹の部分、脂ののったハラミ部分はおにぎり用切り身に、中央の赤身部位とバックロインは、寿司ネタにスライスされ、残渣は、フレーク製品に加工される。他に、カマやハラスも当然有効利用される。こうした加工の工夫は日本企業の、いわばお家芸であるが、重要なのは、これらのそれぞれが、最適の流通ルートにのり、それぞれのビジネスモデルに拠って市場の開拓が行われてきていることである。これによって、近年ＳＤＧｓ（持続的開発目標）を掲げて国連が目指している、資源の効果的利用に貢献していると言えよう。また、日本以外の市場でも、日本企業は、さまざまな市場開拓の努力を行ってきている。例えば、日本食がブームとなっている中南米市場では寿司など生食用需要の拡大に加えて、照り焼きサーモン等の普及で消費を伸ばすといった取り組みが行われている。

しかし、チリサケ産業の挑戦は続く。先に述べたＩＳＡは、２００７年に一部地域で見られ、翌年に広く蔓延した。２００９年までに、約60％の養殖拠点が、操業の停止を余儀なくされたとされる。このＩＳＡによって生じた事態をきっかけとして、政府と養殖関連企業の官民挙げての対策が講じられ、２０１０年には、養殖に関する新たな法律が制定され、より一層環境に配慮した水産養殖産業の発展に取り組むこととなった。右記の通り、２０１１年以降２０１５年に至るまで、サケ生産量の着実な回復が見られたが、２０１６年に入って、有毒藻の発生による養殖サケの大量斃死や赤潮問題により生産量が再び減少した。サケ生産の急速な拡大に加え、エル・ニーニョ現象による海水温の異常な上昇や少雨など、様々な原因によるものと伝えられる。この赤潮に関する研究を行うための、日本とチリとの新たな科学技術協力が２０１８年に開始された（第44章参照）。

（細野昭雄）

25

ワイン

★驚異的な成長を遂げた★

日本の財務省の貿易統計によると、２０１５年度に日本はチリから５１５９万リットル（前年比８・１％増）のワインを輸入、市場シェアを約20％に伸ばし、フランスからの輸入量５１５１万リットルを抜き輸入量首位になった。ワイン生産大国であるフランス、イタリア、スペインを凌ぐ地位を得たチリワインの歴史を振り返ってみる。

まず、日本でワイン・ブームに火をつけたのは、１９９４年の国産低価格ワインの発売だが、その後１９９７年にポリフェノールの健康効果が世界的に話題となったことから、赤ワインが一躍脚光を浴び、日本のワイン市場も急速に拡大した。ワインの輸入も急増し、とりわけチリワインはコストパフォーマンスに優れたワインとして人気を呼び爆発的に増加した。１９９８年には数量ベースで前年度に比べ約5倍の伸びとなり、輸入先の国別ランキングでもフランス、イタリアに次いで3位となった。

だがバブルともいえるブームは1年で去り、チリワインもその反動で１９９９年には大幅な落ち込みとなったが、２０００年以降は徐々に回復した。ランキングは再び5位に後退したが、マーケット・シェアは1997年の5・5%に対し2001年は7%となり着実に上昇を続けた。世界の輸出動向を見ても最近は、フランス、ドイツ、イタリアなどの「クラシック」ワインに対し、オーストラリア、チリ、南アフリカ、米国などの「ニューワールド」ワインの輸出での躍進が著しい。なかでもチリワインの世界でのシェアは1994年には8位だったが、2001年には約4・6%で5位となり2015年には約8・4%で4位となっている。一方フランス、ドイツ、イタリア、スペインなどは相対的にシェアを減らしている。チリワインはシェアのみならず、2013年以降輸出価額総額でも世界の4位とその存在感を増している。

中南米だけを見ると、ワイン生産大国はアルゼンチンとチリであり、生産量ではチリとアルゼンチンはほぼ同等だが、輸出比率ではチリがアルゼンチンの3倍強と遥かに上回っている。その他ブラジル、メキシコ、ペルーなども輸出をしているが量的にはまだごく少量に過ぎない。

16世紀初頭チリに最初にワインをもたらしたのは、新大陸を発見したスペイン人で、主に宗教の儀式用として本国から持ち込んだが、次第に現地生産するようになっていった。アメリカ大陸ではこうした形でワイン生産が始まった例が多いが、ぶどうの栽培に適した気候に恵まれチリのワイン醸造業は順調に発展し、18世紀中頃には既にワイン輸出国になっていた。そうした中、チリのワイン産業が新時代を迎えるのは、1851年に高級ワイン用のフランス原産のぶどうの苗木の輸入を本格的に始めてからである。しかもチリでは大規模なぶどうの栽培はほとんどが大地主によって行われたことが特徴である。スペインからの独立を果たしたばかりの彼らは常にフランスの文化を憧憬しその影響を

第25章
ワイン

強く受けていたことが、チリで良質なワインを生産することに大きく寄与したが、実はチリワインの優れた特色を決定づけることになった重要なできごとがあった。それは19世紀後半に、1860年代にフランスでぶどうに「フィロキセラ」（俗に根ダニ）という害虫による被害が発生、ぶどうのペストとも呼ばれるこの害虫はあっという間に蔓延し、欧州のぶどう園は壊滅的打撃を受けた。ところが幸いにしてチリにフランスから苗木が持ち込まれたのは、この大事件が起こる寸前であったため、チリはフィロキセラによる被害を全く受けないですんだ。その後もチリは地勢的、気候的条件から、この害虫の侵入を一切受けたことがなく、チリは現在に至るまでフィロキセラの被害を受けていない世界でもきわめてまれな国となっている。しかもチリは欧州のワイン産業が壊滅的な被害を受けた時期、逆に欧州への自国ワインの輸出を図る一方、フランスなどで失職した優秀な技術者の移民を受け入れ、チリワインの品質向上に役立たせた。生真面目な国民性で知られるチリ人にしては意外なしたたかさを示す一例である。

欧州ではその後約20年間をかけて全てのぶどうの植え替えを行い、19世紀末にはワイン産業の再興に成功し、同時に新たな技術革新も進めた結果、チリワインの需要は急速に減退し、第二次大戦ごろまでワイン産業の不況期が続いた。

大戦後チリは再びワイン産業の復興に乗り出し、一部の業者が米国への輸出も試みるようになったが、1970年に成立したアジェンデ社会主義政権による大地主の土地の没収、大衆への配分政策により、大部分のワイナリーは休眠状態に追い込まれた。

しかし1973年にクーデターで成立したピノチェット軍事政権は、政策を一転し収容した土地を

コンチャ・イ・トロ社ビルケぶどう園

大地主に返還するとともに、市場原理に基づく開放経済を強力に推し進めた。ワイン産業もこれを受け積極的に外資を受け入れ、また最新の醸造技術、設備の導入を図った結果、チリワインは１９８０年代中頃から世界的にクローズアップされ、輸出も大幅に拡大した。さらに１９８９年にフランスのボルドーで開かれた世界的に有名なワインの展示、品評会であるビネスポ（Vinexpo）で、チリのディスカバー・ワイナリーが金賞を獲得したことが契機となり、チリワインの品質への高い評価が世界的に定着することとなった。

外資に関しては、例えばフランスの名門シャトーラフィト、バロン・フィリップ、スペインのミゲル・トーレスなどが、出資、業務提携などの形で単独、またはチリ企業との合弁で進出している。

第25章
ワイン

チリで使用されているぶどうの種類だが、まず「赤」はなんといっても「チリカベ」なる流行語まで生まれた「カベルネ・ソーヴィニョン」が一番多く品質的にもチリを代表するワインといえる。「メルロー」もチリワインの品種として定着しており、「ピノ・ノワール」は目下挑戦中といえよう。新しい品種としては「カルメネール」がある。チリにおける「メルロー」と「カルメネール」の混同はもともと同じボルドー種として19世紀後半から混植されてきた名残だが、1995年フランス人により「カルメネール」と確認され、その後チリ農業省のDNA鑑定により新種＝カルメネールと確定した。こうした経緯から「カルメネール」は20年ほど前に登場した比較的新しい品種だが、オーストラリアのシラー、ニュージーランドのシャルドネのごとく、国としての特徴を出す品種として既に定着してきており、チリとしては今後の輸出ワインの主力商品の一角に育てる考えである。「白」は「シャルドネ」がここ数年で猛烈に増え、輸出用はほとんどこれだが、「ソーヴィニョン・ブラン」もかなりの量を占めている。チリは、生産の増加と品質の向上の余力を持っているので、ワインは食料輸出大国の重要な商品として引き続き貴重な存在となろう。

（水野浩二／工藤 章／佐々木 修）

26

環境・エネルギー

★最新の技術を導入★

電力は、２０１８年の発電設備容量は2万３２６３メガワット、消費量は7万３０３０ギガワット／時で、石炭火力が38%、水力が30%、天然ガスが15%、再生可能エネルギーが12%となっている。原子力発電の導入はかなり真剣に検討されていたが、日本と同様の地震国であり２０１１年の福島原発事故には敏感に反応し、現在原子力発電案は完全に封印されている。電力消費は、鉱業が40%、工業が27%、商業が15%、農業が１%以下、一般生活が18%となっている。

１９９０年にイギリスが電力自由化を先進国では初めて実施したが、チリはそれよりもはるか前、１９８２年に新自由主義経済の導入により電力を自由化した。その徹底した政策により、コスト競争力のないエネルギーが実用化されることはないことが特筆される。

チリの電力需要をけん引するのは、銅を中心とした鉱業向け電力であり、地域的には鉱山が集中するチリ北部での電力需要の伸びが２０２８年までに38%と予想される（コチルコ、２０１９年）。２０１７年まで、電力系統は国全体の約４分の１の電力需要をカバーする北部系統（ＳＩＮＧ）と約４分の３の南部を含む中部系統（ＳＩＣ）がそれぞれ独立していたことにより、豊富な水源を有する中部系統からの電力を北部に供給することは不可能であったため、北部では火力発電による電力供給が中心となっていた。このため、チリ北部系統の電力料金は国際的な燃料価格に左右されることが多かったが、最近では太陽光発電が導入され電力料金が下降傾向にある。また、中部系統は水力が全体の半分弱であるが、環境保全意識の高まりを受けて、新規の大型水力の開発は非常に難しいという問題を抱えている。そうした中、２０１５年に北部系統と中央系統を接続するＴＥＮ送電線の建設が着工され、２０１８年に完工した結果、１０００メガワットの電力融通が可能となり、両系統いずれにとってもメリットは大きい。

再生可能エネルギーは、２０１８年現在、電力供給量の12％になっている。その内訳は、バイオエネルギー（排熱、廃液など）23％、太陽光44％、風力33％である。再生可能エネルギーの導入は先進国では補助金制度により政府が優遇するケースが多いが、チリは特別な措置を考えていない。しかしながら、化石燃料に頼らない太陽光、風力、地熱などによる再生可能エネルギーは環境への配慮の観点から重要であり、電力事業者に一定割合の再生可能エネルギーによる発電を義務付けるＲＰＳ（再生可能エネルギー利用基準）制度は導入済みで、２０２５年まで水力発電を除く目標値を20％とする積極策を講じている。

太陽光については、アタカマ砂漠の日照量は世界最高水準を誇り、発電コストもきわめて競争力があるので大規模な太陽光発電の開発が進んでいる。北部系統では、こうした太陽光発電設備の稼働により供給が増加する一方で、2014年来の資源価格の低迷による鉱業向け電力需要の減少から、2015年頃から発電量が需要を超過しており、日中は太陽光発電による電力で多くの需要を賄い、日没後に需要の変動に素早く対応可能な火力発電による電力が投入されるという、いわゆるダックカーブ現象（米国カリフォルニア州で起きている現象。カリフォルニア州では太陽光発電のピークが12～14時であるのに対し、電力需要のピークは17～20時と非常に遅い。このため、需要の少ない昼間の時間帯は太陽光発電で賄い、夜間に柔軟性のあるピーク電源を投入している）が起きている。中長期的には銅の需要は世界的に底堅いと見込まれており、北部での発電量の伸びも期待されるが、チリが発電コストの安い順に電力を投入するシステムを維持する以上、日中は太陽光による電力が優先的に系統に投入され、ダックカーブ現象は継続するものと考えられる。

一方、風力は既に大型プロジェクトが操業に入っており、引き続き風況の良いチリ南部での開発も見込まれる。また、北部のアンデス山地における地熱発電も計画されている。再生可能エネルギー導入促進のため、政府主導の下で配電会社向け入札を2015年から毎年実施しており、多数の再生可能エネルギー発電事業者が長期電力売買契約（PPA）を落札し、落札電力価格は毎年低減する傾向にある（2017年11月の落札価格の平均は31USD／MW）。

最近では電力を国際間で融通する動きも出てきている。チリの電力大手であるAES Generは同社が保有する送電線を利用してチリ北部からアルゼンチン北部への電力輸出を実施しており、また、チリ－ペルー間では双方の電力を融通する系統接続（インターコネクション）プロジェクトも政府事務レベルで会話が開始されている。

石油・天然ガスについては、２０１４年の消費量はそれぞれ15万バレル／日、１６４億㎥であり、国内生産は数％を賄っているに過ぎない。チリ石油公社（ＥＮＡＰ）は、エネルギー安全保障の観点から、石油精製と発電事業に加え、南部12州での石油・天然ガスの開発に力を入れている。チリはエネルギー源の多くを海外に依存しているが、隣国アルゼンチンから天然ガスを輸入するためにパイプラインを建設し、１９９７年から天然ガス搬送が開始されエネルギー源として重要な役割を演じた。しかしながら、アルゼンチンは自国のガス不足を理由に２００４年以降その供給を減らし、２０１０年には供給が完全に停止される事態となった。そのような背景の下、２０１０年に経済エネルギー省からエネルギー省を独立させ、エネルギー安全保障のためにその確保に全力を挙げることとなった。同年、そのエネルギー省が中心となり、アルゼンチン・天然ガス供給の停止の対抗策として、ＬＮＧ（液化天然ガス）の輸入が開始された。ＬＮＧ輸入基地は、チリ中央部ではＥＮＡＰとＥＮＡＧＡＳ社（スペイン）を中心としたコンソーシアム、チリ北部のメヒジョネスではコデルコ（チリ銅公社）とEngie社（フランス）のジョイントベンチャーが建設し、輸入ＬＮＧを気化し需要家に供給している。２０１５年現在、ＬＮＧの主な輸入先はトリニダードトバゴ（78％）、ノルウェー（21％）となっている。２０１６年からは、ガス不足に悩むアルゼンチン向けにメヒジョネスのＬＮＧ基地からガスの逆走輸出も実施されている。

チリの水道事業に関しては、1998年バルパライソの水道会社の民営化を皮切りに、現在は各州の水道会社はほぼ全て民営化されている。水供給では北部の乾燥地帯で問題が深刻で、その対策として海水淡水化の事業が活発化している。特に鉱山事業は大量の工業用水を必要とし、鉱山新規開発・拡張のために必要な環境省管轄の種々許認可の中でも、環境省は水源の確保をきわめて重要な評価ポイントとして考えていることなどから、最近では鉱山会社が自ら海水淡水化事業に乗り出している。一方で、鉱山会社が鉱山向けに地下水を利用する代わりに麓住民に対し農業用水を海水淡水化プラントより供給する事業も存在する。また、アントファガスタ市では、地元の水道会社が海水淡水化プラントを建設、市内に生活用水を供給している。気候変動により降雨・雪（特にアンデス山脈への降雪）が激減しており、チリにとって水資源の確保は喫緊の課題となっている。

（工藤 章／佐々木 修）

27

観光

★行きたいところ盛り沢山★

北の砂漠、中央部の地中海性気候の穏やかな地帯、南のパタゴニア、さらに、アンデス高地、太平洋の島々、南極の多様な土地と様々な歴史的遺産をもった観光資源に富んだ国、それがチリだ。チリ政府は2012年、こうした潜在力を引き出す目的で「国家観光戦略2012〜2020」を発表、環境・文化遺産保全のための継続的な施策の導入、観光投資へのインセンティブの供与、新たな商品・観光地の開発、高品質なサービス提供のための人材開発、インフラ整備、関連省庁間の連携の必要性が謳われ、その実現のために46項目の行動計画が示された。こうした努力の結果、天体や海洋を含む大きな自然を満喫、アドベンチャー・スポーツを経験、先住民の文化に触れる、ワインとシーフードを中心とした食文化を楽しむ、健康・リラクゼーションの体験などバラエティーに富んだツアーやプログラムが充実し、世界経済フォーラムが発表した「旅行・観光競争力レポート2017」によると世界48位にランクアップ（2016年は51位）、南米ではブラジルに次いで2位の地位にいる。また、チリ観光庁の2018年発表の資料によれば、旅行客数の対前年度比伸び率は2015年21・9％、2016年26％、

ラ・ティラナの祭り［提供：Sernatur/ CHILE TRAVEL］

２０１７年14・３%であり、同期間の全世界平均の伸び率（それぞれ４・６%、３・９%、６・７%）、南米の伸び率（５・９%、６・３%、６・７%）と比べ圧倒的に高い。また、２０１５年から３年間の海外からの旅行者数は２０１５年４５０万人、２０１６年５６０万人、２０１７年６５０万人、旅行者の落とす外貨は２０１５年24・３億ドル、２０１６年26・２億ドル、２０１５年36・４億ドルと、様々な指標から見ても着実に前政権下で策定された観光振興の施策が実を結びつつあることがわかる。アジアからの旅行者を見ると２０１５年は日本、中国、韓国とも１万５０００〜１万６０００人ほどだったが、２０１７年には中国が約３万人、韓国約２万人、日本は１万７０００人となっている

そのチリの観光地の概要を北から南に紹介する。

①アリカ・パリナコッタ州（第15州）、タラパカ州（第１州）

アリカとイキケがそれぞれの州都。古くはペルーとボリビアの領土であったこの地区は、両国の高地先住民の文化的な影響が強い。砂漠地帯の自然とインカ時代以前の文明に接することができる。

②アントファガスタ州（第2州）

州都のアントファガスタ市は貿易と商業の町であり、砂漠地帯とアンデス高地への観光の玄関口。1900年前後に硝石輸出で栄えた当時を彷彿させる町並みや、空港近くの太平洋に浮かぶ天然記念物に指定されている巨大なアーチ状の奇岩を楽しめる。アンデス高地に向かって東に入っていくと、カラマとサンペドロ・デ・アタカマの町を拠点として変化に富んだ観光ができる。カラマでは、かつて栄えた硝石鉱山と工場跡地、現在操業中のコデルコ（銅公社）の世界最大のチュキカマタ鉱山、は必見である。サンペドロ・デ・アタカマは、考古学博物館、月の谷（映画『スター・ウォーズ』のロケ地としても有名）、またこの町を起点に、エル・タティオの間欠泉、アタカマ塩湖（リチウム生産でも有名）、アルマ天文台、などを訪れたい。いずれも標高2500メートルから5000メートルの高地にあり高山病には要注意。

③アタカマ州（第3州）

州都のコピアポを中心に銅・金などの鉱山が点在。鉱山の見学やアンデス高地に生息する動物（リャマ、ビクーニャなど）に出会ったり、数年に一度だけ砂漠に出現するお花畑を楽しむことができる。

④コキンボ州（第4州）

ラ・セレナ（州都）はサンティアゴに次ぐ古い町。現在は、コキンボ湾に面した砂浜がリゾートとして国内に加え近隣諸国からの観光客が訪れる町に変貌した。また、東のアンデス山脈の麓のビクーニャの町で特産の蒸留酒ピスコを楽しむ、近隣に点在する天文台で満天の星を楽しむことができる。

⑤バルパライソ州（第5州）、ベルナルド・オヒギンズ州（第6州）、マウレ州（第7州）とサンティアゴ首都州

首都であるサンティアゴを中心とした中部地帯は、多くの観光地が集中している。サンティアゴの町には、スペインの征服を象徴するサンタルシアの丘、その丘から望む中心街には、大統領府であるモネダ宮殿を始め、多くの歴史的な建物が集中している。また、サンクリストバルの丘から望む市内とアンデス山脈は絶景だ。サンティアゴ市内から望める最高峰はエル・プローモ山（5434メートル）で、その麓には有名なスキー場のバジェ・ネバドがある。また、市内からもリフトが肉眼で見えるスキー場としてはエル・コロラードもある。いずれも海抜3000メートル超でサンティアゴ市内から車で約1時間ほどの所にあり、6月後半から9月中旬までスキーを楽しめる。標高3000～4000メートル級から見下ろす景色も圧巻、日本のスキー場と比べて広くコブもないため滑りやすく、雪質も良い。北半球からはツアー客だけではなく、欧米などのスキー

バジェ・ネバドのスキー場［提供：Sernatur/ CHILE TRAVEL］

チームも練習に来るなど国際色豊かなスキー場である。

バルパライソはチリの立法府の所在する町であり、サンティアゴの外港として古くから栄えた。国会議事堂を始めとする歴史的な建造物を楽しむことができる。また、隣接するビーニャ・デル・マルの町は、チリ最大のビーチリゾートであり、チリ最大の市営カジノなどを有しチリ最大の観光地である。サンティアゴとビーニャ・デル・マルの中間地点にあるカサブランカには多くのワイナリーが点在し、観光向けツアーで賑わっている。

ランカグア（第6州の州都）とタルカ（第7州の州都）は、チリの農業の中心地帯にある。アンデス山地には温泉や湖・滝などの自然を楽しめる。

コンギージョ国立公園（アラウカニア州）
［提供：Sernatur/ CHILE TRAVEL］

⑥ビオビオ州（第8州）、アラウカニア州（第9州）、ロス・ラゴス州（第10州）、ロス・リオス州（第14州）、アイセン州（第11州）、マガジャネス州・南極地域（第12州）

南部地方は緑豊かな火山の多い地域で、コニーデ式火山、湖、清流、滝などの大自然を楽しむことができる。特に、ロス・ラゴス州のオソルノから陸路でアルゼンチンのバリローチェに抜けるルートは、チリ富士と日本人が称するオソルノ山と湖の抜群の眺望だ。プエルト・モン（第10州の州都）は南部観光の拠点であり、チリ・パタゴニアやフィヨルド地帯にアクセスできる。また、今日ではサーモン養殖産業の中心である。チリ最南端のプンタ・アレナス（第12州の州都）では、マゼラン海峡を眺めながら歴史的な建造物を観光することができる。また、タラバガニや羊肉の料理を楽しめる。氷河地帯のトレ・デ・パイネ山を有するパイネ国立公園での絶景は素晴らしい。

⑦島々

イースター島（バルパライソ州）は、サンティアゴから約3700キロメートル西方の南太平洋に浮かぶ孤島である。モアイ像で有名な島であるが、詳細は第34章を参照。

ロビンソン・クルーソー島（バルパライソ州、ファン・フェルナンデス諸島にある島）は国立公園。詳細はコラム7を参照。

チロエ島（ロス・ラゴス州）には世界遺産の「チロエ島の教会群」など宣教師団による文化に触れることができる。

フエゴ島（マガジャネス州・南極地域）はマゼラン海峡の南の島。観光としてよりはフライフィッシングで有名である。

南極にチリ領がある。船旅もしくは空軍基地を使って小型機で観光ができる。

（工藤　章／佐々木　修）

コラム5

水野浩二／工藤 章／佐々木 修

ラピスラズリ——チリのナショナル・ストーン

「ラピスラズリ」は日本でも「パワー・ストーン」としてよく知られている。オパールやトルコ石と同じ貴石で、商業ベースでの生産はアフガニスタンとチリのみだが、アフガニスタンでは、アフガン戦争後の国内の混乱の中で反政府勢力が違法採掘の上、輸出し資金源としていると疑われる状況にあり、チリでも後述するように現在生産は行われていない。他にシベリア（バイカル湖）、米国、カナダにも資源はあるが、生産量も微小で品質も劣る。一方チリでは1984年に政府によって「国の石（ナショナル・ストーン）」として認定されている。

ラピスはラテン語で「石」、ラズリはアラビア語で「青」を意味し、日本では「青金石」だが、一般には「瑠璃」として知られている。その魅惑の藍色の元は硫黄成分と言われる。硬度は5～5・5、比重は2・38～2・75でダイヤモンドなどの宝石ではない。

ラピスラズリ（以下、ラピス）は世界でも最も古い石の一つで、紀元前3000年頃には今のアフガニスタンのバダクシャン地区で採掘されていた模様で、ユーフラテス河近郊のシュメール王朝の都市国家ウルの墓地からラピス製の円形リング等が多数発見されている。古代エジプトでは、神のパワーが宿った石として神聖視され、また身につける者に幸運をもたらすと信じられた。「世界最古、最強のパワー・ストーン」と呼ばれる所以である。

中世ヨーロッパでも珍宝とされ、フランスではルイ16世時代のカップや皿、マリー・アントワネットのラピス入りの懐中時計など、スペインのプラド美術館ではカルロス4世の特注した、ラピス細工を施したテーブルが見られる。絵具の原料としても利用され、ダビンチ、アンジェリコなども使用したが、フェルメールは代表作「真珠の首飾りの少女」他で愛用している。

インドでは古くは6世紀頃のアジャンターの仏教遺跡の壁画に、ラピスが青の染料（絵具）として使われており、有名なタージマハール廟の装飾品にも使用されている。

さてチリの産地は、第4州のオバージェ（首都サンティアゴの北約400キロメートル）地区にある。さらに北1000キロメートルほどに位置するアタカマ地方の遺跡から、約2000年前にカットし研磨したラピスが発見されており、当時既にオバージェ地区で採掘が行われていたことをうかがわせる。

しかし同地区でラピスの大鉱脈が発見されたのは19世紀の中頃である。採掘現場は海抜約3500メートルの高地でアルゼンチンとの国境からわずか数百メートルに位置し、採掘は降雪のない11月から4月頃までに限られた。生産のピークは2006年で年間400トン前後、2009年の生産（215トン）を最後に現在は定期的な採掘は行われていない。需要を遥かに上回る採掘により供給過剰となったこと、違法採掘が行われていること、アフガニスタンから安価な非正規品が輸入されていることなどが、その主な理由である。現在はストックからの放出のほとんどが加工品として市場に出回っている。一時チリ政府が付加価値を高める目的もあって、原石としての輸出を禁止しようとした動きがあった。

ラピスは英語圏では12月、ドイツ語圏では9月の誕生石でもあり、紀元前の昔から多くの人々を魅了してきたパワー・ストーンにとって現在は受難の時代だが、再びその輝きを取り戻す時代が来ることを願ってやまない。

Ⅳ

国土と主要地域

28

多様な地域性

★問われる地域性を生かした開発戦略★

チリは、東はアンデス山脈、西は太平洋に挟まれた南北約4300キロメートル、東西平均180キロメートルの細長い国土をもち、北の砂漠（熱帯）から南のパタゴニア（寒帯）まで、多様な地域からなる。ペルー、ボリビア、アルゼンチンの3国と国境を接し、南太平洋のイースター島のほか、ファン・フェルナンデス諸島などを領有しており、南極の一部の領有をも主張している。面積は日本の約2倍（約75万6000平方キロメートル、ただし南極の部分を含まず）なのに対し、人口は1757万人（2017年センサスによる。これに基づいて行った国家統計局〔INE〕の推定によれば2018年の人口は1875万人）で、人口密度（約23人／平方キロメートル）は日本の10分の1以下となっている。

国土は、南北に連なるアンデス山脈の西斜面と海岸山脈の両斜面、二つの山脈に挟まれた高原または平野からなる。このうちアンデス山脈は、北部からサンティアゴ市に至る部分は高く、標高3000メートル以上に達し、同市の北東、国境には南アメリカ最高峰のアコンカグア山（6960メートル）をはじめ5000メートルから6000メートルの峰が続くが、ここからは南に向かってしだいに低くなる。海岸山脈も北部では200

0メートルを超えるが、中央部、南部では1000メートルに下がる。アンデス山脈と海岸山脈に挟まれた部分は、北部ではアタカマ砂漠などの高原となっているが、中央部では200~500メートル程度に下がり、その一部に位置する首都サンティアゴ市の中心部は、550メートルの標高となっている。南部では、両山脈に挟まれた部分は、湖沼の部分が増え、ランコ湖、ジャンキウエ湖などの湖が続く。さらにプエルト・モン市の南では海に没し、海岸山脈は、そのすぐ南のチロエ島をはじめとする多数の島に連なる。プエルト・モン市以南の地域ではアンデス山脈も2000メートル以下となるが、氷河でおおわれ、かつて氷河で削られたU字谷とフィヨルドが連なり、複雑な海岸線をつくっている。

このような地形的な相違に加え、熱帯から寒帯に至る南北の間の気候の差も顕著で、北のペルーとの国境からコキンボ（南緯30度）までの北部、その南からビオビオ川（南緯37度）までの中央部と、その南の南部および、最南部のパタゴニアに分けることができる。北部はきわめて乾燥しており、アタカマ砂漠、タラパカ砂漠などが連なり、農業は灌漑が可能なごく狭い地帯に限られる。中央部は地中海性気候で、夏は乾燥し、冬は降雨があって、チリで最も重要な農業地帯となっている。南部は雨量が多く、針葉樹林地帯、穀物生産地帯となっており、さらに南のパタゴニアでは、羊の放牧が行われている。

チリの現行の行政上の地域区分は1978年に定められたもので、2007年に一部改訂された。首都圏とそれ以外の15の地域に区分される。それらには、地域名と地域番号が付けられている。各地域には北の第1地域から順に北から南へと番号が付けられていたが、2007年の改訂で地域数が増

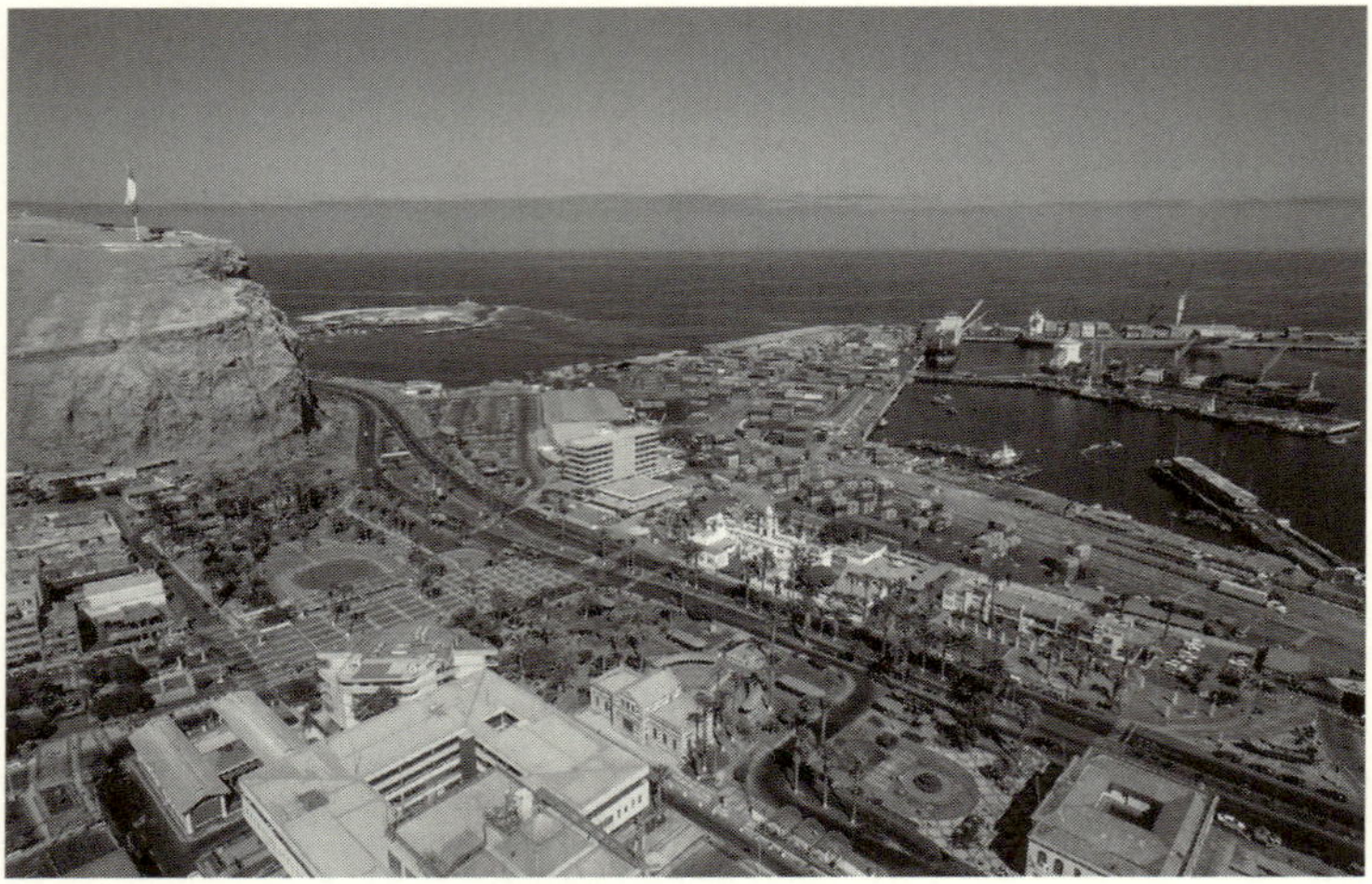

アリカ［提供：Fundación Imagen de Chile］

えた結果、必ずしも南北の順序には従っていない。しかし、チリでは、地域の番号で地域を呼ぶことも多い。最も北は、アリカ・パリナコッタ州（第15州、州都アリカ）で、この南のタラパカ州（第1州、州都イキケ）、アントファガスタ州（第2州、州都アントファガスタ）、アタカマ州（第3州、州都コピアポ）、コキンボ州（第4州、州都ラ・セレナ）が、チリ北部を構成している。その南のバルパライソ州（第5州、州都バルパライソ）、サンティアゴ首都圏州（レヒオン・メトロポリターナ、略称RM、第13州と呼ばれることもある）、ベルナルド・オヒギンズ州（第6州、州都ランカグア）、マウレ州（第7州、州都タルカ）が中央部を構成する。ビオビオ州（第8州、州都コンセプシオン）、アラウカニア州（第9州、州都テムコ）、ロス・リオス州（第14州、州都バルディビア）、ロス・ラゴス州（第10州、州都プエルト・モン）がチリ南部を構成しており、アイセン州（第11州、州都コジャイケ）とマガジャネス州・南極地域（第12州、州都プンタ・アレナス）がチリ最南部

(スペイン語ではアウストラル地方とも呼ばれる)を構成している。各州は全国で54の県(プロビンシア)に分かれ、各県はさらに、地区(コムナ)に分かれている(以上の「州」はスペイン語「レヒオン」を訳したもので、直訳すれば「地域」であるが、日本語には「州」と訳されることが多いので、本書でも「州」を用い、その州の首都も「州都」と表記した。14頁の地図参照)。

チリの右記のような地理的特徴は、チリの発展にとって、有利な条件となった面がある。たとえば、よく、チリは、東をアンデス山脈、西を太平洋、北を砂漠、南を氷河に隔てられた、島国にたとえられる。ヨーロッパから伝えられた、優れた品種のブドウが、チリ以外の国々では、病気で絶滅したのに、自然の障壁に遮られたチリでは、今日まで残り、ヨーロッパに逆輸出されている。チリのワインの質が高いのもそのためだとされる(第25章参照)。また、異なった気候のもと、多様な農林・牧畜・水産の生産物が生産できるのも有利な点といえよう。

しかしながら、不利な点も少なくない。各地方が南北にあって距離が遠く、高い輸送コストが、一国としてのチリの経済の統合した発展を困難にしている点は否めない。南北に長い地理的特徴は、首都サンティアゴへの一極集中や、首都やチリ中央部とそれ以外の地方との地域格差と深くかかわっている。チリでは、サンティアゴが経済を主導し、国内総生産(GDP)の半ばを占めるが、その成長の効果が各地方に行き渡りにくい。

地域間格差は、民政への移行後の90年代以降においても縮小しなかった。サケ養殖で変貌したプエルト・モンのようなケースもあるが、ビオビオ州のように、製造業の不振が続き、活況を呈すサンティアゴと対照的なプロセスをたどり、成長から取り残される地方もある。活況のサンティアゴでの雇用や、著名な大学の存在など高い水準の教育にアクセスするために、サンティアゴへの人口集中はますます進み、それによる消費の拡大に応える投資と生産が続いてきた。

チリ政府はこうした状況を是正するために、90年代末に地方の振興を目指す政策の充実を図った。2000年にはトド・チレ（Todo Chile）プログラムが、経済省傘下の産業開発公社（CORFO）によって実施され、地方への投資を促す政策と資金が用意された。これとほぼ同時期に、日本政府に対して、チリの地域間の調和のとれた輸出と投資を促進するための調査（EPIEと略称される）に関する協力を行うことが要請され、経済・開発・復興省、CORFO、JICAによって、この調査が実施され、2002年に報告書（『チリ国地域経済開発・投資促進支援調査報告書』）が発表された。この報告書は、チリの地方ごとに、地域開発の戦略を提案し、それに沿って、それぞれの地方における投資の拡大や輸出の拡大を促進するための提言を行っている。筆者は、この調査に準備段階から参加し、多くのチリ側の関係者と意見交換を行った。このときチリ側の責任者であったのが、カルロス・アルバレス氏で、その後CORFO副総裁を経て、2016年に創設された、対内投資促進庁の長官に就任している。本章に続く五つの章では、各地方の概要を述べるとともに、右記のような観点から各地方の特徴に焦点を当てて執筆した。その際、EPIEや筆者がこれまでに発表した論文などを参照している。なお、以下の五つの章では各州の人口については2017年のセンサスの結果を用いている。

（細野昭雄）

29

北部

――★鉱産資源豊かな「アンデス・マクロリジョン」の要★――

チリ北部のうち、ノルテ・グランデ（直訳すると「大きい北部」。その南の「ノルテ・チコ」〔小さい北部〕については、本章後半で述べる）は、アタカマ砂漠などからなる、世界でも最も乾燥している砂漠地帯として知られるが、フンボルト寒流に冷やされた海岸地帯は、平均20度程度と過ごしやすい。チリ北部は、アリカ・パリナコッタ州（人口22万6000人）、タラパカ州（33万人）、アントファガスタ州（60万8000人）、アタカマ州（28万6000人）、およびコキンボ州（75万8000人）からなる。チリの国土の3分の1を占めるが、砂漠のため人口密度は低い。

この地域の産業としては、鉱業、特に銅鉱業が圧倒的割合を占めている。タラパカ州には、コジャワシ、セロ・コロラード、ケブラーダ・ブランカ、アントファガスタ州には、エスコンディダ、ラドミロ・トミッチ、チュキカマタ、エスペランサ、エル・アブラ、スペンス、サルディバル等、アタカマ州には、カセローネス、カンデラリアをはじめとする、世界屈指の大規模鉱山が目白押しに連なっており、チリ北部は、さながら、世界最大の銅生産地帯といっても過言ではない。これら地域の州都は、当然鉱業の中心地だが、このほか、カラマなどの鉱業都市がある。アントファガスタから210キロメートルに位置するカラマは、チリ鉱業の首都とも呼ばれる。

かつては、チュキカマタが世界最大の露天掘り銅山として知られており、現在も人気の観光スポットの一つとなっているが、近年、大銅山の開発が相次ぎ、チュキカマタは、生産量で世界7位となった。現在、最大規模を誇るのは、エスコンディダ銅山で年産、約120万トンに達する。

この地域では、銅のほかにもさまざまな鉱産資源があるが、特筆すべきは、硝石やリチウムである。早くから開発された硝石は火薬原料や肥料として重要であり、チリといえば、「チリ硝石」といわれるまでに、チリの輸出品として知られていた。イキケの東側の内陸部が、かつて硝石採掘が最も盛んで、この地域の一大産業となった。19世紀半ばの最盛期には、生産拠点は300を数えたとされるが、第1次大戦後、ドイツによる空中窒素の固定法による人工硝石の製造が可能となり、急速に衰退した。砂漠の中にあることから、当時の生産拠点で発達した街並みの一部が、今日もゴーストタウンとして残り、そのうちのハンバーストーンとサンタ・ラウラがユネスコ世界遺産に登録されている。

今日、銅とならんで、この地域での重要鉱産物として、特に、注目されるのがリチウムである。ハイブリッド車、電気自動車のリチウム・イオン電池に欠かせないリチウムの生産でチリはオーストラリアに次いで世界2位であり、塩水からの炭酸リチウムでは世界1位、埋蔵量でも世界1位である。その生産がこの地域のアタカマ塩湖で行われている（第22章参照）。

鉱業が中心の北部であるが、漁業、農業も、この地域の経済に貢献している。この地域の海岸沖には、南からのフンボルト寒流が通るが、深い部分の海水が海面へと湧き上がる湧昇現象が起き、強い

第29章
北　部

アントファガスタ［提供：Fundación Imagen de Chile］

日照による大量のプランクトンの発生により、これを餌にして、イワシなどの魚類が豊富である。この現象は、ペルーの海岸で見られ、ペルーが世界有数の水産国となることを可能にしているが、ペルーに近いチリ北部でもその恩恵を受ける。イキケには、これを原料とした魚粉産業が発展している。一方、アリカでは、小規模な河川の灌漑により、アサパ渓谷、ジュタ渓谷にそって灌漑農業が行われ、レモン、オリーブ、野菜などが生産される。

以上は、ノルテ・グランデが有する資源によって発展してきた産業であるが、この地域の有する地の利を活用した、商業や輸送業、観光業等も発展してきている。その中でも、南米最大の免税ゾーンとされる、ソフリ（ソナ・フランカ・デ・イキケ、直訳すれば、「イキケ自由地区」）は、最も注目される。アリカにも同様の施設が設けられている。これらを免税ゾーンとする政策は、ペルーやボリビア、アルゼンチンと国境を接していることから、イキケやアリカは、安全保障上きわめて重要であり、優遇措置を与えて、この地域の発展を促すという目的によって実

ラ・セレナ［提供：Fundación Imagen de Chile］

施されたものである。実際、周辺国との貿易の拡大に繋がった。さらなる発展が期待されることは、後に述べる。ソフリとともに、イキケがその周辺地域でよく知られる理由の一つに、イキケが周辺国への自動車貿易の中継地としての役割を果たしていることがある。特に、中古車を日本から輸入して、ここで、ハンドルの位置を変え、周辺国に輸出するビジネスが拡大した。

ノルテ・グランデの地域は、北はペルー、東はボリビア、その南にアルゼンチンと国境を接し、これら諸国との、輸送・物流のハブとしての機能をすでに果たしている。この地域の主要都市、アリカ、イキケ、アントファガスタなどは、今後、そのような機能をさらに拡充し、これら周辺地域を取り込んだ、いわば、「アンデス・マクロリジョン」と呼びうる広い地域の中核的都市としてさらに発展する可能性を有しているといえよう。例えば、アリカの場合、100万人を超えるボリビアの首都ラパスから500キロメートルに位置しており、ボリビアにとっての最も重要な太平洋への出口であると言ってよい。北へは、アリカに隣接するペルー側の国境の都市、タクナ、さらにその北にアレキッパが位置する。さらに、アルゼンチン北部のサルタ市、ボリビアのサンタ・クルース市を含めると人口５００万人程度の市場を有する地域となる。前章で述べたＥＰＩＥは、アンデス・マクロリジョンのインフラ整備、地域統合をチリ北部発展にとっての有望な戦略の一つとして提案している。周辺国との貿易の拠点としてのみならず、これら地域の多くは、高地にあって、そこに住む人々にとっては、海岸に位置するアリカ、イキケなどのリゾートは魅力である。両都市には、ホテルやカジノなどからなるリゾート開発が進んでおり、周辺諸国からの観光客を中心とした観光都市としてのさらなる発展も予想される。

一方砂漠地帯では、この地域の考古学の中心拠点として知られ、近年は天文学の拠点としても注目されるようになっている、サンペドロ・デ・アタカマをはじめ（天文台については、コラム12、13参照）、タマルガル自然保護区、パン・デ・アスカル国立公園などが、国際的観光スポットしての重要性を増すであろう。

コキンボ州は、ノルテ・グランデの南、首都サンティアゴのすぐ北に位置し、ノルテ・チコと呼ばれ、乾燥地ながら、河川の灌漑などで、農業が発展している。とくに、この州の三つの地方を形成するエルキ、リマリ、チョアパの三つの河川の流域には、それぞれ特徴ある農業生産が見られ、エルキでは、この地域で生産するブドウを原料にした蒸留酒ピスコが特産品となっている。鉱業では、ロス・ペランブレスなどの大規模銅山があるほか、鉄鉱石の生産は、チリではコキンボ州が最大となっている。日本の協力を起源とするホタテガイなどの貝類養殖を中心とする水産業も盛んである。

（細野昭雄）

30

サンティアゴ首都圏

★一極集中の光と影★

サンティアゴ市は、行政上は、首都圏州（レヒオン・メトロポリターナ、人口711万人）にある。東のアンデス山脈、西の海岸山脈、北と南をアンデス山脈の支脈に囲まれた形の盆地状の平野に位置しており、標高は、サンティアゴの旧市街の中央部分で520メートルとされるが、東に行くほど少しずつ高くなり、最近都市開発が進む、ラデエサ（ロ・バルネチェア地区）、ロクロ（ビタクーラ地区）などの住宅地の標高は1000メートルに達する。地中海性気候であることに加え、この標高の高さもあって、温暖で快適な気候に恵まれており、冬に多少の降雨がある（年間降雨量300ミリ）が、湿度の低い、晴天の日が多い。しかし盆地であることや、近年の自動車台数の増加、渋滞などの要因から、スモッグに悩まされる日も少なくない。

サンティアゴが首都としての機能を十分に、かつ効率的に果たしているかを知るうえでは、この都市の構造と、この都市内の各地を結ぶ都市交通について見ておく必要がある。サンティアゴ市は、まず、旧市街と新市街、その周辺に発達した多くの地区からなっている。サンティアゴの旧市街は、スペイン領であった他の国々と同様に、中央のプラサ（広場のこと。プラサ・

サンティアゴ市旧市街の中央市場［提供：Sernatur/ CHILE TRAVEL］

デ・アルマス）を中心に、大聖堂、市庁舎、中央郵便局などが配置された中心地区に加え、それから4ブロックほど先に、憲法広場と大統領宮殿（モネダ宮殿）があり、その周辺には外務省をはじめとする中央省庁、裁判所などが位置している。旧市街は、サンティアゴの場合、今日も政治の中枢的機能を有しており、中南米のかなりの都市に見られるような、旧市街のスラム化、そこでの著しい治安の悪化などは見られない。企業の本社等の新市街へのかなりの移動が進んでいるとはいえ、政治的機能とともに、経済的機能も維持されている。中央市場も旧市街にある。また、この国の大学の双璧をなすチリ大学、カトリック大学のそれぞれ本部や、図書館、多くの博物館があり、文化の中心としての機能も果たしている。

　通常、この中心部からサンタルシアの丘を経て、イタリア広場（プラザ・イタリア）までが、旧市街とされ、そこから先が、新市街とされる。なかでも、

サンティアゴ市遠景［提供：Fundación Imagen de Chile］

プラサ・イタリアからはじまるプロビデンシア通り沿いに走る地下鉄のマヌエル・モン駅からトバラバ駅にかけての地区は、新市街の中でも早くから形成された部分である。今や新市街は、さらにこの地区から東や南にも広がっており、東はラス・コンデス地区に至るまでの市街化が進み、ここに、有力企業、銀行などのオフィス街が形成されている。

サンティアゴは、前述の通り行政上は首都圏州（レヒオン・メトロポリターナ）にあるが、都市圏としての大サンティアゴ（グラン・サンティアゴ）と完全に一致しているわけではない。大サンティアゴの大部分は行政上サンティアゴ県にあり、その周辺のコルディジェラ県、マイポ県、タラガンテ県の一部も含まれる。大サンティアゴは、これら4県にまたがる37地区（コムナ）からなる。旧市街の多くは、サンティアゴ地区にあり、新市街は、プロビデンシア地区をはじめ、それに連なるラス・コンデス地区、ビタクーラ地区の西側部分からなる。これらの地区の北にはロ・バルネチェア地区が、南にはヌニョア地区、ラ・レイナ地区が広がる一方、サンティアゴ地区の西側には、エスタシオン・セントラル地区、キンタ・ノルマル地区が続く。これらの地区から、その南側、西側に、連続的に広大な都市化が進み、北側も東西に連なるサンクリストバルの丘陵を超えて、拡大が進んでいる。

こうした構造からなるサンティアゴ市が都市機能を十分に発揮するためには、効率的な都市交通の発達が欠かせない。この観点からは、かなりの成果が見られるが、課題も残る。サンティアゴ市を訪問する旅行者は、空港から都心へのアクセスの良さに圧倒される。中南米の多くの都市では、空港でタクシーやバスに乗る際のわずらわしさ、途中の渋滞を覚悟しなければならないが、サンティアゴでは、サンティアゴ市の中心を流れるマポチョ川の河畔や地下を巧みに利用して建設した有料高速道路網を用いることにより、都心へは30分程度で到着する。また、サンティアゴ市の地下鉄もこの都市の旅客輸送の大動脈として都市機能を発揮するために大いに貢献しているといえる。旧都心と新都心の主要部分を結ぶ1号線、これと一部重複しつつ、サンティアゴ西部と東南部を結ぶ5号線、南北を結ぶ2号線をはじめ、ビジネス地区相互およびビジネス地区と住宅地区を結ぶ重要な役割を担う。一方、サンティアゴのバス交通は2007年に導入されたトランサンティアゴによって一新された。コロンビアの首都ボゴタ市のトランスミレニオなどを参考に、バス専用レーンや2台の連結バス方式の導入などによって、渋滞を軽減し、環境に配慮した交通システムを確立することがねらいであった。市内を10のゾーンに分け、各ゾーンの乗客を一端地下鉄の駅や幹線バスの停留所などに移動し、そこから、目的地に近い駅や停留所に行き、再びバスに乗る方式であり、専用レーンでバスを優先してバスのスピードを上げるとともに、バスの都心への乗り入れを減らすことで、都心の渋滞を減らすなどの効果を狙った。ただ、この方式は、バス利用者にとっては、従来、乗り換えせずに目的地に行けたのに、トランサンティアゴでは、少なくとも1、2回の乗り換えが必要となったこと、停留所の間隔が遠くなり、歩く距離が増え、しかも、バスの運転間隔が長くなって、待ち時間も長くなるといった不便さが目立った。改善に向けた取り組みが行われ、次第に使い勝手はよくなってきているが、依然課題が残っている。

増加する人口に追いつかず、依然、渋滞やスモッグの発生などに対処する必要はあるが、右記の都市交通の発展に加え、多数の大学の立地などによる人材の養成と供給、通信網の整備などによって、ビジネス環境はよく整備されており、また、医療、教育、スポーツなどのアメニティの質も高く、首都としての都市機能は充実しているといえよう。これは、サンティアゴを含むチリ中央部がアジアから南米南部のゲートウエーとしての機能を発揮する条件を有していることをも意味している（次章参照）。

首都圏州の主要産業は、サービス業、金融業、製造業であり、製造業では、食料、飲料、化学品、金属・機械、繊維・皮革などの産業が中心となっている。一次産品の生産が主要産業となっている他の諸州と異なり、サンティアゴ市の消費向けに、多様な製造業が発展している。また、サンティアゴには、歴史的建造物、博物館、教会など多数の観光名所があり、この都市の魅力を高めるとともに、観光の振興に貢献する重要な資産となっている。

（細野昭雄）

31

中央部

――― ★南米のゲートウエーとしての発展が期待される★ ―――

チリ中央部は、サンティアゴ首都圏、バルパライソ州（人口181万6000人）、ベルナルド・オヒギンズ州（以下、オヒギンズ州、91万5000人）およびマウレ州（104万5000人）からなる。サンティアゴ首都圏は、行政区分上は首都圏州と呼ばれるが、前章で詳細に触れた。チリ中央部の主要都市の多くは、海岸山脈とアンデス山脈の間の、南北に連なる平野にあり、それを国道5号線が繋いでいる。北からロスアンデス、サンティアゴ、ランカグア、サン・フェルナンド、クリコ、タルカ、リナレスと続く。他方、海岸沿いには、ビーニャ・デル・マル、バルパライソ、サンアントニオなどの都市が続く。

この地域は、夏は乾燥するが温暖で、北部とは異なり、冬に降雨が見られる、典型的な地中海性気候と肥沃な土地に恵まれている。北部の中でも多少降雨のあるコキンボ州でも50〜200ミリの年間降雨量であるのに対し、中央部の降雨量は300ミリ以上となり、マウレ州では、700ミリに達する。それが、灌漑施設の整備とも相まって、この地域での果実、特にブドウの生産とそれを原料としたワインの生産を可能にし、チリのワイン生産の中心地帯であるのみならず、世界屈指のワイン産地となっている。近年は、キウイ、アボカドなどをはじめとする多様な、輸出向けの農畜産物生産も拡大している。また、チリ最大の消費地サンティアゴのための、野菜を中心とした近郊農業も盛んである。一方、この地域にも銅鉱山が多数あり、鉱業も重要な産業となっている。なかでも、バルパライソ州のアンディーナ銅山、オヒギンズ州のエル・テニエンテ銅山が重要である。特に、エル・テニエンテ銅山は、かつてチュキカマタ銅山、サルバドル銅山とともに、チリ三大銅山の一つとして知られ、世界有数の坑内掘りの大銅山である。エル・テニエンテ銅山の近くに発達したスウェルの町は、1960年には、1万4000人の人口を擁した。その後の道路の開通などで、現在は、人は住んでいないが、当時の面影をそのままに残す鉱山都市として、ユネスコ文化遺産として登録されている。

チリ中央部は、文字通りチリの中心であり、チリの政治・経済・文化は、首都サンティアゴに集中している。ただ、政府の主要省庁など行政機関のほとんどがサンティアゴにある（水産関係など一部行政機関はバルパライソにあるが）のに対し、立法府たる国会はバルパライソに置かれている。また、この地域の海上輸送の中心は、バルパライソとサンアントニオにある。

地中海性気候に恵まれていることもあり、夏の快適な季節には、海岸のリゾートでの保養などの観光もこの地域の産業として重要である。その中心は、バルパライソの北に隣接するビーニャ・デル・マルであるが、そのほかにも、ビーニャ・デル・マルから北へコンコン、マルベージャ、サパジャール、カチャグアなど、バルパライソから南へは、アルガロボ、エル・キスコ、イスラ・ネグラ、カルタヘナなどのリゾート地が続く。サンティアゴから近いこと、治安もよく、施設も整っている等の好条件から、国内からの観光客だけでなく、アルゼンチンをはじめとする海外からの観光客も多い。観光の時期が夏季に偏っていることから、一年を通じての観光を振興することが課題となっている。

　このチリ中央部は、アジア諸国から南米南部諸国へのゲートウエーとしての役割を果たしつつあり、今後さらにその機能を強めるべきとの見方がある。このことには日本の企業も関心を持っており、例えば、日本チリ経済委員会などで強調されている。ゲートウエーとしての機能という観点からは、①アジアと南米との間の輸送・ロジスティックの拠点としての競争力とともに、②チリが南米諸国の中でも、自由で開放的経済政策をとっており、貿易・投資が容易であること、③ゲートウエー機能を支える人材、技術、組織が蓄積されていること、④これらと関係するが、政治や、法制度、経済諸規則の安定性、信頼できる商慣行など、一口でいえば、優れたビジネス環境が確立していることが、とりわけ欠かせないといえよう。このうち、②、④については、チリ全体に共通の点であり、第14章と第15章で、それぞれ、詳細に論じられている。チリ中央部は、前述の①と③に関して、特に優位である。

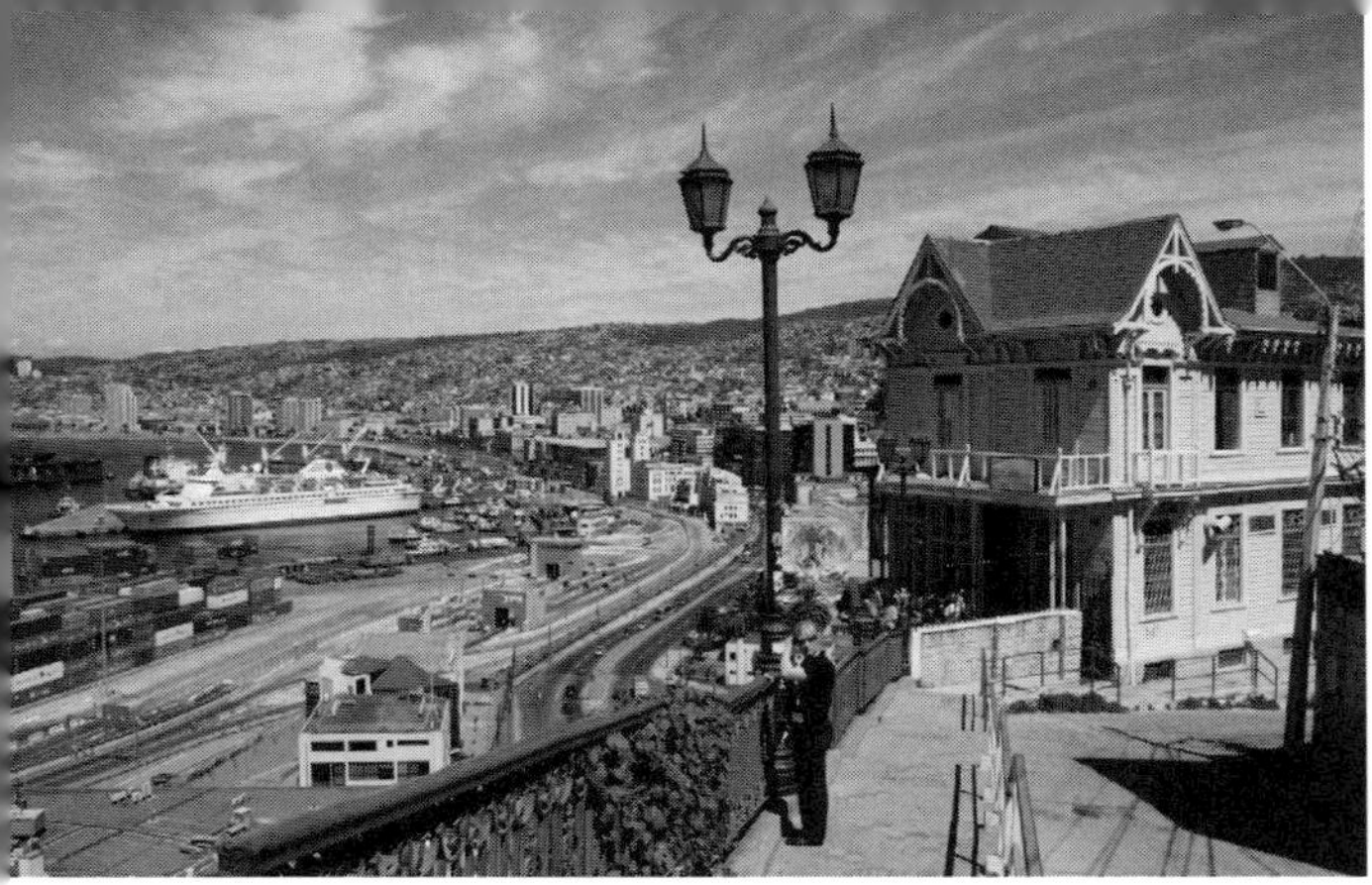
バルパライソの港［提供：Fundación Imagen de Chile］

　バルパライソとサンアントニオは、サンティアゴ首都圏への外港であるとともに、太平洋から南米の南部地域への最大のゲートウエーである。ただし、サンティアゴへのルートとアルゼンチンのメンドサへのルートは異なる。したがって、両港は、首都圏への貿易の中継港としての機能と、アルゼンチンの中心的な地域（メンドサから東に広がるブエノスアイレスまでの地域）や、アルゼンチンの周辺国への中継港としての機能の両方を有している。

サンティアゴへのルートは、両港からそれぞれカサブランカに至り、そこから68号線を通ってサンティアゴに至るルートと、サンアントニオからは、78号線を通ってサンティアゴに至るルートがある。

アルゼンチンへのルートは、60号線で、バルパライソからロスアンデスを通ってクリスト・レデントールのトンネルで国境を越え、アルゼンチン西部の中心的都市メンドサに至る。このルートはサンティアゴを通過せずに、直接メンドサに抜ける。最高峰6000メートルを超える高峻なアンデス山脈を越えるため、トンネルは、高度4000メートルの高さに建設されており、冬の降雪時は、通行ができない。この物流の困難とコストは、チリが南米南部のゲートウエーとしての役割を着実に果たすための、大きな障害となっている。

これを解決するために、ロス・アンデスとメンドサを結ぶ、より低い標高の部分に、長さ約52キロのトンネルを建設し、鉄道を走らせる構想がある。この鉄道が実現すれば、アルゼンチンはもとより巨大市場を抱え経済成長のポテンシャルの大きいブラジルなど南米大陸東部と太平洋側の間の輸送コスト削減が可能となり、物流に革新をもたらすと期待されている。構想実現をめざす事業共同体には、両国企業のほか、日本企業も参加している。

（細野昭雄）

32

南部

★活力ある産業を摸索する★

チリ南部は、ビオビオ州（人口203万7000人）、アラウカニア州（95万7000人）、ロス・リオス州（38万5000人）、ロス・ラゴス州（82万8000人）からなる。地形的には、中央部と同様、海岸部と、海岸山脈とアンデス山脈の間に南北に連なる平野部からなるが、気候はチリ中央部と大きく異なり、降雨量が増え、温帯湿潤気候となる。年間降雨量は、最も北のビオビオ州でも1000ミリとなり、ロス・ラゴス州の降雨量は2250ミリに達する。南に行くに従って、平野部では、小麦などの穀物生産が大きな割合を占めるようになり、また、平野部と周辺の地帯での大規模な林業が可能となり、産業面でも中央部とは、大きく異なる。しかも、アラウカニア州以南は、火山、湖沼、河川の多い美しい景観が広がり、南米のスイスとも呼ばれる。

南部の中で、最も北に位置するビオビオ州は、チリ最大の石炭生産地帯があったことから、19世紀半ば、石炭の採掘で栄えた。その後、同州は、多角的な産業の発展が見られ、豊富な木材生産をベースとした製紙産業、木材加工産業、繊維産業、造船業（特に、漁業用船舶）、鉄鋼業をはじめとする金属・機械産

プエルト・モン遠景［提供：Fundación Imagen de Chile］

業などの製造業の集積があり、サンティアゴに次ぐ工業地帯が、ビオビオ州の州都のコンセプシオンから、その外港のタルカワノなどに広がっている。

南部は、チリにおける漁業と水産養殖の生産地帯としても重要である。ビオビオ州とロス・ラゴス州の2州が水産と養殖の二大中心地である。ビオビオ州が、コンセプシオンの周辺の多くの漁港を拠点とした海洋漁業、港湾地帯での魚粉産業と、それを原料とする養殖用餌の生産を中心としているのに対して、ロス・ラゴス州は、その南のアイセン州とともに、サケの養殖とその加工産業が最も発展している地域である。また、ムール貝などの貝類の養殖も盛んである。ロス・ラゴス州の州都、プエルト・モンは、サケ養殖産業の首都として知られ、サケ産業の企業の本社が集まっている。養殖産業の中心は、プエルト・モンからフェリーで行くチロエ島と、その南の島々、さらにアイセン州である（アイセン州については次章参照）。

チリにおける植林による大規模な林業のほとんどがこ

第32章
南　部

の地域、特に、その海岸山脈地帯で行われている。ラジアタ松（ピノ・ラディアタ）とユーカリがパルプ原料として植林されるが、その成長期間が海外の主要産地と比較して短く、高い競争力を有している。伐採後、丸太でパルプ工場に運び込まれ、パルプに加工され、輸出される。日本を含むアジア諸国が主要輸出先である。

南部地域は、先住民マプチェ族（アラウカ族）が多数居住し、その伝統文化が色濃く残っている点でも特筆すべき地域である。アラウカ族は、スペイン人に強く抵抗し、スペインに征服されなかった中南米における稀有の人々である（第2章参照）。マジェコ州の南のカウティン県の県都テムコは、州都でもあるが、テムコを中心とする地域は先住民人口がチリで最も多い地域でもある。ビオビオ州の南部には、アラウコ県（県都はレブ）がある。

一方、南部は、ヨーロッパからの移民が盛んに行われた地域でもあった。例えば、ロス・リオス州のバルディビア、ロス・ラゴス州のオソルノには、ドイツ系移民の入植者が多かったため、ドイツの地方都市を思わせるたたずまいの都市や町が少なくない。

チリ南部は、南米のスイスとも呼ばれる風光明美な景観に加え、先住民の文化や、ヨーロッパ移民のもたらした文化が、この地域の観光を非常に魅力的なものとしている。ビオビオ州には、ナナルウエ湖を含む地域がナウエルブタ国立公園に指定されており、地域に特有の原植生が見られる。火山、湖沼の観光地としては、まずアラウカニア州にビジャリカ火山をのぞむ多数の湖があり、ホテル、ペンションなどの宿泊施設、レストラン、民芸品マーケットなどが整備された一大リゾート地となっており、チリ最大の湖岸リゾート地域といえよう。ビジャリカ、プコン等の町がその中心となっている。

ビジャリカ火山［提供：Sernatur/ CHILE TRAVEL］

同様に、ロス・ラゴス州には、富士山と似ているオソルノ火山をのぞむジャンキウエ湖を中心とした広大な湖岸リゾートがあり、プエルト・バラスなどの町がその中心となっている。さらに、ロス・リオス州のランコ湖の湖畔にもリゾートが拡大しつつある。この他、小規模の観光地が多数ある。

ロス・ラゴス州のチロエ島には、アンクー、カストロ、ケジョンなどの町があり、カストロとその周辺には、イエズス会等によって建てられた多数の教会群があり、ユネスコ世界遺産に登録されている。

南部地域における観光の特徴の一つは、特に、ロス・リオス州とロス・ラゴス州の湖沼リゾートにおいて、外国からの観光客の割合が多いことである。南米諸国はもとより、欧米からの観光客が増えており、例えば、ドイツからの観光客も多い。南部地域も、チリの中央部などと同様、季節による観光客数の大きな偏りがある。南部の場合は、中央部よりも冬が長く降雨量も多いことから、この偏りがより多くなっており、オフシーズンにおける観光客の訪問をいかに促すかが大きな課題である。

チリ南部では、アンデス山脈も次第に高度を下げ、チリ中央部のように、高度の高い地帯を通らずに、アルゼンチン側への移動が可能であり、チリ南部には、多くの両国間をまたぐルートがある。それらの一部は、貨物輸送用であるが、ロス・リオス地域と、ロス・ラゴス地域では、これらのルートを利用してアルゼンチンからの観光客が多数訪れる。外国人観光客では、アルゼンチンが最も多いが、こうした陸路を使っての訪問が可能なことも一因である。特に、重要なのは、アルゼンチン南部の最大の観光地サンカルロス・デ・バリロッチェへのルートである。チリのプエルト・モンやオソルノとバリロッチェを結ぶバスが運行されており、6～7時間で結ばれている。また、アルゼンチンのナウエルウワピ湖とチリのトドス・ロス・サントス湖を船で、それ以外の部分をバスで移動することも可能であり、チリとアルゼンチンで最も人気の高い観光地の両方を訪れることができる。欧米やアジアからの観光客にとっても非常に魅力的である。

（細野昭雄）

チロエ島の教会群の一つ、テナウン教会
［提供：Sernatur/ CHILE TRAVEL］

33

最南部（パタゴニア）

―― ★世界最南端の都市プンタ・アレナスを拠点とする発展★ ――

チリの最南部は、アイセン州（人口10万3000人）とマガジャネス州（16万6000人）からなるが、後者は、「マガジャネスおよびチリ領南極」が正式の州名で、南極の一部も含まれている。また、フエゴ島の一部も含まれる。

ロス・ラゴス州に至るチリ南部と最南部の最大の違いは、その地形にあると言ってよいであろう。ロス・ラゴス州までは、アンデス山脈と海岸山脈およびそれらに挟まれた平野の部分からなるが、ロス・ラゴス州から南では、平野部は、海に埋没する。アイセン州は、アンデス山脈とその裾野からなり、海岸部は、深く刻まれたフィヨルドが続く。海岸の先には、多数の島々からなる地域が広がる。マガジャネス州も同様な地形であるが、大陸部の最南端のプンタ・アレナス市から、マゼラン海峡を経てフエゴ島に至る。当然、気温も南部よりも低く、プンタ・アレナスでは、冬7月の平均気温は、2・5度、夏1月の平均気温は、10・5度となる。また、マガジャネス州では、夏は強風が吹く。

こうした気候と地形にもかかわらず、マガジャネス州は、プンタ・アレナス市を中心として、後に述べるような、いくつか

プンタ・アレナス［提供：Fundación Imagen de Chile］

の要因により、早くから開発が始まったのに対し、アイセン州は、長い間、ほとんど取り残されてきたと言っても過言ではない。産業を発展させる有望な資源もなく、アイセン州の州都コジャイケが今日のような街に整備されるようになったのも、1970年代からにすぎない。アイセン州を大きく発展させたのは、サケ養殖産業の発展であった。1990年代から、ロス・ラゴス州に次ぐ、サケ養殖業の発展が見られている。しかもロス・ラゴス州では、養殖に適した海面がすでにほとんど利用されてしまっていること、養殖生産の密度が大きくなり、環境問題等が発生したことから、サケ養殖業の比重がアイセン州に次第に移り始めており、最近では、さらにマガジャネス州にも広がりつつある。

一方、プンタ・アレナス市を中心とするマガジャネス州は、海上輸送の中継地点、羊毛の生産地、カニなどの漁業の拠点、石油生産の拠点、軍事上の拠点等として、様々な経済活動を発展させてきた。今日、人口約13万人で、パタゴニア最大の都市であり、また、世界最南端の都市としても知名度が高い（都市の定義にもよるが、フエゴ島のアルゼンチン側にあるウシュアイアを世界最南端の都市とする説もある）。プンタ・アレナスは、1914年のパナマ運河完成まで、太平洋と大西洋を結ぶ海上輸送の中継点であり、ここで産出される石炭を通過する船舶用に供給した。

また、19世紀末から20世紀半ばにかけては、アルゼンチンからチリにまたがるパタゴニアの草原が、世界有数の羊毛生産地帯となり、プンタ・アレナスがその経営と取引の拠点となった。こうした中1890年代のゴールド・ラッシュもあって、ヨーロッパからの移住者が増加した。特に、クロアチア（旧ユーゴスラビア）からの移住者が多く、現在のプンタ・アレナスの人口の半ばがクロアチア系ともいわれる。今日でも、羊と牛の飼育と羊毛生産は、マガジャネス州の重要な産業である。

1950年代には、海底油田などの開発が行われて、エネルギー資源に乏しいチリにとっての国産石油の生産が可能となるとともに、マガジャネス州の新たな産業としての発展が始まる。また、天然ガスにより、メタノール・プラントも建設された。

マガジャネス州は軍事的にも重要で、軍の駐屯基地がある。この地域の発展の安全保障面からの重要性に鑑み、海外からのこの地域への投資に対する優遇措置も設けられている。また、プンタ・アレナスにはソナ・フランカ（免税地区）が設けられている。

プンタ・アレナスからマゼラン海峡に隔てられたフエゴ島（ティエラ・デル・フエゴ）は、チリとアルゼンチンの両国が領有しているが、チリ側は、マガジャネス州のティエラ・デル・フエゴ県となっており、その中心がプエルト・ポルベニールである。１９４５年石油が発見され、それ以来、フエゴ島の北部には、石油の採掘、石油パイプライン、ガスパイプラインなど多くの施設が建設され、石油生産基地となった。フエゴ島は、そのほかの部分は羊の飼育と羊毛生産などを中心とする牧畜地帯である。

チリの最も南の県は、「チリ南極県（アンタルティカ・チレナ）」で、その県都はビーグル水道に面する、世界最南端の町、プエルト・ウイリアムスである。南極の北部レイ・ホルヘ島（キング・ジョージ島）にあるマルシェ基地、グリニッジ島にあるアルトゥーロ・プラット基地に軍が観測基地を設けている。レイ・ホルヘ島までは、プンタ・アレナスから空路約3時間で結ばれている。

チリ最南部がその一部をなすパタゴニアは、南米大陸の概ね南緯40度以南の地域をさすが、この地域の東側がアルゼンチン・パタゴニア、西側がチリ・パタゴニアである。南緯40度以南には、地域区分では南部に属するバルディビア、プエルト・モンが含まれる。ただ、通常チリ・パタゴニアといえば、最南部のアイセン州、マガジャネス州を指す。パタゴニアには、チリ、アルゼンチン両国で30もの国立公園があるが、チリ側で観光地として特に重要なのは、マガジャネス州のトレス・デル・パイネ国立公園（以下、パイネ国立公園）、アイセン州のラグーナ・サン・ラファエル国立公園（以下、サン・ラファエル国立公園）である。

パイネ国立公園への入り口がプエルト・ナタレスであり、プンタ・アレナスから北に２５０キロメートルに位置し、パイネ国立公園は、プエルト・ナタレスから１２０キロメートルに位置する。同国立公園の代表的な観光スポットが、パイネの三つの峰であり、また、この公園における最高峰、パ

トレス・デル・パイネ（パイネの三つの峰）［提供：Sernatur/ CHILE TRAVEL］

イネ・グランデ山である。一方、サン・ラファエル国立公園の観光の中心はサン・ラファエル氷河である。プエルト・モンおよびアイセン州チャカブコ港からのフェリーによるツアーで訪問する。また、南極へも空路で旅行可能であり、近年、南極への観光客も増加している。

チリ最南部にとっては、アルゼンチン側パタゴニアとの連携・協力はチリの他の地域とは比較にならないほど重要である。プエルト・モンから南には、アウストラル道路が少しずつが建設されてきているが、チリ側から陸路だけでアイセン州、マガジャネス州の各地に移動することは困難であり、チリ側から、アルゼンチン側をへて、再びチリ側に移動しなければならないことが多い。また、パタゴニアを訪問する多くの外国人観光客は、両国の観光地を訪問することも少なくない。プエルト・ナタレスとアルゼンチン側の観光地エル・カラファテは相互に観光客が訪問する。アルゼンチンのパタゴニア観光の拠点リオ・ガジェゴは、プンタ・アレナスからバスで約４時間の距離にある。

（細野昭雄）

コラム6

知られざるペンギン王国——日本との浅からぬ縁

水野浩二／佐野 淳／立川利幸

一般の日本人にチリにペンギンがいるとは、にわかには信じられないようだ。「ペンギン＝南極」という固定観念があり、加えて南米は暑い所との思い込みもあるからだろう。しかし現在世界で確認されているペンギン18種（6属）のうち、南極大陸で繁殖するのはエンペラーとアデリーの2種（南極半島まで含めても4種類）だけで、多くは温帯からガラパゴスまでの南半球に生息している。

北半球では動物園や水族館でのみ見られるペンギンだが、このうち日本には2001年段階で12種、2400羽以上、2016年では11種3000羽以上が飼育されており、世界最大のペンギン飼育大国である。特にフンボルト・ペンギンは1915年に日本に初めて来た種であり、1700〜1800羽が飼育されている。2018年に日本で飼育している施設は約100か所あり、その66か所でフンボルトを展示している。

ペンギンの語源は、ラテン語のPinguis（肥満）とする説が有力である。ペンギンが地球上に現われたのは白亜紀（1億4000万年前）といわれるが、現存する化石としてはニュージーランドで発見された約5500万年前のものが最も古い。記録に残る人間との最初の出会いはマゼランの世界周航に同行したイタリア人で、1497年にマゼラン海峡を通過する際に「見慣れないガチョウがいた」と記している。

しかしその後のペンギンは、食料、毛皮、燃料さらにはランプ用の脂肪の搾取のために、大量の殺戮が行われた。1578年にかつて「ペンギン島」と言われたチリのマグダレナ島を訪れた有名なフランシスコ・ドレイクは一日に30

00羽のペンギンが捕獲されたと記しており、それ以後の20年間で10万羽以上のペンギンが殺された。その後、特にヨーロッパで生きたペンギンが一般市民の目に触れるようになったこともあり、「愛すべき生きもの」へのイメージの転換が行われるに到ったが、20世紀に入っても、南極探検隊の食料、燃料確保のためにペンギンが犠牲となる事例は完全にはなくならなかった。

マグダレナ島のマゼランペンギン［提供：Photolibrary］

チリでは主にフンボルトとマゼランの2種類が生息している。フンボルトの野生地の個体数はチリで3万～3万4000羽、ペルーで約6000羽と言われており、ペルーからチロエ島までに分布する。主な生息地はラ・セレナ地区で、いずれもサボテンの下の砂やグアノス（ペリカンなどの海鳥が何万年にも亘って積み上げた鳥の糞の地層）に巣を掘って生活している。一方マゼランはチリ、アルゼンチンにまたがるパタゴニア地域に生息し、チリでは約20万羽が生息、マグダレナ島はチリ南部で最大の集団営巣地である。

ペンギンは生息地での環境破壊やエルニーニョ

などの異常気象他で個体数は激減し、フンボルトは1981年にワシントン条約付属書1のカテゴリーとなり、学術研究目的以外の野生ペンギンの輸入が禁止された。

世界的には個体数が激減しているペンギンだが、チリ、ペルーの野生環境と日本の環境がフンボルトにとってよく似ていたこと、ペンギンの飼育にかける日本の動物園・水族館などの関係者の並々ならぬ情熱が個体数を増やす結果に繋がっている。日本のNGOである「ペンギン会議」は、フンボルトの野生地があるチリ、ペルーの研究者、動物園関係者をサポートし保護協力活動をしている団体で、2006年には飼育技術交流促進のためチリ動物園スタッフを日本に招聘、また2011年から2年間はJICAを通じて日本の人工育雛技術協力を行った。1915年以来、日本人の心を癒し続けてきたフンボルトの野生地での個体数の増加は、まさに恩返しとなる。日智両国の協力でぜひ実現を期待したいものである。

34

イースター島

★絶海の孤島、謎を秘めたモアイ★

モアイで有名なイースター島が、チリの領土であることは意外に知られていない。南米大陸から約3700キロ離れた太平洋に浮かぶ絶海の孤島で、伊豆大島の2倍ほどである。名前の由来だが、オランダ人ロッヘベーンが欧州人として初めて島を発見した日が、1722年のイースター（復活祭）の日曜日だったためである。スペイン語では同じ意味の「イスラ・デ・パスクア」、現地ではポリネシア語で大きな島を意味する「ラパ・ヌイ」と呼んでいる。

その後、探険家のキャプテン・クックや、狩猟目的のフランス、ロシア、アメリカ人も到来したが、島にとって最大の不幸は1862年に起きたペルーによる奴隷狩りである。約1000人の先住民が奴隷として連れ去られそのほとんどは死亡、1870年代に島に残った先住民はわずか110人だったといわれる。

1810年に独立したチリは、1888年にイースター島の領有を宣言、アジアへのゲートウエーとし、1953年以降はチリ海軍の基地として管轄され、1966年に共和国の行政区域に編入、現在は第5州に属している。1967年に空港が完

第34章
イースター島

イースター島のモアイ像［提供：Fundación Imagen de Chile］

成、サンティアゴ往復の航空路線が開設された。1988年、米国はこの島をスペース・シャトル用の「緊急着陸サイト」に指定し専用滑走路を建設、「石器時代」から一気に「宇宙時代」に突入した。

島最大の謎は先住民の由来であるが、紀元400〜500年頃ポリネシア人が渡来し、人口増加で内乱が起こり建造したモアイを破壊したとする「ポリネシア」説が有力である。

海の周囲を中心に、大きいもので80トン、18メートルもあり、形も異なる約1000個のモアイが見られる。モアイはラノ・ララクと呼ばれる採石場で溶岩を削り彫って作られ、周辺に約300体が残されているが、その半分近くは未完成のままである。製作中止の理由は、疫病説などあるが定かではない。採石場近くの火口にはモアイの

「帽子」といわれる、焼けただれた茶色の円筒形の石が沢山見られる。「帽子」は長老、兵士などの階級を示していると考えられるが、帽子を被ったモアイはわずかである。目玉はないと考えられていたが、その後ラノ・ララク近くで白目、黒目がそれぞれサンゴ、黒曜石からなる6個の目玉を発見、当初は目が付いていたとされている。現在は帽子を被り目の入ったモアイが修復されて立っているところがある。

次に採石場から、巨大なモアイをどうやって海岸まで運んだかであるが、現在ではロープ、木ぞりを使い梃子の原理で運搬、土台の上に立てたと考えられている。

さてモアイは意外にも海に背を向けて立てられている。各集落が亡くなった王、祖先、神を奉る目的で守護神として建立したため、内陸を向いているのである。ただ1か所、アキ・アキヴィと呼ばれる場所に立つ7体のモアイだけは、全て海に向かって立っている。遥か昔この島に渡ってきた祖先の望郷の念を表わしたものと云われる。また5世紀のポリネシア人到来時は緑うっそうであった島が、19世紀にはすっかり荒地に変わってしまったが、人口増加説の他に、木ぞり製作のための伐採によるものとの見方も出ている。

（水野浩二）

イースター島が、日本との関わりを持っていることも意外に知られていない。

イースター島で一番多くのモアイが1か所に集中しているのは、島の東端にある島最大の遺跡アフ・トンガリキで、15体の最大級のモアイが土台（アフ）の上に並んでいる。実はこれらのモアイは、1960年にチリを襲った大地震による津波（日本ではチリ津波として東北沿岸地方が甚大な被害をうけた）

ですべて倒壊していたが、日本企業（株式会社タダノ）の協力の下１９９５年に見事に修復されたものである。同社は調査費用の支援と共に、作業用に自社製の50トンクレーンを提供、また修復作業は、唐招提寺の宝塔、春日大社の石灯籠の修復を行い、モアイ修復の後には高松塚古墳やアンコールワットの修復でもタダノと協力して作業に当たった著名な奈良県の石工、左野勝司氏が技術指導を行い、島の人々とともに足掛け3年の歳月をかけ完成しチリからも高く評価された。日本の国際貢献の非常に良い例といえるだろう。

次に、日本との関わりで二つのエピソードを紹介したい。実は１９２８年にチリが日本にイースター島を提供し、ここに海軍基地の建設を提案したといわれている。背景にはその頃米国がハワイに海軍基地を建設し、極東進出を目論んでおり、これに対し汎米主義に脅威を感じていたチリが日本の海軍力を借りたいという思いがあったようだ。チリではそれなりに真面目に議論されたようだが、日本ではこの提案を真剣に取り上げた形跡はなく実現には至らなかった。今思うと残念ではあるが、何となくロマンを感じさせる話である。

二つ目は、２０１１年の東日本大震災で甚大な津波被害をうけた宮城県南三陸町とイースター島の関係だ。同町は１９６０年チリ大地震で４・５メートルの津波に襲われ三陸海岸で最大の被害をうけた町だが、１９９０年に町の防災のシンボルとして、チリ本土の彫刻家の制作によるモアイ像を町に設置した縁で、チリ側にも知られていた。今回の震災後この像が流失したことを知ったチリの経済団体が、島の古くからの彫刻家であるトゥキ一族の協力を得てモアイ像を制作し２０１３年に寄贈した。当初、島民の間では神聖なモアイ像を島外に持ち出すことに反対があったが、島の長老がアフ・トンガリキ修復での日本人の貢献を説き島民も納得、世界で初めてラパ・ヌイ人の手によりイースター島の石から作られたモアイが海を越えて寄贈されることとなった。南三陸町とイースター島は太平洋を挟んで津波とモアイの縁で結びついたのだが、神のなせる業か、両者は面積がそれぞれ163・74平方キロメートルと163・6平方キロメートル、最高峰の高さが田束山512メートル、テレバカ山507メートルとほぼ同じであり、なにやら不思議な縁を感じさせる。

イースター島は日本の協力で修復が完了した1995年に「ラパ・ヌイ国立公園」として世界遺産に登録されたことを契機に、多くの観光客が訪れるようになったが、島内は町を一歩出ると一面の草原で、道路事情も悪く、散在する観光スポットに行くにはオフロードトラックの世話になる。またサンゴ礁がなく直接外洋に囲まれる島では、輸送船停泊の港と桟橋がなく、本土からの物資は艀で運ばざるを得ず、もっぱらコストのかかる空輸に頼っている。宿泊設備は、10年ほど前までは民宿が主だったが、現在は数十室規模のホテルも数軒でき、中には日本人スタッフが常駐するところもある。また民宿も、食事は連日島の名物のイセエビとマグロの刺身、醤油とわさびも備わっており、まるで日本の会社の夏の家といった雰囲気で、実に快適だ。ぜひ皆さんにも一度訪れていただきたいものである。

（稲本都志彦／佐々木 修）

コラム7

ロビンソン・クルーソー島
――チリに実在したロビンソン・クルーソー

水野浩二

チリ本土の西方約650キロメートルの洋上に三つの小島からなる「ファン・フェルナンデス諸島」（チリ領）がある。17世紀にこの諸島を発見したポルトガル人の名前に因んで付けられたものだが、その中の一つに「マス・ア・ティエラ島」、その後1966年に「ロビンソン・クルーソー島」と改称された島がある。その由来はダニエル・デフォーの不朽の名作『ロビンソン・クルーソー』の主人公のモデルとなった、アレクサンダー・セルカークがこの島で漂流生活を送ったことにある。

スコットランド人の船乗りであったセルカークは、私掠船団（公認海賊船）に加わって航海中に船長と衝突し、1704年10月にチリ洋上の無人島に一人置き去りにされ、4年4か月後の1709年1月に私掠船団に救出された。ロビンソン・クルーソー島は面積わずか50平方キロメートル弱の無人島。1714年に故郷スコットランドに帰国し到着後セルカークの救出劇に関する著書が次々に出版され、一躍時の人となる。一方1719年ダニエル・デフォーが『ロビンソン・クルーソー』を上梓し小説家として認められることとなった。『ロビンソン・クルーソー』は一般大衆だけでなく、アダム・スミス、マルクスなどの思想家にも多大の影響を与え、ジャン・ジャック・ルソーは有名な教育論『エミール』の中で、「自然教育のもっともよくできた概説を提供する一巻の書物」として評価した。一方セルカークの方は世間で騒がれるほど自閉的になり、自分が戻るべきところは海しかないと悟り、1717年再び船で外洋に乗り出し、1721年12月にガーナ沖で45歳の生涯を閉じた。

ロビンソン・クルーソー島［提供：Fundación Imagen de Chile］

以上の通りセルカークが4年4か月を過ごしたのが、ロビンソン・クルーソー島であったことは紛れもない事実だが、未確認の重要な点は彼の住居跡が特定されていないことである。しかしこの問題に果敢に挑んでいる、一人の日本人探検家がいる。髙橋大輔氏である。日本人としては数少ない王立地理学協会（ロンドン）、探検家クラブ（ニューヨーク）のフェロー会員で、ロビンソン・クルーソー島に関しては、1994年以来既に4回同島に渡り調査活動を続けている。1回目の調査結果については、1999年に新潮社から単行本『ロビンソン・クルーソーを探して』が出版され、2000年の「青少年読書感想文コンクール」の高校生部門の課題図書に選出されている。さらに2001年にこの作品がテレビ化され、再度同島を訪れた際の記録を新たに書き加え、2002年に新潮社から文庫本として出版された。同書は日本で出版された最高のセルカーク研究書とされ、英語および中国語でも翻訳出版されている。

2004年はセルカークが無人島生活を開始した年からちょうど300年に当たることもあり、高橋氏の提案でスコットランド・チリ・日本の専門家による国際学術調査団が編成され、発掘作業によりセルカークの居住跡を確認する計画が進められた。ただ同島（チリの国立公園）は1978年にユネスコの「生物圏保護区」に指定されており、発掘にはチリ森林保護局の許可が必要で、2004年6月に正式許可がおり、2005年初めに発掘調査が行われ、その結果は2005年9月に発表された。

編者注：2005年1月高橋大輔氏の調査によって、石積みの建物は18世紀のスペイン人によるものと判明したが、さらにその下層から古い時代の火床と柱穴が発見された。同時に航海用のコンパスも出土したために、そこがそれを所持していたセルカークの住居跡であると特定された。

V

日本とチリの関係

35

修好120周年と強まる絆

★ユニークな日智関係を俯瞰する★

中南米諸国の中で、チリはブラジル、メキシコ、アルゼンチンほどの大国ではない。しかし、一目置かれる存在である。それは、チリの持ついくつかのユニークな特徴によると思われる。そ例えば、チリには、多くの国際機関の中南米での拠点が置かれている。それを象徴するのが、スペイン語でCEPALの略称でよく知られる国連ラテンアメリカカリブ経済委員会（英語ではECLAC）の存在である（第18章参照）。CEPALの本部がチリの首都サンティアゴに置かれたのは、中南米における国連組織の中心として、大国ではなく、チリに置くのがふさわしいという考え方があったことによるものとされる。また、このような大きな国連組織を支える人材が豊富であったことなど、他にも要因があったものと思われる。CEPALには、中南米の社会科学分野のオピニオンリーダー、研究者が頻繁に訪れ、また、相次いで勤務し、研究の一大拠点となっていった。チリの大学、研究機関などとの交流も盛んに行われている。そして、CEPAL近辺には、他にも国際機関が次々に立地していった。

チリはまた、多くの国際的人材を生み、グローバルに活躍している人も少なくない。筆者の知る限りで経済学関連の分野だけでも、次のような人がすぐに思い浮かぶ。ピニェラ大統領の実兄、ホセ・ピニェラ（確定拠出型年金システムの創始者、1978〜80労働・社会保障大臣）、ジェフェリー・サックスとの共著の『マクロエコノミックス』で知られる、フェリペ・ラライン（現大蔵大臣）、ダニ・ロドリック等と成長診断理論を唱えたアンドレス・ベラスコ（元大蔵大臣）、国際機関で活躍した人としては、1919年のILO創設以来、最初の途上国からの事務局長となり、1999年以来長期に事務局長をつとめた、ホアン・ソマビア、IMF西半球局長のニコラス・エイサギーレ（元大蔵大臣）、世界銀行のラテンアメリカ・カリブ局のチーフエコノミストを務めたセバスティアン・エドワード等枚挙にいとまがない。

これは、チリの大学などでの学術水準を反映するものであるとも言える。中南米諸国の中で、チリは、学生の留学先として最も人気の高い国の一つである。もとより、治安が良いので安心して学べるなど他の要因もある。

チリはまた、いくつかの分野で、域内諸国や世界をリードする存在でもある。経済政策のチリモデルはよく知られており、本書でも詳細に取り上げているが（コラム2他）、貿易や経済のアジア太平洋地域での本格的自由化を唱えた国の一つはチリであった。それが、環太平洋パートナーシップ協定（TPP）に発展していった。しかし、単に自由化しただけでは、輸出の拡大や成長に繋げられないことをよく知っていたのもチリであった。チリは、多角的な輸出振興をプロチレ（チリ貿易振興局）を通じて積極的に行った。着実に成果を上げたプロチレは、中南米の他の諸国の類似機関のモデルとなってきた。防災の分野でもチリは進んでいる。日本とも連携し、中南米における防災のプロフェショナルの養成に、積極的に取り組んでいる。このほか、為替・金融・資本移動規制（特に短期資本規制）の分野（主として中央銀行）、イノベーションの分野（CORFO、チリ財団等）、外国直接投資促進の分野、社会開発やソーシャル・セーフティネットの分野（MIDEPLAN等）でもチリはモデルを提供してきた。

チリが国際的に一目置かれるのは、右記のような様々な特徴によると言えよう。そして、そのような特徴を反映し、長期にわたる成長を実現し、今日、メキシコとともに、中南米でいち早くOECD加盟国となった。

右記は、チリのユニークな特徴のごく一部にすぎない。本書では、チリの様々な特徴について注目し、わかりやすく説明することに努めた。それを体系的に知っておくことは、現代チリの理解のために欠かせないからである。

そのようなチリと日本との関係について俯瞰しておきたい。1997年の日本チリ修好100周年にあたり、諸橋晋六氏は、「日本とチリの関係は長期間にわたり順調に発展した。その発展の背景には、なによりも相互の理解と信頼関係が強まったことが重要であった」と述べている。（『日本の選択・チリの選択』序文より）今日までに構築されてきた関係は、重要なアセットである。相互の理解と厚い信頼に基づく関係は、一朝一夕には構築できない。それを可能にしたのは、日本からの移住者の存在、早い時期から中南米に企業進出を行って現地に根付いた日本の多くの企業の活動であり、これに加えて、日本のODAなどによる、長期間の協力も貢献している。このことは、同じ100周年を記念して、ロベルト・デ・アンドラカ氏（当時、日本チリ経済委員会チリ側委員長）が制作したドキュメンタリー『理解の掛け橋』でも強調されている。このドキュメンタリーが描くように、日本人は、ワインやサケをはじめ、チリからの様々な輸入品のある風景に慣れてしまっているが、その背景には、両国の関係者の多くの努力があったこと、そして今日もそれが続いていることに思いを馳せる必要がある。このドキュメンタリーは、太平洋で隔てられ、遠く離れていても、チリ人と日本人が実は様々な形で緊密につながっていることを伝えている。ドキュメンタリーは、それが多くのチリ人と日本人の長い間の協力・交流によって築かれてきた信頼関係に基づくものであることも伝えている。

日本とチリの関係については、その重要性にもかかわらず、これまで、あまり研究が行われてこなかった。その中で、日本チリ修好100周年の機会に編纂された『日本チリ交流史』（日本チリ交流史編集委員会編、1997年、ラテンアメリカ協会刊）は、総合的な交流史をまとめたものとして、貴重な貢献となった。同じ100周年の機会にはまた、日本とチリが相互に理解を深め、将来の関係を考えていくためのセミナーが開催され、『日本の選択・チリの選択』（細野・松下・滝本編、1999年、毎日新聞社刊）としてまとめられた。チリからは、カルロス・オミナミ氏（レギュラシオン理論研究など多数の著書を発表、経済大臣、上院議員として活躍、第40章参照）、エルナン・ビュッヒ氏（82年債務危機後、蔵相として現実的な政策で、新たな経済改革に取り組み、自由化、民営化などを推進）などチリを代表する論客が参加しての、日本とチリの人々が率直に意見を交わす充実した内容となった。それから20年、チリと日本の関係はさらに大きく発展して、100周年の時と比べても隔世の感がある。本書第V部は、この間に見られる変化を中心に様々な角度から、日本チリ関係の特徴について執筆した。

（細野昭雄）

36

日本とチリの交流史①

★江戸末期から第二次世界大戦まで★

チリと日本の正式な外交関係は、両国間で「日智修好通商条約」が締結された1897年に始まる。これに先立つ交流としては、従来、1867年に日本の船舶が新たな航路を探してチリのバルパライソ港に立ち寄ったのが最初だとされてきた。1914年にパナマ運河が開通し世界の航海図が書き換えられる以前であり、当時バルパライソ港は太平洋横断航路の重要な寄港地であった。しかし、近年チリに最初に足跡を記したのは実は、有名なジョン万次郎で、1850年にコンセプシオンの外港タルカワノに立ち寄っていたことが確認された（コラム8参照）。

さらに、明治政府が誕生して間もない、1883年には、伊東祐亨艦長率いる練習船「龍驤」が、日智間の初の海軍交流としてチリを公式訪問している。伊東艦長は後年1895年の日清戦争の黄海の海戦で、日本艦隊の司令長官として活躍した。一方、1888年チリの海防艦「アバト」が日本を訪問、チリ艦長は東京で外相、海相（西郷従道）他を表敬し、将来の通商関係に関し初めての折衝がなされたとされている。その後、1894年には、チリ海軍の巡洋艦「エスメラルダ3世」を譲り受け、日本で「和泉」と命名されて日露戦争で大活躍した（コラム9参照）。

幕末、日本は、欧米列強から不平等条約を締結させられた。日本にとって不平等条約の廃止は悲願であったが、日本とメキシコが1888年に締結した修好通商航海条約は、アジア諸国以外で初めての平等な条約の締結となった。続いて、1895年ブラジルと締結する。こうした中、1897年9月25日、ワシントンにおいて日本の星亨、チリのドミンゴ・ガナ両駐米大使間で、日智修好通商航海条約が調印され、1906年に条約および追加条項が批准され発効した。この間、1899年には駐日チリ公使館が開設され、初代チリ公使としてカルロス・モルラが着任、約6か月滞在したが、その後、一時閉館の状態が続いた。条約批准後、駐チリ日本公使館が1909年に開設され、日置益公使が着任、3月に信任状を奉呈した。一方チリからは、1910年3月にエビア公使が信任状を奉呈し、以後恒常的にチリ政府より公使が派遣されることとなった。

また、チリの練習艦「ヘネラル・バケダノ」が1900〜1921年の間に5回日本に立ち寄っている。1900年の第1回の訪問については、スペイン語の書籍『金の橋——一隻のコルベット艦と三つの大陸』（2014年刊）にまとめられており、当時の日本を活写した多数の写真が収められている。第2回の訪問は、日露戦争が勃発した1904年であった。一方日本からは、1921年に海軍の練習艦隊が、世界一周の遠洋航海の途次チリに寄港している。

この時期の修好通商航海条約の締結に向けた動きと、交渉、批准までについては、古賀京子氏の論考（日本チリ交流史編集委員会編『日本チリ交流史』1997年、第1章、第2章）がある。2017年は条約締結からの120周年の記念すべき年である。以下、同論文の要旨を紹介しておきたい。まず、右記

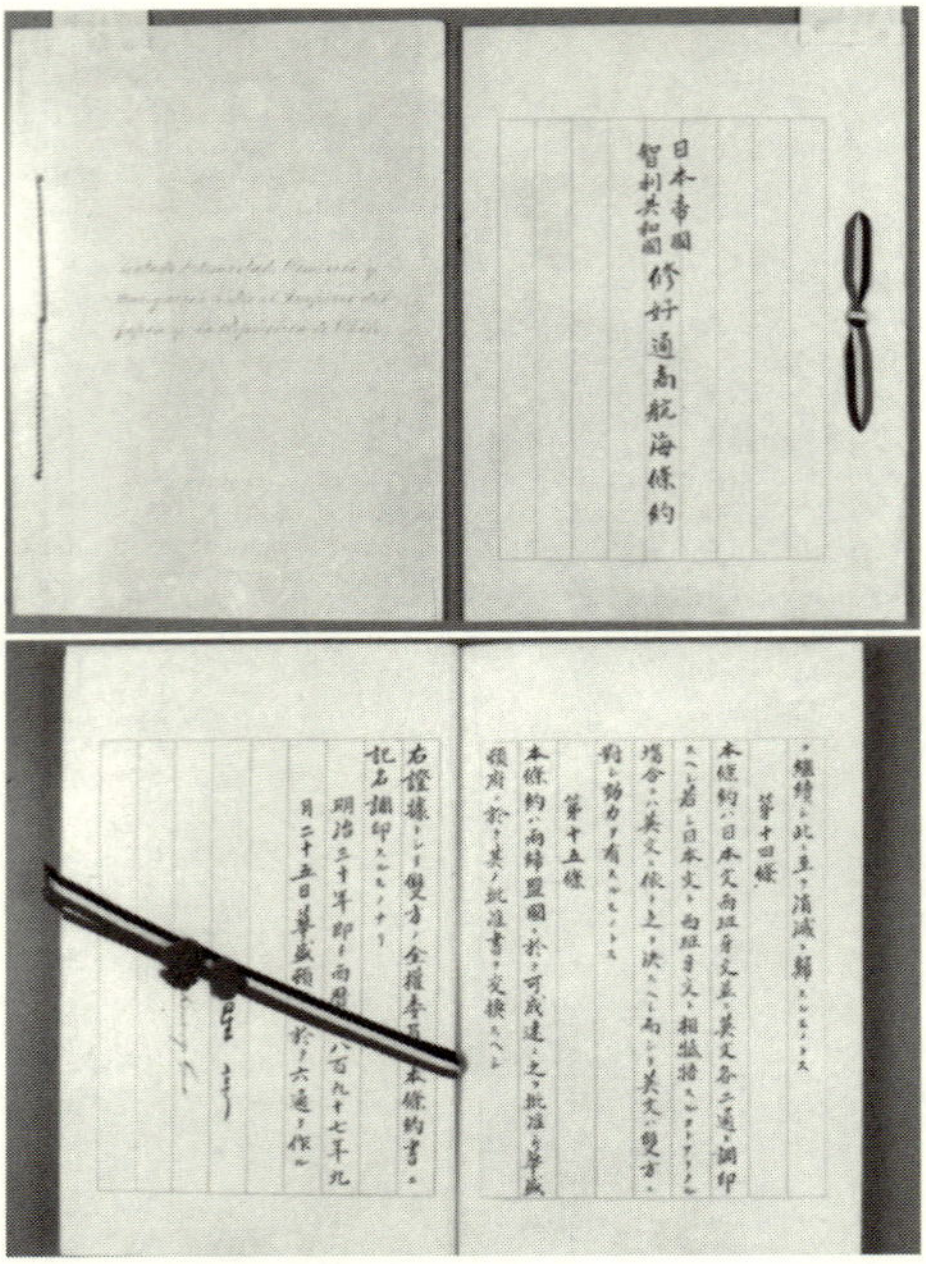

日本チリ修好通商航海条約［所蔵：外務省外交史料館］

の星亨公使から本国に、チリが日本との修好条約締結に関心がある模様であるとの報告が１８９６年11月に行われ、約1か月後に、チリ側の意向は歓迎すべきものであり、早速チリ側と話をするようにとの回答が行われている。この結果事前交渉が開始され、その際、当時交渉中であったニカラグアとの条約案文を基礎とすることが日本側から提案され、受け入れられた。交渉で重視されたのは、最恵国待遇をめぐる部分であった。条約については、日本側は直ちに批准手続きに入ったが、チリ国会において条約が批准されたのは、約7年後の１９０６年になったからであった。この時期は、エラスリス・エチャウレン大統領、ヘルマン・リエスコ大統領の時期であったが、エラスリス政権下では、アタカマ平原の帰属に関し、アルゼンチンとの国境問題で、一時は、両国間で開戦の恐れさえあったこと、リエスコ政権下にあっては、政党間の争いが激しく、大統領が議会から孤立し、政権期間中17回もの内閣更迭が行われるといった内政状況が、批准遅延の背景にあったとされる。

１９１０年には、チリのサンティアゴ市でチリ独立１００周年を記念して「万国美術博覧会」が開催されたが、日本もこれに参加した。これは、条約批准後まもなくのことであり、日本についてほとんど知られていなかったチリにおいて、ほぼ網羅的な形で日本の工芸品が紹介され、チリ人の対日関心を高めるのに貢献したという点で、日本チリ交流史の中で特に重要であったと考えられる。日本から個人参加の形で43名が出展し、各種分野の工芸品３０２点が展示された。この博覧会については、公使館から、日本からの出展が「第一の呼び物」となったこと、また、東洋汽船の南米航路の開始により、日本チリ両国間の貿易も盛んとなると期待されるとの報告がなされている。

１９４０年1月には、チリにおいて、日智文化協会が設立された。また、１９４１年5月には、サンティアゴ市の市制４００周年に際し、チリの日本人社会が縦20メートル、横30メートルという巨大な絹製のチリ国旗を寄贈した（第40章参照）。これらは、戦前の時期にあっても、日本とチリの交流が次第に深まっていったことを物語るものであると言えよう。

しかし、１９４１年12月日本の真珠湾攻撃により、太平洋戦争に突入した。これに対し、米州諸国は、１９４２年1月、リオデジャネイロで開催された会議で対枢軸国（ドイツ、イタリア、日本）断交が決議され、米州の10か国は日本との国交を断絶するに至った。チリの場合は、銅の戦略的重要性から、米国からの強い政治的・経済的圧力がかかり、１９４３年1月対日外交関係断絶を決定した。しかし、日本側の資産凍結などは行われず、断交当初強制移住させられた27名のチリ在住者も漸次解除され、最終的には6名を残すのみであったと記録されている。最終的にチリは終戦の数か月前の１９４５年4月20日に日本に宣戦布告するが、アルゼンチンと共に最後まで親日的姿勢を貫いたことは、日智両国の友好関係を象徴するものとして記憶されている。

（細野昭雄／水野浩二）

チリに最初に足跡をしるした日本人、ジョン万次郎

コラム8

水野浩二／細野昭雄

ジョン万次郎を知らない日本人は少ないだろう。実は彼こそが最初にチリに足跡をしるした日本人であることが近年確認された。ジョン万次郎こと仲濱万次郎は1827年土佐で生まれたが、1841年に仲間4人と共に小さな漁船で漁に出て遭難、米国の捕鯨船「ジョン・ハウランド号」に救助された。その後、万次郎は、ホイットニー船長に連れられ、1843年に米国東部のニューベッドフォードに到着した。その後、万次郎は、船長の厚意で現地の学校に通い、航海術、高等数学などを学んだ後、日本に帰国を決意し、1851年当時の琉球に上陸し、念願の帰国を果たした。ジョン万次郎は、この前年にチリの南部タルカワノ港に上陸している。そして、チリに足跡を残した最初の日本人となった。

ニューベッドフォードにいた万次郎は、帰国の旅費をかせぐために、ゴールド・ラッシュに沸いていたカリフォルニアに行くことを決心し、1849年11月27日、木材輸送船スティグリッツ号に乗組員として乗船し、ニューベッドフォードを出港した。米国東部からカリフォルニアに海路で行く場合は、パナマ運河がまだ建設されていない当時にあっては、南米の南端ケープ岬を回って行かなければならなかった。ケープ岬を回ってチリの急峻な山々が連なって見え、北上して、スティグリッツ号は、1850年4月11日タルカワノ港に寄港した。

このことについて、『仲濱万次郎――「アメリカ」を初めて伝えた日本人』（冨山房インターナショナル、2005年）で、万次郎から4代目に当たる仲濱博氏は、次のように書いている。「船客は、上陸しなかったが、乗組員であった万次郎は上陸した。タルカワノは、バルパライソにつぐ港であり、そこから約400キロ南に

ある。チリの第2の都市コンセプシオンの外港として賑わった。万次郎のことを調べてくれたチリの某海軍中将によると当時のタルカワノの港は、バルパライソより小さいが捕鯨船や漁船が多く賑わって活気があったという。（中略）7日間停泊して薪水を積み込み、1850年4月17日にサンフランシスコに向けてタルカワノを出港した」。

チリには、1875年の第2回国勢調査で2人の日本人がいた記録があるが、万次郎は、それより、25年前に、チリを訪れたことが確認されたこととなる。この確認の経緯について、右記、仲濱博氏は、次のように書いている。「水野浩二氏の尽力により、（中略）スティグリッツ号の寄港について、チリ海軍に依頼して調査をしてもらい、在チリ2世 Sr. Masao Yamada の好意によりスティグリッツ号のタルカワノ寄港の確認が取れた」。この確認は、コンセプシオン市役所の記録、コンセプシオン海軍局のタルカワノ港週間出入港記録などに基づいている。万次郎は、帰国後、長崎奉行の取り調べを受けるが、それらの記録の中にも「タルケアナト云地ニ着船ス」との記述が見られる。

万次郎は、サンフランシスコ到着後、サクラメントで知人と共に金を掘り、70日あまりで600ドルを得て、帰国。いったん土佐藩に登用され武士となるが、経験をかわれて幕府直参となり、1860年には、日本初の太平洋横断を果たした勝海舟率いる「咸臨丸」で正式通訳を務めた。維新2年前の1866年には、後藤象二郎と上海に行き土佐藩の船を購入するなど活躍、維新の翌年に新政府より開成学校（後の東京帝国大学）教授に任命された。激動の時代に波乱万丈の生涯を送ったジョン万次郎が、その若き日に、記録に残された最初の日本人として、チリの土を踏んだことが確認されたのである。

コラム9

「坂の上の雲」の時代の日本とチリ
——日本をロシアから救ったエスメラルダ

細野昭雄／水野浩二

「まことに小さな国が、開花期をむかえようとしている」。司馬遼太郎『坂の上の雲』冒頭の名文である。欧米列強を目指して日本が駆け上っていったこの時代の「まことに小さな国」日本にチリが友好の手を差し伸べた。日清戦争が始まった1894年、日本は、海軍力の増強を急いでおり、ブラジル、アルゼンチン、チリに、艦艇購入の申し入れを行っていたが、これに応じたチリから日本は「エスメラルダ3世」を購入した。この艦船が後に日露戦争で、日本をロシアから救うこととなる。

「エスメラルダ3世」は、1884年にイギリスで建造された、世界で初めて防御甲板を備えた新鋭巡洋艦であったとされる。その10年後の購入時は、日清戦争の最中であり、清国も南米諸国に軍艦譲渡の申し入れを行っていたことから、チリは、戦時中立を維持し、清国への配慮から一計を案じ、この巡洋艦をひとまず中立宣言を行っていなかったエクアドルに売り渡し、ガラパゴス島に回航し、日本に渡す形をとった。「エスメラルダ3世」は、1895年横須賀に到着、「和泉」と命名され、日清戦争に参加した。

「本日天気晴朗ナレドモ波高シ」の名文で知られる日本海海戦の作戦参謀、秋山真之中佐の作戦は、彼が観戦武官として熱心に観察、分析した米西戦争から多くの教訓を得ていた。この時「和泉」は大活躍する。徴用商船の仮装巡洋艦「信濃丸」の不備を救ったのが、「和泉」であった。「敵艦見ゆ」との第一報を旗艦「三笠」に発信したのは、「信濃丸」であったが、「信濃丸」電報を傍受した「和泉」は直ちに急行し、ロシア・バルティック艦隊の大艦隊を発

巡洋艦「和泉」(1908年)［出所：Wikimedia Commons］

見、その攻撃を避けながら、接触を維持し、敵艦隊の動きを逐一「三笠」に打電した。それは、あたかも、巨大なロシア熊を狩り出す、敏捷な猟犬の如くであったという。妹尾朔太郎氏は、「和泉の報告が日本海海戦大勝利の基となったことは、東郷長官から同艦に軍功第一級の賞状が与えられていることからうなずける」と書いている。司馬遼太郎の『坂の上の雲』は、「和泉」の活躍振りを活写し、それが英国製であったことを書いている。

「エスメラルダ」は、チリ独立ゆかりの由緒ある艦名である。チリは、スペインとの独立戦争に1818年に勝利するが、1820年には、ペルーの独立解放に向かったチリの海軍がスペインのフリゲート「エスメラルダ」を捕獲、チリ艦隊に編入した。「エスメラルダ2世」は、チリとペルー・ボリビアの連合軍が戦った「太平洋戦争」で活躍するが、チリの勝利を決定づけた、有名な「イキケの海戦」で沈められた。

「和泉」出陣写真の贈呈（1997年7月）［提供：駐日チリ共和国大使館］

このときの、アルトゥーロ・プラット艦長のとった英雄的行為から、プラットはチリの国民的英雄となった。その後、エスメラルダは、1954年にチリ海軍に加わった練習帆船の名となり、帆船エスメラルダは、翌1955年以来たびたび日本に来航している。特に、帆船エスメラルダ誕生から50周年記念の2004年には、その記念日となる6月15日にあわせて寄港、これは、エスメラルダにまつわるチリと日本の歴史的友好関係を象徴する出来事となった。『坂の上の雲』の時代から、チリと日本の友好関係の礎が築かれてきたと言えよう。

37

日本とチリの交流史②

★戦後から修好100周年まで★

第2次大戦後の日本チリの外交関係は1951年9月8日のサンフランシスコ対日平和条約を経て再開された。翌1952年、日本政府は、平和条約発効前に公文交換による在チリ大使館の設置を提案、チリ側も同意し、10月ワシントンで、日本とチリの駐米大使により公文交換が行われた。同年11月日本の在チリ公使館が再開され、1953年11月在京のチリ公使館が再開された。1954年4月には、チリが平和条約の批准書を寄託し、1957年5月両国の公使館がそれぞれ大使館に昇格された。

外交関係再開から、1990年までの約四半世紀においては、我が国の閣僚レベルでは、1959年の岸信介総理大臣、1979年の園田直外務大臣、1981年の田中六助通産大臣がチリを訪問している。チリ側の閣僚レベルでは、1957年のサント・マリ外務大臣、1969年のガブリエル・バルデス外務大臣の他、1977年以降、大蔵大臣、経済大臣、鉱業大臣等の経済閣僚が比較的頻繁に訪日している。また、1989年の大喪の礼に際しては、エルナン・エラスリス外務大臣が、1990年の即位の礼に際しては、エンリケ・シルバ外務大臣が訪問している。

経済界では、1977年に永野重雄会頭を団長とする日本商工会議所経済親善使節団がチリを訪問した。この訪問を契機として1979年より日智経済委員会が開催され、今日まで、毎年両国財界人が会合を重ね、経済分野での人的交流、相互理解に貢献しており、特筆すべき訪問であったと言える（日智経済委員会については、第42章参照）。

二国間の要人の往来については、1992年のエイルウィン大統領の訪日を契機に活発化していった。同大統領の公式訪問は、両国関係史上初のチリ大統領の訪日であり、歴史的意義が大きかっただけでなく、エイルウィン政権が掲げたアジア地域との交流強化・推進政策の一環として、より幅広い分野での両国関係の推進に大きく貢献するものとなった。同大統領の訪日に続き、1994年、1995年と連続して、フレイ大統領が訪日した。1994年の訪日は、チリがAPECに正式に参加したボゴール会合出席後の訪日であり、1995年については、APEC大阪会合出席を目的としたもので、日智両国が、二国間関係の枠組みをこえてAPECの場においても協力することとなった新たな時代の最初の訪日という観点から、画期的な意義を有していた。

日本からも、1993年には、常陸宮同妃両殿下が初めてチリを訪問され、1996年には、橋本龍太郎総理がチリを訪問した。橋本総理の訪問は、日本の総理としては、岸総理以来37年ぶりの歴史的な訪問となった。総理の訪問と前後して同年斎藤参議院議長とディエス上院議長が相互に訪問した。さらに、修好100周年にあたる1997年には、フレイ大統領、常陸宮同妃両殿下の相互訪問が行われた。

また、１９８４年には、中山太郎元外務大臣を会長として設立された衆・参両院議員からなる日本・チリ友好議員連盟、これに呼応して設立されたチリの、チリ・日本友好議員連盟、１９９２年のエイルウィン大統領訪日時に首脳間で合意され、１９９３年に設立された「日本・ラ米21世紀委員会・日本チリ部会」（後の「日智賢人会議」）の活動などにより、両国関係が促進された。

経済関係では、日本企業による対チリ投資が、戦後の早い時期から行われている。１９５０年代末の三菱鉱業（鉄鉱山開発）、日本鉱業（銅山開発）、大洋漁業の企業進出が始まり、修好１００周年直前の１９９６年10月には、日本企業24社、日系企業69社の合計93社が進出するに至っていた。この間、日本貿易振興会（ジェトロ）のサンティアゴ事務所が、中南米における第7番目の事務所として、１９６３年に開設された。１９９６年末までの日本の対チリ直接投資額は、６億９４００万ドルに達した。１９９６年までに日本企業によって行われた大規模な投資プロジェクトとしては、住友金属鉱山、住友商事によって行われたラ・カンデラリア銅鉱山、三菱商事、三菱金属、日本鉱業によるエスコンディダ銅鉱山、三井物産、日鉱金属、三井金属によるコジャワシ銅鉱山への投資のような、銅産業への投資や、大王製紙、日本製紙、三菱製紙などと商社による森林資源開発、日本水産、日魯漁業、大洋漁業の水産分野での現地法人設立などが中心となっている。

『日本チリ交流史』（1997年）

日智商工会議所がまとめた経済分野における日本とチリの関係に関する論文は、チリにおける日本企業の投資に関して、「チリと日本との貿易において大きなウエートを占めている鉱物資源、森林資源、水産資源の開発においては、日本企業は着実に投資を実行し、ビジネスの基盤を固めているとみることができる。また、チリの鉱業、林業、水産業が世界的に見ても優れた競争力を有するに至っている背景に、日本企業の存在があることも事実である」と指摘している（『日本チリ交流史』）。

一方、チリに対する経済技術協力は、外交関係再開から4年後に開始されている。まず、1958年の中南米技術協力計画に基づく研修員の受け入れに始まり、1961年には、同じ計画の下で、前年のチリ地震により被害を受けた南部チリ港湾の震災復旧計画のための港湾技術者派遣を行っている。1978年には、両国政府間で、技術協力協定が締結され、1983年には、JICAチリ事務所が開設され、1996年には、青年海外協力隊取極も締結された。修好100周年の直前には、対チリ協力国としては、日本はドイツに次ぐ協力を行うに至っており、1995年までの政府開発援助（ODA）の総額は、約2億6500万ドルに達し、そのうち技術協力は1億7200万ドル、無償資金協力は5000万ドルであった。技術協力は、水産、鉱業、保健・医療、通信・放送、行政等の分野を中心に行われた。無償資金協力は、主に水産分野の協力と文化無償協力が実施された。そのほか、商品借款、プロジェクト借款などの有償資金協力も行われている。

以上の外交関係、経済関係、経済技術協力にかかわる分野に比較して、学術交流は、修好100周年に至るまでの時期にあっては、比較的低調であったと言わざるを得ない。それは、学術交流のための予算などの制約、交流を促す制度などが十分でなかったことなどによるものであると考えられる。

しかし、それにもかかわらず、多くの関係者の努力により、ある程度の進展がみられた。組織的な学術交流としては、上智大学、筑波大学、アジア経済研究所等が比較的早い時期から開始しており、その後、東京大学、早稲田大学などが続き、1997年までに至る時期に次第に充実したものとなっていった。例えば、1994年にチリの大学の学長グループの訪日の機会に、日本側の大学との交流のための会合が、国連大学で初めて開催された。チリ側8大学、日本側14大学がこれに参加した。また、1996年には、大坂城迎賓館で、日本チリ学術研究交流会合が2日間にわたって開催された。

（細野昭雄）

38

日本とチリの交流史③

★修好100周年以降から120周年まで★

日本チリ修好通商航海条約が1897年（明治30年）に締結されてから100年を経て1997年（平成9年）を迎えた。9月24日に常陸宮同妃両陛下とフレイ大統領と両国政財界の関係者が列席し、サンティアゴの旧国会議事堂にて祝典が開かれた。9月22日と23日に開催された第18回日智経済委員会に出席した稲葉興作日本商工会議所会頭を団長とするミッションも加わり、盛大な催しとなった。また、サンティアゴ市内のサン・クリストバルの丘にある日本庭園の改修落成式が執り行われた。この庭園は、現在でも市民の憩いの場の一つとなっている。これらのイベントに先立ち8月には、フレイ大統領の来日、エスメラルダ号の東京港への来訪などの祝賀行事が日本でも多数催された。

1999年5月24～25日に東京で第19回日智経済委員会が開催された。アジア経済危機とロシア危機の中で、日本とチリの役割が議論された。また、6月に日本・チリ・パートナーシップ・プログラム（JCPP）が合意され、チリとともに中南米諸国への技術協力を両国が共同して推進することとなった。現在もJICAがこの枠組みの中で災害対応等について事業を進

日本チリ修好100周年記念式典（東京、1997年）［出所：『日本チリ交流史』1997年］

めている。

２０００年３月11日にリカルド・ラゴス大統領が就任、９月13～14日にはサンティアゴにて第20回日智経済委員会が開催された。12年間にわたって日本側委員長を務めた諸橋晋六氏が本委員会をもって辞任した。

２００１年に日欧米の国際協力事業である巨大電波望遠鏡設置プロジェクト「アルマ計画」がチリ北部のアタマカ高地にて開始した。

２００２年５月23～24日、東京において第21回日智経済委員会が開催された。日本側委員長に佐々木幹夫三菱商事社長が就任し、共同声明「日智自由貿易協定の早期締結を推進する」が発表され、外務省に要望を正式に伝えた。

２００３年２月12～15日にリカルド・ラゴス大統領が来日。「日本・チリ・パートナーシップ・プログラム」の実施概要・評価レポート（ＪＩＣＡとチリ国際協力庁間の署名文書）が大統領に提出された。ＩＴと天文の分野についても視察・議論がされた。また、11月6〜7日にサンティアゴにおいて第22回日智経済委員会が開催され、「自由貿易協定の実現」についての共同声明が発表された。

２００４年にサンティアゴにてＡＰＥＣ首脳会議が開催され、小泉純一郎首相がチリを訪問し、ラゴス大統領との首脳会談がもたれた。また、従来「日本・ラ米環太平洋21世紀委員会　日本・チリ部会」を通じて行ってきた対話を再活性化するために、「日智賢人会議」を設立する合意がなされた。

２００５年5月25日に東京にて第1回日智賢人会議が開催され、引き続き5月26〜27日に第23回日智経済委員会が開催された。

２００６年3月11日にバチェレ大統領が就任し、中川秀直衆議院議員が特派大使として就任式に参列した。9月7〜8日に第24回日智経済委員会がサンティアゴにて開催された。

２００７年3月27日に日本・チリ経済連携協定（ＥＰＡ）が締結された（第43章参照）。日本チリ修好１１０周年の記念行事が両国にて開催され、サンティアゴでは、オペラ『マダム・バタフライ』が公演され、日本庭園が改修された。また、バチェレ大統領が訪日し、イースター島で作られたモアイ像が東京で展示され、9月4日には第25回日智経済委員会が東京にて開催された。

２００９年、ユネスコ人的資源開発日本信託基金による「イースター島における持続可能なエコツーリズムと発展のための地域コミュニティの能力開発プロジェクト」が開始した（２０１１年6月に完了）。また、4月14日に第4回日智賢人会議が開催され、4月16日サンティアゴにて第25回日智経済委員会が開かれた。

２０１０年2月27日にチリ南部コンセプシオンにてマグニチュード8・8の大地震が発生し、津波による被害も大きく、５００人を超える犠牲者が出た。３月11日ピニェラ大統領が就任した。８月５日チリ北部のコピアポの銅鉱山落盤事故が発生し33人の男性坑夫が生き埋めになった。９月18日のチリ独立２００周年記念式典では、国歌が地下坑道の中の坑夫と一緒に斉唱された。事故発生後、世界中の人々が見守る中、チリ政府と国民の必死の努力により10月13日に全員救出された。11月ピニェラ大統領が横浜ＡＰＥＣに参加のために来日した。11月15日東京において第27回日智経済委員会が開催され、同大統領が日本側委員会主催の昼食会にも参加した。

２０１１年３月11日、日本は東日本大地震、福島第一原発事故に襲われた。４月27日サンティアゴのモネダ宮殿前広場で３・11被災の追悼式典が催されると共に、多くの支援がチリから日本に届いた。９月末、アタカマ高地で分解能・感度とも世界最高級の電波望遠鏡（アルマ望遠鏡）の大部分の設置が完了、科学観測を開始した。

２０１２年３月28～30日にピニェラ大統領が訪日した。野田首相から東日本大震災に際しての支援に謝意が表明されるとともに、地震・津波対応における両国の協力について合意された。ピニェラ大統領は３月30日には被災地の一つである宮城県南三陸町を訪問した。また、日本でモアイ・プロジェクト実行委員会が発足した。

２０１３年３月13日、アルマ望遠鏡建設プロジェクトの完成記念式典がサンティアゴで開催された。５月23～24日の両日、第28回日智経済員会が仙台にて開催され、「太平洋同盟」とのビジネスチャンスについても議論された。また、５月25日には南三陸町でモアイ像贈呈式と26日には記念講演会が行われた。

２０１４年３月11日バチェレ大統領が就任した。２００６～２００９年の政権から返り咲いた。７月30日から31日にかけて安倍首相がチリを公式訪問した。安倍首相の祖父である岸首相が55年前に訪問した歴史を踏まえ、両国がさらに関係を深めることが確認された。12月１～２日にサンティアゴにて第29回日智経済委員会が開かれた。ＥＰＡ、太平洋同盟、ＴＰＰの枠組みを利用し両国が連携を取って行くことが確認された。

２０１５年10月、フレイ元大統領がアジア太平洋特使として訪日した。欧米からアジア太平洋地域を重視する政策転換により、ＴＰＰを含む自由貿易地域の拡大に意欲を示した。

２０１６年に入り修好１２０周年を翌年に控え両国にて記念行事の種々検討が開始された。８月30～31日にかけて第30回日智経済委員会が開催され、ＴＰＰと「太平洋同盟」による両国の関係強化に加え、ＩＴやＡＩなどの先端技術の分野における両国の協力についても議論された。11月５日には「世界津波の日」の第１回目の記念行事が世界各国で催され、11月３～６日の間、チリ（バルパライソ）―宮崎―インドネシア（アチェ）―高知―ハワイを繋いだ「リレー津波防災訓練」が行われた。この「世界津波の日」は、２０１５年12月の国連総会において、日本がイニシアティブを発揮、チリが他国に先駆けて賛意を示し最終的に１４２か国で共同提案され、11月５日を「世界津波の日」に制定する決議が全会一致でなされたものである。

（工藤　章／佐々木　修）

39

日系人社会

★集団移民による苦労を知らない仲良し社会★

「海外日系人協会」（平成26年）によれば、現在世界には推定350万人の日系人がおり、地域別で最大の日系人社会を構成しているのは中南米地域で推定数約180万人、これは北米地域の約140万人を遥かに凌いでいる。次に中南米地域を国別に見ると、ブラジルが約160万人と抜き出ており、これにペルー、アルゼンチン、メキシコなどが続くが、チリは7番目で2600人程度に過ぎない。

チリの日系人が少ない直接の理由は、ブラジルやペルーなどと違って、チリの場合は一度も政策移民はおろか集団移民が行われなかったことだが、その背景にはチリの場合、スペインによる征服後も絶えず欧州からの移民が流入し、日本など東洋からの移民を必要としなかった事実がある。また第二次大戦中に、チリが数十名の日本人を強制移住させたことから、チリには歴史的に反日感情が存在したとの指摘をする向きもあるが、チリ在住の日系一世は異口同音に、一部の政治家は別として一般のチリ人は非常に親日的で、日本人はチリでは常に尊敬される存在であったことが、自分たちがこの地に永住を決めた大きな要因であったと語っている。現に1937年（昭和7年）の中南米移住者の報告に「海外在留中凡そ住み心地の良いのはチリの一国であると言われている」との記載がある。

チリの日本人移住史に関しては、残念ながらまとまった記録は存在しないが、太田長三氏の「日智親善初期の記録」および常川久太郎氏の「日本人在留民の歩み」は貴重な資料である。後者は子息の勇久氏が父親の遺留品を整理し、正式な本として出版するべく、現在作業を進められている。

ところでこれまでは、１８７５年で二人の日本人が国勢調査で数えられているのが、チリで初めての日本人の登場とされてきた。日本が中南米で初めてメキシコに政策移民を送り出した１８９７年より20年以上前であり意外な事実である。調査の性格から氏名などは不詳で、またどこからチリに来たのかも不明だが、１８６８年（明治元年）にグアムとハワイに移民が出ており、このうちの誰かが渡って来たとの説もある。ところがつい最近ジョン万次郎が、実はこれよりずっと以前の１８５０年にチリのタルカワノに立ち寄っていたことが確認された。むろん万次郎は立ち寄っただけで1週間の滞在の後、米国に向け出発しており、移民とは関わりないが、詳細はコラム8を参照されたい。

しかし一般にチリへの最初の日本移民と言われるのは、１９０７～１９０８年頃ペルーから渡って来た人たちである。１８９９年に始まったペルーへの政策、ないし集団移民は、同地で主に砂糖、綿花栽培に従事していたが、そのうちの一部の人がペルーでの契約終了後に、当時最盛期を迎えていた硝石産業の中心地だったチリ北部のイキケに陸路で渡って来たのである。１９０７年には既に２００人強の日本人が記録されているが、その8割近くはアントファガスタを含む北部に集中していた。

一方１８９７年には両国間で「友好通商航海条約」が締結され、１８９９年には日本にチリ公使館が、チリには1909年に日本公使館がそれぞれ開設され、両国の関係は急速に深まっていった。チリの独立100周年に当たった1910年には、サンティアゴで開催された万国博覧会に参加、また東洋汽船会社（後に日本郵船と合併）がバルパライソに定期航路を開設したのもこの年である。その後1930年以降、世界大恐慌と第二次世界大戦の勃発という不幸な出来事に加え、硝石産業の衰退が重なり、チリへの日本人の流入も減少するが、それでも1940年には950人ほどを数えている。第二次大戦後1951年のサンフランシスコ講和条約にチリも調印し翌年には外交関係が再開、1953年には成田公使が戦後初代の公使として着任され、新たな日智間係が始まった。ちなみに1999年から2002年には御子息の成田右文氏がチリ大使として赴任されていた。

初期の移住者は①1907~1908年頃ペルーから移動してきた人、②1910年頃から主に商業目的で来訪した人、③チリ人との直接契約または自由意思で来訪した人に大きく分類される。さらに船員として来訪してそのままチリに留まった人も少数ではあるがいる。職業は非常に多様で、理髪業などの独立業が最も多く、次いで商業従事者だが、注目されるのは当初硝石、銅などの開発地域に定住した人は少なからずいたが、彼らは主に抗夫に対するサービス業に従事し、抗夫として働いた人はいなかったことである。また漁業に従事した人もいなかった。

チリの日系人の特色としては次の点が挙げられる。①主に農業を目的とした集団移民ではないため、幸いブラジルやペルー移民のような辛苦を味わっていない、②同様の理由で労働に対する強迫観念、束縛感が少なく、在チリ日系人は性格もおおらかで、悪質な犯罪者は一人も出ておらず、派閥争いなどとも無縁である、③移住者の絶対数が少ないため、チリ人（特に女性）と結婚した一世は他の国より多く8割近くを占める、④比較的教育程度が高く、大学教授、有力民間企業の役員クラスも少なくない、⑤他の国のように出身地の偏りがなく、チリに移民を出していない県は岩手、島根、高知のみである。したがってチリには「県人会」は存在しない。

最後に両国間の国際ロマンスに関するエピソードを二つご紹介したい。

先に述べた「日智親善初期の記録」の作者太田長三氏は、第二次世界大戦突入の直前の対米交渉で有名な来栖三郎大使と旧東京高商（現一橋大学）の同級生だが、学生時代に偶然手にした一枚のチリの絵葉書が縁で、チリ人女性と文通を始めた。しかし次第に文通では飽き足らず、チリに行ってその女性に会うため、卒業後直ちに東洋汽船に就職、米国、ペルーの支店勤務を経て、ようやく念願が叶い同社のバルパライソ支店長としてチリに赴任、ついにその女性ワンダ・クルチェンスキー嬢との結婚を果たしたのは、絵葉書交換から12年後のことだったという。太田氏は１９６８年83歳でチリで亡くなられた。いま一人は戦時中チリの伊藤忠商事に勤務していた国弘久氏である。１９４２年チリ在の駐在員は交換船で日本への帰国を命じられたが、国弘氏はチリ女性と結婚するため残留を決意、本社に対し「我チリ女性と恋に落つ。残留を決意せり。祖国よ栄え有れ」と打電した。まさに当時の日本男児の面目躍如たるところであったろう。同氏は戦後は在チリ日本大使館に勤務した。

なお、近年ではチリで活躍されている日系人ではカルロス・オミナミ氏が著名だが、同氏については第40章にて紹介する。

（水野浩二／工藤 章／佐々木 修）

40

日本とチリの交流を支えた人々

★忘れてはならない人物と国旗にまつわる話★

チリの日系社会は、ブラジルに比べると比較にならぬほどその存在は小さい。その中で、日系三世カルロス・オミナミ氏はチリを代表する日系人だ。

１９９０年３月、民政復帰後の初代の経済大臣に就任したのが、当時弱冠40歳を超したばかりの日系三世カルロス・オミナミ氏だった。福井県三方町に生まれた祖父大南政《まさ》は、19歳の時ブラジル移民を目指し祖国を発ったが、船上でチフスを患い、チリ北部の町イキケで強制的に下船させられてしまった。１９０９年（明治42年）のことだった。

政はその後サンティアゴに移り床屋を開業し、チリ女性を妻に迎えた。一人息子の長男カルロス・オミナミ（二世）も同じくチリ女性と結婚、その長男が経済大臣になったカルロス・オミナミ氏（三世）である。父親は空軍に入隊し大佐までのぼりつめたが東洋系としては異例のことであった。

現オミナミ氏（三世）がチリ大学に入学したのは１９６９年。そして１９７０年には、アジェンデ社会主義政権が誕生した。彼は武力革命を標榜する左翼の「学生改革前線（ＦＥＲ）」に積極的に参加し、その中心人物の一人として活躍した。しかしア

カルロス・オミナミ氏［提供：カルロス・オミナミ氏］

ジェンデ政権はわずか3年で崩壊、1973年9月にピノチェット軍事政権が誕生すると、直ちに「赤狩り」が始まった。彼は同年末サンティアゴのベルギー大使館に亡命、翌74年6月に家族と共にブリュッセルに脱出、3か月滞在の後フランスのパリに移った。パリ大学で経済学博士号を取得し、フランス政府の産業政策顧問などを歴任、ミッテラン社会党政権下での経験から極めて現実的な政治経済路線を志向するに至った。

1985年、チリに帰国後「国連ラ米・カリブ経済委員会（ECLAC）」の顧問、チリ社会党の幹部、1989年にはラゴス党首と共に「民主主義のための政党（PPD）」の創設に携わり、ラゴスの下で副党首を務めるなど要職を歴任、1990年3月の民政復帰と同時に、経済大臣に就任した。「社会的正義の実現」を究極の目標としながらも、一方で成長とその原動力としての民間企業の活力の重要性を認める現実的な政策を推進し、財界からも強い支持を得た。

1992年、翌年の大統領選挙に備え与党連合内で行われた統一候補選挙にラゴスが立候補、彼は選挙参謀長に請われ、同年9月に経済相を辞任した。結果はラゴスの敗北に終わり、次期大統領選挙での捲土重来を期して政策集団「チリ21世紀財団」を設立、ラゴス理事長の下でオミナミ氏が副理事長として再び一緒に働くことになった。１９９９年にラゴスが悲願を達成、大統領に就任した後、ラゴスの後を次いでオミナミ氏が理事長に就任した。左派系の有力なシンクタンクである同財団は、現在は呼称を「財団21」に変更、オミナミ氏は名誉理事長であると同時に、引き続き同財団の国際関係担当として活躍している。またこの間、１９９４年に上院議員に選出され、以後16年間上院議員を務め、議会において大いに活躍した。

オミナミ三世は１９９０年に、民政移管後の初の閣僚として訪日以来たびたび来日しているが、一度だけマヌエラ夫人と共に祖父の故郷を訪問した。福井県三方町では彼のまた従兄弟に当たる大南達雄ご夫妻はじめ親族一同の暖かい歓迎を受けた。ここに一つエピソードがある。２００３年４月のロッテルダム・マラソンで優勝した大南敬美《たかみ》、同年10月のアジア大会で3位となった大南博美の姉妹は、オミナミ三世の遠縁に当たり、彼はこの姉妹を非常に誇りにしている。チリの元大臣と日本の女子マラソン・ランナーとの縁、まさに意外な繋がりと言えよう。

オミナミ三世は、現在はいかなる政党からも離れ独自に活動しているが、引き続きチリ政界左派のご意見番として、その発言は常に注目されている。

（工藤　章／佐々木　修／水野浩二）

チリと日本の繋がりを語るときに、両国の国旗にまつわる秘話を披露したい。

東京湾・晴海埠頭公園に、旗を掲揚する高さ30メートルの一本のポールが立っており、土台には施設の由来を記した銘盤がはめ込まれている。「日智修好通商条約」締結百周年に当たる１９９７年に、

サンティアゴ市市制400周年記念に在留日本人から贈呈された日本製絹の巨大チリ国旗（20m×30m）（1940年）
［提供：駐日チリ共和国大使館］

チリが日本に寄贈した日本国旗とその関連施設である。旗はおそらく世界最大の日章旗で縦7、横10メートル、チリ海軍が誇る「エスメラルダ」号により運ばれてきたものである。

同年8月31日に同公園で行われた贈呈式は、チリからはフレイ大統領ご夫妻、ラゴス駐日大使ほか、日本からは常陸宮殿下ご夫妻、池田外相ほかのご臨席のもと盛大に挙行された。この計画の発案者であり、百周年記念チリ側運営委員会のロベルト・デ・アンドラッカ委員長（ＣＡＰグループ会長）、同じく日本側の諸橋晋六委員長（三菱商事会長）も出席された。

遡って１９４１年、首都サンティアゴは市制４００周年を迎え、様々な行事を予定していた。日本も協力の要請を受け、現地の日本人会が支援する形で、日本特産の絹で作ったチリ国旗を寄贈した。縦20、横30メートル、重さ２５０キログラムの巨大な旗は、日本で１００人の職人が１２５日かけて完成、式典で日本の川崎栄治代理大使からサンティアゴ市長（記念委員会委員長）の手に渡された。だがあまりに重過ぎてポールには掲げられず、市の中心部ブルネス広場にある、二つのビルの間に太い鉄製ケーブルで吊るされた。旗は翌年の9月18日のチリの独立記念日にも掲揚、多くの市民が見学に訪れた。

当時、チリの日本人社会はわずか数百人ほど、しかもその前年には隣国ペルーで日本人排斥事件が起きていた。チリ国旗寄贈の背景には、日本の忠誠心を示すという切実な思いもあったのではなかろうか。

しかし、チリも1943年1月に日本と国交断絶、この旗の掲揚も中止された。倉庫に保管された旗は、虫に喰われ最後は切断されてしまうという不幸な歴史を辿った。

戦後、1967年に新たな日本製のチリ国旗が再びサンティアゴの空に翻った。チリの要請を受けた「智利協会」がチリとの関係の深い民間企業の協力を得て、第二の旗を寄贈したのだ。同協会の事務局長は、奇しくも最初の旗を手渡された川崎栄治・元代理大使だった。旗は縦16、横24メートル、長持ちするよう化学繊維が使用され、風圧を逃すために中央部にスリットも入れられた。この旗は祝祭日に掲揚され続けた。

百周年でのチリからの日章旗贈呈にはこうした経緯があった訳だが、発案者はチリ側のアンドラッカ委員長

修好100周年記念としてチリ国民から日本国民に贈呈され、晴海ふ頭に翻る大日章旗（7m×10m）（1997年）
［出所：『日本チリ交流史』1997年］

だった。1941年の独立記念日当日、当時7歳だった同氏は父親から「友好国の日本から贈られた世界一大きな旗だ」と教えられたことをよく覚えており、来日の際に川崎氏から当時の事情を聞いたという。

日章旗に対する日本社会の反応の複雑さは予想以上だったが、両国の友好関係の恒久的な象徴に懸ける両国政府の熱意でようやく実現に漕ぎ着けた。

後日談がある。2000年9月、チリで第20回「日智経済委員会」開催の折、これを祝して日本側が第三のチリ国旗を贈呈したのだ。今回も縦16、横25メートルの大きな旗で、モネダ宮殿での贈呈式では、諸橋委員長の手からまずラゴス大統領に、次に大統領から同席したラビネット・サンティアゴ市長に手渡され、委員会終了直後の独立記念日に、同じブルネス広場に掲揚、前日までの雨も上がり晴天の戻ったサンティアゴの空に力強くたなびいた。

両国の国旗が、日智友好の証としていつまでも大切に保存され、重要な節目にはぜひ掲揚していただきたいものだ。

（水野浩二／工藤　章）

41

経済関係史概要

★日系企業の対チリ市場進出★

日チリ貿易は、1921年に三菱商事がチリ硝石を輸入したことに始まる。同社は1936年に日本企業として初めてサンティアゴに駐在員事務所を開設、同年にチリから銅精鉱の対日輸出を開始したのが日本にとって初めての海外からの銅精鉱輸入であった。1940年には智利三菱商事株式会社が設立された。この時期に三井物産、伊藤忠（いずれも現社名）も相次いでチリに進出しており、川崎汽船が1936年にはサンティアゴ、1941年にはバルパライソに事務所を開設している。しかし、1943年9月にチリが枢軸国と国交断絶した際に、枢軸国人の追放令が出されたことで、各社とも事務所を閉鎖し、駐在員は交換船で帰国を余儀なくされた。

1952年に日智両国が国交を再開したのに伴い、通商関係も回復したが、戦後の本格的な対チリ輸出の第一号となったのが1955年に三菱商事がチリ交通営団向けに成約したディーゼル・バス600台という大型商談であった。一般市民が利用する設備だっただけに、その後長年にわたりチリでは、三菱といえば「バス」というごとく、チリ人にも広く親しまれた。ただ、搭載した米国のカミンズ社製のエンジンの騒音があまりに

チリへ出荷される前のディーゼル・バス（川崎工場、1955年）［出所："Archivo General Histórico del Ministerio de RR.EE. de Chile, Archivo Fotográfico, Foto Nr.3477/FB/001841".］

強烈であったために、「やかましさ」でも名を轟かせた由である。

なお、商社関係では、１９５５年に三菱商事を皮切りに、トーメン、丸紅、第一物産（三井物産）、住友商事などが相次ぎ駐在員事務所を開設、１９６０年には、三菱と三井がそれぞれ現地法人に昇格した。一方、貿易の活発化に対応するため、川崎汽船がいち早く１９５４年に南米西岸航路を再開、後に日本郵船、三井ＯＳＫも同じく航路を再開した。両海運会社はその後に逐次オフィスを開設、現地法人化を果たしていった。

１９６０～70年代、日智貿易は鉄および銅が中心であった。鉄鉱石では１９５７年に三菱商事と三菱鉱業（現三菱マテリアル）が「アタカマ鉱山有限会社」を設立、銅鉱石においては１９６５年に住友金属鉱山、日本鉱業、三菱鉱業がリオ・ブランコ鉱山（現コデルコ・

アンディーナ鉱山）との間で長期買鉱契約が締結された。

　１９７０年代後半には水産関係が伸張した。日本水産が１９７８年に南米のトロール漁業拠点としてEMDEPES社をチリに設立している。日魯漁業（現マルハニチロの前身企業の一つ）は１９７８年ニチロチリを設立、チリ政府の協力を得てプエルト・モンにてギンザケの養殖を始めた。翌年にはプエルト・モン湾に幼魚を移送して生け簀で海水養殖を開始、１９８１年チリで初めて、海面養殖によるギンザケ１３０トンが水揚げされた。１９８８年、チリ国政府が養殖事業を営むチリ財団傘下の「サルモネス・アンタルティカ社」を民営化することを決め国際入札を実施した際に、日本水産が落札、１００％出資のグループ企業とした。２０１４年にはサケの養殖事業をめぐっては三菱商事がノルウェーのセルマックを完全子会社化した。三井物産もチリの養殖大手と現地に合弁会社を設立し、事業に参入している（第24章参照）。

　また、１９７６年の自動車輸入の自由化をうけて、日本からの自動車輸出が急増した。今でこそ中南米の多くの国において自動車輸入は開放されているが、当時は完成車の完全自由化を果たしたのはチリに限られていたことから、日本、欧米の自動車メーカーがチリに進出した。１９７０年のダットサン・チリ（丸紅）、１９８０年のトヨタ・チリ（三井物産）をはじめ、相次いでチリに販売会社を設立、あるいは輸入を開始した。その後長期にわたり、チリ市場で日本車が占有率一位を占めていたが、次第に韓国にその地位を譲ることになった。なお、チリは２００２～03年にかけて米国、ＥＵおよび韓国とＦＴＡを締結、特恵関税の適用で輸入価格が低下したことで、日本車の競争力低下が懸念された。日本とのＦＴＡは２００７年まで待たなければならない（日本・チリＥＰＡについては第43章で詳しく述べる)。

チリは元来有数の森林国で、特にラジアタ・パインの植林では先進国だが、日本も1977年以降、チリからの林産品の本格的な輸入が始まり、その後も順調に推移している。しかし、80年代の半ばにチリが世界市場へ参入を開始して以来、チリの林産業の中でも最も重要な地位を占めるに至ったのは、製紙原料であるウッド・チップの生産である。日本企業も1988年に大王製紙が初めてチリからチップの対日本輸出を開始、翌年、三菱商事が1987年に設立したアステック社の日本向け輸出が始まった。1989年には、大王製紙と伊藤忠が合弁でフォレスタル・アンチレ社を立ち上げ、6万ヘクタールの土地に主にユーカリの植林を開始した。一方、1990年には、三菱商事と三菱製紙がユーカリ植林会社FTC社を、また同年に日本製紙と住友商事も同様の目的でボルテラ社を設立している。

1980年代に入って、プラント・ビジネスが活況を呈した。主に三菱商事と三井物産が商社としてファイナンス機能を活かして製鉄、鉱山、発電設備などの大型商談を相次いで受注した。1990年代以降の特色は、総合商社としての世界的な情報網を活用、第三国からの調達が顕著化した点である。また、80年代頃より新たに農産物、特にブドウのほか生鮮果物、ワインなどの対日輸出が開始されていた。

こうした日智間の貿易の拡大に対応し、1978年には東京銀行(後の三菱UFJ銀行)が邦銀として初めてサンティアゴに駐在員事務所を開設、1981年には支店に昇格した。2013年には、三井住友銀行のニューヨーク支店がサンティアゴ出張所を開設している。みずほ銀行は2014年にサンティアゴに出張所を開設した。

日智間の貿易促進に多大な貢献を果たしたジェトロは1963年、サンティアゴに中南米では7番目の事務所を開設した。当初は日本の輸出促進、海外見本市への日本企業の参加支援などを主な業務とし、1979年には中南米で最大規模の総合見本市FISAへ初参加した。1980年代前半からは、日本政府の方針に従い、輸入促進へと政策転換を図り、以後、チリ産品、特にサケ、マス、ワインなどの食料品、木材加工品などの対日輸出をプロチレ（チリ貿易振興局）と共同で推進、最近では、日本企業の対チリ投資促進、チリの貿易・海外投資政策など多様な分野における情報提供を行っている。

このように、日本と日本企業との間には長期にわたる絆があり、チリだけでなく、その他の中南米諸国の経済発展に日本が何十年もの期間に積極的に関与してきた点は、他の東アジア諸国の対中南米進出とは一線を画するものがある。

（水野浩二／桑山幹夫）

42

関係強化に貢献する諸団体

★文化交流団体を中心に★

1977年にチリの蔵相が訪日した際、日本の経済界代表団の訪智が要請され、日本商工会議所は同年永野重雄を団長とする経済親善使節団をチリに派遣した。その折にチリ側から日本との経済委員会を設立したいとの提案を受け、1979年9月に「日智経済委員会」（「日智」）が正式に発足した。第1回は同月東京で開催され、以後日本・チリ両国間の特に経済関係強化の中核的存在として現在に至っている。原則毎年1回、日本およびチリで交互に開催され、2018年5月にはサンティアゴで第31回が開催されたが、この間中断されたことなく継続されている点は特筆に価する。チリ側は大統領あるいは閣僚クラスを頻繁にゲストとして招待しており、またメンバーを民間企業に限定しているのが大きな特色である。日本側はチリと貿易、投資を通じて関わりの深い商社、運輸、鉄鋼、非鉄、農水産業界などのトップクラスが参加し、毎回積極的な議論が行われている。チリは日本以外にもほとんどの主要国と経済委員会を設立しているが、「日智」ほど定期的に開催され、しかも毎回盛会な例はなく、チリでも常に注目されている。

しかし委員会も設立後30余年が経過し、一つの転機に差し掛かっており、議題についてもチリ側とよく協議の上、時代の変化により即した対応が必要となろう。また日本側のメンバーも、世界的な産業再編成の影響で既存企業の統廃が急激に進んでいる状況にいかに対応するかなど、今後の検討課題といえる。

一方同委員会を現地側でバックアップするため、チリでは１９６０年代に日系企業の任意の集まりとして設立された「経済懇談会」を発展的に解消し、１９８０年６月に「日智商工会議所」（「カマラ」）が設立された。当時は20社ほどであった会員数はその後着実に増加したが、特に80年代末から未加入の日系企業の勧誘、チリ企業への積極的な門戸開放を進めた結果、会員数は90年代前半にはチリ企業約10を含め合計約70社近くとなった。２０１６年５月現在、約80社が会員企業として登録されている。

会員間の親睦以外の主な活動は、チリ政財界の要人を招聘しての講演会、チリの経済団体との交流などだが、出版活動も活発に展開しており、特に同会議所の『会報』は、世界の同種の会議所の中で内容的にも出色との評価を得ている。その他にも、『チリ投資ガイドブック』、主にチリ駐在員のためのガイドブック『ようこそチリへ』は、非常に好評を得ている。後者は２０１４年４月に３年振りに第５版が刊行された。また同年からホームページも開設されている。ただ昨今の厳しい台所事情から、投資ガイドブックは２００７年６月版以降出版が中断しており、また会報も２００４年１月号より毎月から３か月ごとの出版となったのは残念であるが、今後の活動に期待したい。

チリでは戦前何度も日本人会が組織されながら、いずれも長続きしなかった。日系人の絶対数が少ない上に、全土に広く分布していたため、組織を作る必然性が薄かったことが主な原因と思われる。記録によれば１９２８年には初めて「日本人会」（「日会」）が結成されたとされるが、その後１９４３

年にチリが日本との国交を断絶したことで、同会も事実上解散状態に追い込まれた。

しかし戦後1952年に国交が再開されたことに伴い、日本人会も復活し翌1954年に法人格を取得し「チリ中央日本人会」（「日本人会」）として正式に発足した。事務所は当初は間借りであったが、1989年に一邦人の遺産と万博記念基金を利用し、日智商工会議所からの寄付金も受けて、自前の「日智文化会館」の建設が実現した。以後日本人会は同会館を拠点に花見、子供の日、七夕、秋祭り、敬老会、日智商工会議所との合同運動会などの行事を通じ活動している。なおチリでは他の南米諸国のような「県人会」は存在せず、代わりに世代、移住の時期、性別などによる五つの団体があり、これらがチリ中央日本人会を構成しているが、現在の活動の中心は昭和生まれの二世を中心とする「昭和会」「ひまわり会」「アンデス会」などであり、会員総数は210名程度である。

両国間の文化活動に関しては、1937年にチリから経済使節団が訪日し、帰国した後に両国の友好親善を推進するべく、1940年チリに「日智文化協会」が設立され、使節団の団長であったエラスリス氏が初代の会長に就任した。しかし間もなく始まった世界大戦と対日国交断絶で、日本人会と同様事実上活動は停止されたが、戦後1953年に再開され以後今日まで、チリにおける日本文化の紹介、普及に尽力している。事務所はラス・コンデス（サンティアゴ市内）にあり主に、日本語、折り紙、生け花、日本人向けのスペイン語、最近ではマンガなど種々の講座の開設を行っている。女性の参加も活発で、日本の着物ショーなども好評を得ており、地道ながら日本文化に関する情報の少ないチリでの活動は高く評価されている。

一方右記のチリにおける日智文化協会の設立に呼応し、同年に日本で「日智協会」が創立された。

初代会長には紀州の旧藩主徳川頼定氏が就任、直前までチリ公使を務められた三宅哲一郎氏は副会長に、またサンティアゴ・カトリック大学名誉博士で東京大学法学部長の田中耕太郎博士が顧問という、そうそうたる陣容であった。戦争中も１９４３年の国交断絶に至るまで、両国の親善友好の維持に努めてきた。戦後は１９５２年の国交回復を機に同会を改組し再出発し、南郷三郎氏が会長に就任されたが、翌１９５３年には川崎汽船の服部元三社長が会長職を引き継いだ。服部氏は以後30年間の長きにわたり会長職を務められたが、同氏は戦前チリ川崎汽船の代表で、１９４３年にチリ在留邦人がチリ政府により地方退去をさせられ、その後交換船で帰国されたうちの一人だったという数奇な経験をされている。１９８４年には同じく川崎汽船社長の熊谷清氏が就任された後、１９８６年には「日本チリー協会」と改称、１９９４年には同社の松成博茂社長、２００５年には同社の崎長保英社長、２０１３年には同社の前川弘幸元会長（現顧問）、２０１７年には朝倉次郎会長がそれぞれ会長に就任され現在に至っている。なお服部会長時代より、川崎汽船は常に同本社内に協会専用の一室を提供、加えて付属設備、職員の給与ほか経費を負担し、協会活動を支援しており、同社の協力なくして同協会の存在は語り得ない。

日本チリー協会が戦後に実施した重要な貢献に、チリ国旗の贈呈があることは第40章で述べた通りである。他には長く続いているチリの練習帆船エスメラルダ号との交流があり、またチリおよび日本の関係者を招待して、講演会の開催などを積極的に実施している。一般にチリに関心を持っている日本人の多くはビジネス関係者が多く、一方同協会は文化活動が中心のため、馴染みの薄い面があるが、両国の友好関係増進に当たっての同協会の重要性は高い。

（水野浩二／工藤　章／佐々木　修）

43

日本チリ経済連携協定（EPA）

★官民連携の賜物★

日本チリ経済連携協定（ＥＰＡ）が２００７年９月に発効した。シンガポール（２００２年11月発効）、メキシコ（２００５年４月）、マレーシア（２００６年７月）に続いて、日本が締結した４番目のＥＰＡである。日本が南米諸国と貿易協定を締結したのはチリが初めてである。一方、日本・チリＥＰＡはチリがアジア諸国と締結した自由貿易協定（ＦＴＡ）の中では、韓国（２００４年４月発効）、中国（２００６年10月）に次いで３番目となる（チリの貿易・投資政策については、第14、15章を参照）。また、２０１７年１月１日に二重課税を回避することを目的とする日本チリ租税条約が発効した。

日本はＥＰＡの締結により、チリ市場での投資、サービス、政府調達など多分野における内国民待遇、最恵国待遇を確保しただけでなく、既にチリとＦＴＡ締結済みの米国、カナダ、ＥＵ、韓国等と概ね同等の条件でビジネスを展開できるようになった。日本がチリと貿易協定を締結することで、日本企業に対するチリ貿易投資環境が改善され（発効時点ではチリは米国、ＥＵ、韓国、中国など40か国以上とＦＴＡ締結済み）、銅をはじめとする鉱物資源の安定供給確保に寄与（チリは銅、モリブデン等の対日

図1　チリの対日輸出の成長率、主要商品別　2009〜2014年
（年平均成長率、%）

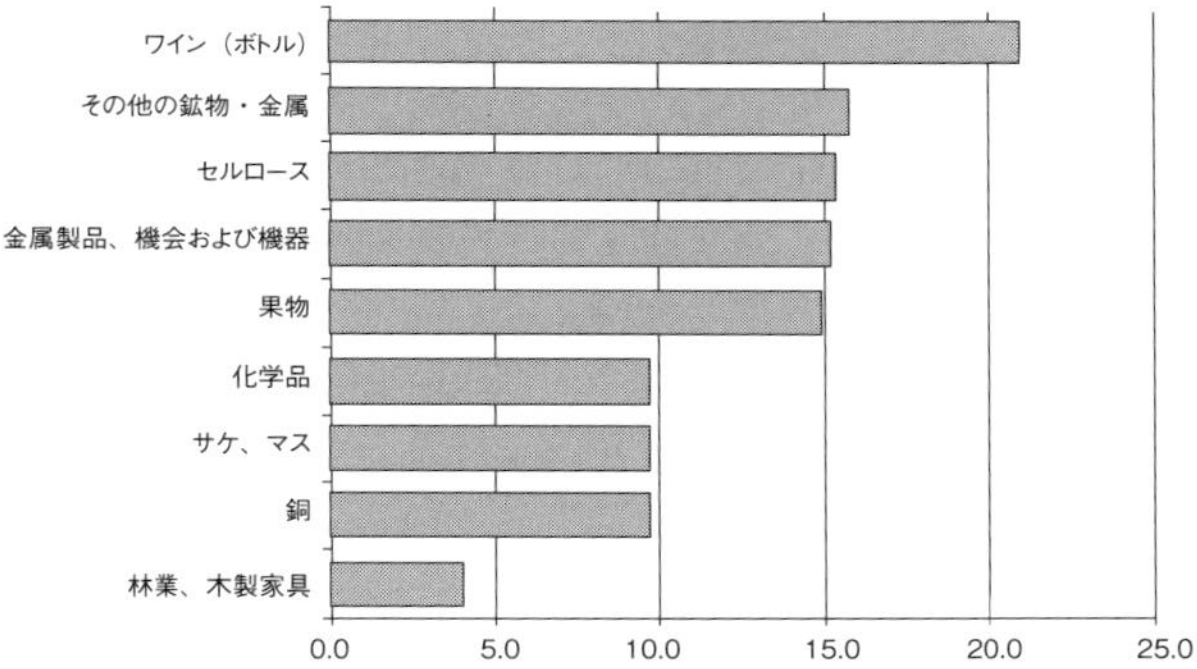

出所：筆者が Chile, Direcon (2015), *el Informe annual: comercio exterior de Chile 2014-2015*, Santiago, Chile, junio から作成。

最大供給国）すると共に、日本から南米地域への進出拠点（ゲートウエー）を確保できるようになった。

日本・チリ二国間貿易の構造を商品別でみると、チリの対日輸出（2017年数値）の約57%を銅関係が占める。モリブデンや鉄鉱石は6・2%である。その他の主要対日輸出商品は、サケ・マス（対日輸出に占める割合は11・1%）、化学品（5・3%）、林業・木材家具（6・2%）、ボトルワイン（2・7%）、セルロース（1・3%）、果物（1・0%）となっている。これら非伝統的輸出品は合わせて28%を超える。対日輸出がいまだに銅に偏向しているのは否めないが、その構造が近年多様化してきていることも確かだ。日本チリEPAの締結により、対日輸出が大きく伸びた背景には、これらの非伝統的商品の増加がある（図1を参照）。一方で、日本の対チリ輸出はより多様化されており、乗用車（13・0%）、自動車部品（4・4%）、電子集積回路（3・8%）、電子集積回路や表示装置などの生産に使われる機械器具（3・3%）、客船、フェリー、貨物船などの船舶（1・7%）などが主要品目である。

２００４年11月のＡＰＥＣ首脳会談において、両国は日本チリＥＰＡの可能性について検討するための産学官連携による「共同研究会」を立ち上げることで合意した。チリが中国とＦＴＡ交渉中のさなかでの合意である。また、この合意の背景には２００５年５月に「日本チリ関係常設フォーラム」の設立、第三国を対象とする日本・チリ「三角協力」体制の進展、長年にわたる日智経済委員会年次総会で培われた二国間協力体制の構築がある。

研究会は２００５年１月末に開始され、公式交渉は同年11月に韓国ソウルで開催されたＡＰＥＣ首脳会談に始まり、５回の交渉ラウンドの末、大筋合意に達した。２００６年２月から９月にかけて４回の交渉会合を実施、２００６年９月に市場アクセスを中心に協定の主要な要素について大筋合意に至った。その後、第５回交渉が同年11月に開催され、同月の首脳会談において交渉の妥結が確認され、２００７年３月27日に東京でフォックスレー、麻生両外務相が署名、同年９月に発効した。２０１７年は同協定発効以来10年の記念の年となる。

この協定の主な目的はチリと日本との自由貿易圏の設立であり、19章からなる。市場アクセス、衛生植物検疫措置、貿易に対する技術的な障壁、投資、国境を越えるサービス貿易、金融サービス、知的財産、事業者の一時的入国、政府調達、競争政策、ビジネス環境の整備に関する委員会、紛争解決メカニズムなどが含まれている。

市場アクセスでは、日本の対チリ輸出額の99・８％が無税（協定発効時点ではほぼ全品目が有税）、日本のチリからの輸入額の90・５％が無税（協定発効時点では30％弱の品目が有税）となる。よって、往復貿易額の約92％を10年以内に関税撤廃するのが目的である。より詳しくみると、関税低減・撤廃の自由化スケジュールは品目によって、即時撤廃、5年、7年、10年、12年と15年のリストに分かれている。チリの対日輸出に関しては、即時撤廃の対象となるのは59％、5〜7年で撤廃されるのは全体の27％、12〜15年では4・6％、9％が関税割当や部分的な関税削減の対象で、わずか0・04％が自由化の例外となった。しかし、日本チリEPAでは、2025年まで日本が全品目の25％に関税を課すことが認められている。同EPAにおいては、肉類および肉調整品を中心に、ほぼ30品目に対して関税割当制度が適用されている。

ほぼ全てのチリ鉱工業品につき10年以内に関税撤廃される。チリの主要輸出品である精製銅の関税は10年間で段階的に撤廃される。また、農林水産品等の貿易においては、ギンザケ・マスが10年間での段階的関税撤廃、ワイン（ボトル）は12年間の段階的関税撤廃、牛肉、豚肉、鶏肉等には関税割当を設定、林産品（合板等を除く）は即時または段階的関税撤廃となった。図1が示すように、2009〜14年期間において、対日輸出額で高い伸び率を提示したのは自由化スケジュールに含まれている商品である。特に、日本ではチリ産ワインの消費が最近急増しており、2015年の輸入量はフランス産ワインを追い抜いた。チリワインのブームの背景にも日本チリEPAがあることを忘れてはならないであろう。

日本の対チリ市場アクセスに関しては、鉱工業品の貿易ではほぼ全ての鉱工業品につき、10年以内に関税撤廃で、自動車・一般機械・電気電子製品などは即時関税撤廃の対象となり、6％の関税が発効即時に撤廃されることになった。関税が撤廃されたことで、米、EU、カナダ、韓国産の自動車・一般機械・電気電子製品と同等に競合できるようになったことは大きい。日本の緑茶、長芋、柿、日本酒等の輸出関心品目は10年以内に関税撤廃される。

「環太平洋パートナーシップに関する包括的及び先進的な協定」（CPTPP）では、日本チリEPAに含まれる原産地規則やその他の規制と調和しつつ、障壁残存分野での自由化がさらに深化される。例えば、日本ではCPTPPの合意でワインの関税も低減される。CPTPPではチリの場合、合わせて1027品目の関税が撤廃・削減される。これらの商品のように、CPTPPによって日本チリEPA協定がアップグレードされる。

（桑山幹夫）

コラム10

対チリFTA（EPA）交渉を振り返って

小川 元

早いものでチリとのFTA（EPA）協定が成立してから10年になる。

私は2002年7月在チリ共和国大使館特命全権大使として赴任をした。赴任前ブリーフィングで、チリからはFTA交渉開始の要望が来ているが、日本としては取り上げる気はないとの説明があった。チリは既に米、EU、韓国と合意済みであり、中国とも話を始めていた。同時に他の中南米諸国から日本は保護貿易国家であるし、中南米への関心は薄いと見られていた。

これこそ大使としての仕事であると思った。すぐに島内中南米局長、福嶌課長、担当の中田さんに協力を依頼した。彼らの努力にもかかわらず、当時の日本の壁は厚く態度は冷たく、先行きは絶望であるように見えた。

2002年後半、サルディバル上院議員が訪日したが帰国後電話があり、日本では役人が大臣の発言をひっくり返せるのかと言われた。聞けば、FTAに関し大臣から前向きの発言があったが、後に役所からあの発言は役所の総意ではないから取り消すとの連絡があった由、返す言葉もなかった。後にマグロの養殖問題でも、同じような問題が起こり、日本の特殊性が浮き彫りとなった。

私は帰国のたびに政府や自民党の要人を訪ね突破口を開こうとしたが、当時話題のチリ人女性アニータの話は出るがFTAの話は全く進まなかった。

アルベアル外相、ラゴス大統領の訪日でも進展はなかった。

2003年後半アジェンデ下院議長が訪日、2004年1月中川秀直日本チリ議員連盟会長他の訪智で、中川会長はFTAについてその必要性を強く感じて、精力的に関係筋の説得を重ねられた。この結果、最終的に小泉総理の了解を得て、２００４年11月に行われるＡＰＥＣ首脳会議後の日智首脳会議で勉強会を行うことを提案することとなった。

その間、業界の反対で、坂場中南米局長が大臣への説明に苦労するということもあったが、何とかＡＰＥＣを迎えた。

首脳会談に入ると、小泉総理は「勉強会をやりましょう、これはもちろん終了後交渉に入ることを前提としています」と言われた。事前のペーパーには「勉強会は交渉入りを前提とするものではない」と書いてあった。

これぞ総理大臣と感銘を受けた。

その夜は、ラゴス大統領がＡＰＥＣ参加首脳を招いての晩餐会であった。私の席はチリ閣僚夫人たちのテーブルで、夫人たちは若くて美人であった。ラッキーと思ったのもつかの間、彼女たちから、小泉は本当に来るのかとの質問が出た。

もちろんと答えるとキャーという感じで紹介してくれと言った。ここに同年輩の男性がいるのにな、と思ったが、まあ、格の違いで仕様がないか。

こうして、勉強会が始まったが遅々として進まなかった。

一例をあげると、農水省から養豚の視察に来た帰りに私の所で、チリの養豚技術はなかなかのものだ、自由化すると日本に影響がありそうだと言う。

こういう調子で、目標としていた２００５年末のラゴス政権終了までの大筋合意は不可能になった。

２００６年１月、東京で小泉総理を訪ね、同年９月までの大筋合意が目標でよいかお聞きしたところ、間髪入れずにそうしてくれとのお返事であった。おや、９月でお辞めになる気かなとそのとき思った。

一方、3月に発足したバチェレ新政権は、日本側提示に不満で、フォックスレー外相が、日本側の譲歩がないなら、いったん交渉を打ち切ろうと発言した旨報道があった。

私は急いで同外相を訪ね、この機を逃せば当分できない可能性があり、5年後の見直し時期に再交渉とし、ここは合意してほしい旨説得した。

数日後、同外相から基本的に日本側条件を軸に交渉をまとめるように指示したとの電話があった。

こうしてチリとのＦＴＡ（この時点ではＥＰＡ）は２００６年６月大筋合意に達し、私の役目も事実上終わった。その後の詰めの交渉は双方から50人前後ずつ相互に地球の反対側を訪問するという大行事であり、私もずいぶん陳情を受けたが比較的スムースに推移した。

２００７年３月、麻生、フォックスレー両外相の間で日智ＥＰＡ協定が調印された。

その後間もなく、私は特命全権大使の任を解かれ帰国した。

44

日本とチリの協力①

★サケ・貝類養殖協力★

チリは今日ノルウェーに次ぐ、サケの輸出国として知られているが、かつてチリには、サケは棲息していなかった。チリのサケ産業が発展する過程、特にその初期において、日本の官民が様々な形で寄与した。そのきっかけは、大日本水産会による１９６９年および１９７１年における「南半球さけ資源造成可能性調査団」の派遣であった。この調査団に対しチリ側がサケマス資源育成のための協力を要請したことから日本とチリの協力が始まった。この協力は当初、北海道で行われているような、稚魚の放流と回帰したサケの捕獲によってサケ産業を発展させることを目指していた。まず、１９７０年チリからパブロ・アギレラが、北海道中標津にあるサケマス孵化場、水産庁さけます孵化場根室支場に、研修のため半年間派遣された。１９７２年からは、海外技術協力事業団（ＯＴＣＡ、後のＪＩＣＡ）が７年間にわたり、長期専門家を派遣し、河川調査、孵化場の建設、孵化放流技術の移転等の分野で協力が行われた。さらに１９７９年からは、協力をさらに拡充するため、プロジェクト方式技術協力に格上げし、フォローアップ協力を含めると１９８９年まで協力が行われた。これらはＪＩＣＡとチリの水産庁（ＳＥ

RNAP）、漁業振興庁（IFOF）等との協力によって行われた。

この協力は、チリにおける政変をはじめとする状況の変化、北半球においてのみ棲息するサケの回帰などについて未知の要素も少なくなかったことなどもあって、幾多の困難に直面した。最初の専門家として、長澤有晃氏、白石芳一氏がアイセン州の州都、コジャイケに派遣されるが、白石氏は孵化場の設置場所などの選定を行った後に、急逝するという悲劇が襲う。アジェンデ政権下の経済危機で物資の調達もままならないなか、特殊コンテナにより、北海道からサクラマスの15万粒の卵が空輸され、その孵化に成功するが、それも束の間、1973年9月にクーデターが起こり、軍事政権が発足する。協力は、翌年から再開された。そして、1976年に念願のコジャイケ孵化場が建設され、「白石博士孵化場」と名付けられた。ここには、日本の協力により最先端の実験設備が設置された。

白石博士孵化場（アイセン州コジャイケ市）

1979年からは、チリ側も体制を一新し、かつ右記のように、プロジェクト技術協力方式により、協力も拡充され、1981年には、コジャイケから65キロメートルはなれたプエルトアイセンの近くにエンセナーダ・バハ孵化場が建設され、これによって、白石博士孵化場で孵化・飼育後、エンセナーダ・バハ孵化場で稚魚を育てるという体制が整った。一方、この同じ時期に、アイセン州の北のロス・ラゴス州では、1979年に、日本の水産会社ニチロがプエルト・モン市近郊で、チリで最初の民間企業によるサケの海

大型化したサケ養殖用の生簀［提供：アグロスーパー社］

面養殖をスタートさせた。

１９８２年には、技術協力プロジェクトのもとで、チリではじめてのシロザケの国産卵の生産に成功する。翌年には、チリ産ギンザケ卵がコジャイケ孵化場に導入され、ギンザケの親魚養成・採卵技術などの指導が行われ、その稚魚は一部は放流され、一部は海面養殖による生育が行われた。こうして、協力プロジェクトは、次第に海面養殖の分野での経験を蓄積し、１９８４年からの3年間の協力延長期間においては、飼料開発・魚病対策を重点とした資源造成に向けた協力が続けられ、１９８８年から2年間のフォローアップ協力においては、サケ養殖のための国産卵の生産技術開発が目標となった。

チリにおけるサケ産業発展の基礎はこのように着実に整えられていった。そうしたなか、民間企業によるサケ養殖産業が次第に拡大していった。まず、画期的ともいうべきニチロのサケ養殖の成功（第24章参照）の後、１９８１年にチリ財団（Fundación Chile）がサケ産業に本格的に参入することとなった。チリ財団は、半官半民の機関で、産業の確立に必要な技術開発を行い、企業を興すという、日本流にいえば、チリ産業技術開発機構とでも呼ぶべき機関である。チリ財団は、プエルト・モンの南に位置するチロエ島で、サケ養殖を手掛けつつあった米国のキャンベルスープ社傘下のドムシー・ファームズを買収し、１９８４年生け簀によるギンザケの海面養殖をチロエ島とアイセン州のプエルト・チャカブコで開始した。ドムシー・ファームズは、サルモネス・アンタルティカ社に改名され、１０００トン計画を推進した。同社は、急速に拡大し、１９８８年には、労働者６００人、技術者30人を擁するに至り、生産量１０００トンを達成した。チリ財団は、１０００トン達成を以て、サケ事業を売却することとなり、国際入札によって、日本水産（ニッスイ）が落札し、サルモネス・アンタルティカ社は、同社の１００％出資会社となった。こうして、チリにおけるサケ産業はその採算性が広く認識され、新たな産業として、発展する第一歩が踏み出されたのである。

チリの水産専門誌『アクア（ＡＱＵＡ）』20周年特集号が２００７年末に発刊されたが、同誌は、「チリの水産養殖のパイオニア」という記事の中で、パイオニアとして、12人を掲載した。そのうち、11人がサケ養殖に関わった人々であり、11人中６人は、日本で研修した経験をもっている。うち、５人は、長く日本とチリの協力において、中心的な役割を果たした人々であり、その後、サケ養殖企業において幹部としてサケ産業の発展に貢献してきた人々である（サケ産業については、第24章を参照）。

日本による水産養殖の分野での協力は、サケだけに留まるものではない。サケ養殖産業が確立期を迎えていた時期に、チリの零細漁民の養殖技術能力の向上と組織能力向上を通じて「育てる漁業」を導入し、その自立化を支援するプロジェクトがチリ北部で進められた。１９８１年、赤星静雄氏が、コキンボ州のラ・セレナに隣接するコキンボ市のカトリカ・デル・ノルテ大学（以下ノルテ大学と略す）に派遣された。赤星氏は、日本での経験を生かしつつ調査、試験研究、技術開発を行い、コキンボの南55キロメートルにあるトンゴイ湾を養殖試験の実証地に選定し、８年間ホタテガイの養殖事業に取り組んだ。当時、ホタテガイの養殖はチリではどこでも取り組まれておらず、約８年間の短期間に地場産業として定着させたことは、特筆すべき成果であった。チリは、世界の三大ホタテガイ輸出国の一つとなったのである。『アクア』誌は2006年3月に、赤星氏を「チリホタテガイの父」と呼んで特集を組んでいる。チリ教育省は、教育者として最高の名誉であるガブリエラ・ミストラル賞を赤星氏に授与した。

南部では、ロス・ラゴス州のチンキウエ公社との協力が行われ、斎藤隆志氏をはじめとする日本人専門家による、同州の零細漁民にマガキを中心とする貝類の養殖技術の普及と、漁民の組織化などの支援を行った。これらには、日本の協力で建設された公社の本部や、試験設備、研修センターなどが活用された。

最近、日本とチリの水産分野での新たな協力がスタートした。チリでは、2016年大規模な赤潮の発生により養殖場で2300万匹ものサケが窒息死し、1000億円もの損害が生ずる事態となった。赤潮は、主に植物性プランクトンが異常増殖し、海や川などの水が変色する現象であるが、詳しい発生のメカニズムは分かっていない。2018年4月から、赤潮発生のメカニズムを究明し、発生を予測するための研究プロジェクトが、京都大学、岡山大学、中央水産研究所とチリの三つの大学および漁業振興研究所（IFOP）の参加によりスタートした。JICAと学術振興会のSATREPS（途上国と日本の研究機関が地球規模の課題解決に向けて行う共同研究）事業として行われる。赤潮全体を藻類をはじめ、ウイルスや細菌と言った微生物を含む生態系として考え、原因物質を特定し、その物質だけを検出できるキットの開発を進め、赤潮の発生を予測するシステムを開発し、赤潮の発生以前に対策を講ずるようにできることを目指している（JICA「ムンディ」2017年11月号ほか）。（細野昭雄）

45

日本とチリの協力②

★日本の参加する銅鉱山の開発★

チリ銅鉱山開発の歴史と日本

日本は、第二次世界大戦後、国内の銅需要急増に伴い海外からの銅鉱石の確保が急務となった。１９５３年にフィリピン鉱山の開発に資金を融資して原料確保する融資買鉱が始まり、その後、同国での多くの鉱山開発に参画する一方で、１９６０年にはカナダの鉱山へ資本参加が実行された。１９７０年代初めにはナショナルプロジェクトとしてコンゴ（旧ザイール）やマレーシアで鉱山開発がされるようになり、チリには１９７０年にサガスカ鉱山開発（同和鉱業、三井金属鉱業、三菱マテリアル）に融資して進出が始まった。１９７０年代後半から１９８０年代は、銅市況の低迷や多くの資源産出国の政治・経済混乱などにより、海外プロジェクトへの日本の関与は少なくなり単純買鉱が主体となったが、１９８０年代後半に入り資本参加による大型プロジェクトに参画し、資本参加による銅原料確保の形態に移行した。その潮流の中で、世界的な優良鉱山であるエスコンディダ鉱山が、日本からの開発資金融資（ＪＢＩＣ）と資本参加（三菱商事、日本鉱業、三菱マテリアル）により１９９１年に生産が開始された。現在、日本企業が出資している鉱山は12社を

表1　日本企業出資のチリ大型銅鉱山

鉱山名	操業開始年	2015年銅生産量（千トン）	日本企業の出資比率（%）		外国企業
エスコンディダ	1990	1,152.50	三菱商事	8.25	BHP-Billiton Rio Tinto
			JX日鉱日石金属	3.00	
			三菱マテリアル	1.25	
カンデラリア	1995	150.2	住友金属鉱山	16	Lundin Mining
			住友商事	4	
コジャワシ	1999	455.3	三井物産	11.03	Glencore Anglo American
			三井金属	0.97	
ロス・ペランブレス	2000	375.8	JX日鉱日石金属	15.79	Antofagasta
			三菱マテリアル	10.00	
			丸紅	9.21	
			三菱商事	5.00	

出所：JOGMEC「世界の鉱業の趨勢2016」

数える（その代表的な大型鉱山は表1を参照）。

さらに、今後もチリでは大型銅鉱山開発が計画されているが、日本企業が参加する代表的案件は次の通りである。

・Sol Naciente プロジェクト：日鉄鉱業（権益100%）による計画、年間生産量25万〜40万トンを見込む。

・Encuentro プロジェクト：丸紅（30%）Antofagasta（70%）が参画、年間生産量14万トンを見込む。

・Arqueros プロジェクト：日鉄鉱業、双日による計画。

・Los Helados プロジェクト：パンパシフィック・カッパー（40%）、NGEx（60%）が参画、年間生産量は11・5万トンを見込む。

日本の技術協力

前述のような鉱山開発・生産での日本企業の活躍に加え、日本による銅鉱山の開発・操業における技術協力を行っており、チリからも高く評価されている。次が、その事例である。

①銅の精錬技術における大きな変革をもたらしたバイオ

リーチング技術の開発がある。2002年にJX金属がコデルコ（チリ銅公社。世界最大の鉱山会社、第21章参照）と共同出資のバイオシグマ社を立ち上げ、湿式製錬法における酸による鉱石からの銅分の浸出を、微生物の働きにより促進させる技術（バイオマイニング技術）の導入を開発した。資源として十分に利用されていない「低品位一次硫化銅鉱」からの銅の浸出も可能にするという高度な技術である。バイオシグマ社は現在、コデルコ100％になっているが、同技術が2014年に商業化された。コデルコのラドミロ・トミッチ鉱山では、この技術により未利用であった低品位一次硫化鉱を用いた湿式製錬が可能になり、同鉱山の操業期間の延長が可能になった。

②チリの銅鉱山は、鉱山操業に使用する工業用水の確保が非常に困難になってきた。砂漠地帯の広がる鉱山は水源確保が大きな課題であったが、近年の世界的な気象変動によりアンデス山脈からの地下水量が激減する中で、その解決策として海水の利用が脚光を浴びている。その具体例として、選鉱プロセスを中心に海水を使用している丸紅とアントファガスタ社が保有するエスペランサ鉱山がある。鉱山と積出港のある海岸までは150キロメートルの距離があるが、海水を海から揚水しパイプラインで鉱山に運び、海水にて選鉱した精鉱を海水と混ぜて積み出し港に輸送する。この海水利用システムは、チリでは初めてであり注目を浴びている。

③無人化。世界的な問題として鉱山運営の上で、労働力の確保が困難になってきた。まずは、技術力と経験を有する鉱山機械オペレーターの雇用難と人件費の高騰に対処する必要がある。さらに、生産性の向上と安全の確保も重要な課題である。これらを解決するために、鉱山操業の無人化の必要性が出てきた。このニーズに応えるのが、コマツが開発した大型ダンプトラック無人運行システムであ

る。2008年、コデルコのギャビー銅鉱山で、コマツが開発した無人ダンプが世界で初めて商業的に導入された。この技術は、鉱山機械の運転の無人化にとどまらず、稼働データによって生産・開発・販売などの幅広い鉱山運営の効率化にも生かされている。

④情報通信技術。銅鉱山の運営管理の分野で画期的な技術サービス会社がある。MICOMO社(Mining, Information, Communication and Monitoring)は、世界有数の鉱業企業の一つであるコデルコと、情報通信技術の発展の世界的リーダーである日本企業のNTTによって、コデルコ社内とチリ国内および海外の鉱業会社との通信に関する設計、機材供給、設置、保守を目的として、2006年に設立された。岩盤破砕や鉱山操業そのものの画像技術によるリモートマイニング、採掘操業の管理、環境モニタリングと予測などでコデルコ社内において貢献している。また、社外の活動としては、2008年にオーストラリア企業Acumine Pty Ltd.と共同で鉱山車両の衝突防止システムを開発した。また2010年には、BHPビリトン社のスペンス鉱山における粒子状物質インパクトの予測サービス契約を締結、さらに2013年には水管理についても提携した。

同社は2012年にチリ財団(Fundación Chile)によって買収された。その後も、NTTとコデルコによって開発されたICT技術モデルにチリ財団の持つ鉱業技術を加えて、チリにとどまらず世界諸国でMICOMO社はIT技術を組み込んだ鉱山の操業・管理の分野で活躍している。

以上の他、JICAやJOGMEC(石油天然ガス・金属鉱物資源機構)等による、技術協力も実施されてきた。鉱山開発に伴う環境破壊に対して適切な措置を講ずることや、作業環境の安全性を確保し鉱山災害を防止することは、鉱業の発展にとって不可欠であるが、この分野におけるJICAの協力の一つとして、コピアポ市の鉱業省鉱業地質局（SERNAGEOMIN）内に、「資源環境研修センター」が1996年建設され、日本人専門家による鉱山保安、鉱害防止、化学分析の三つの分野において、採掘・処理現場での防災と保安、汚染物質の処理・除去、その測定と分析に関する技術指導を中心にとした技術協力が行われた。また、JICAとJOGMECにより、鉱物資源の探査と開発に協力するための資源開発協力基礎調査が多数行われてきた。中小の銅山を主に管轄する鉱山公社（ENAMI）との間での協力の他、コデルコとの協力も行われてきた（『日本チリ交流史』他による）。

以上の通り日本のチリ銅産業への関与は大きなものがあり、今後とも日本とチリの密接な関係はこの分野でのWin - Winの関係が鍵の一つと言える。また、1970年代以降、プロジェクトの事前調査、開発融資、資本参加において日本政府機関（JICA、JBIC、JOGMEC、NEXIなど）の支援が重要な役割を果たしてきた。これからは、プロジェクトの規模の大型化、開発に高度の技術を要すること、あるいは環境への広い観点からの配慮、等の点から日本政府機関と民間企業の協調がさらに肝要となろう。銅産業の分野で、資源供給国と消費国が一体感をもって発展することで、他の分野にも波及効果が出ることに期待したい。

（工藤　章／佐々木　修）

46

日本とチリの協力③

★社会開発、環境・防災協力★

社会開発

チリは、これまで経済開放政策を推進し、多くの国との自由貿易協定を結び貿易の自由化を進め、堅調な経済発展を遂げてきた。それに合わせて、チリは社会的弱者救済を目的とした社会福祉を重視し、民政への移管後の90年代から「公正な成長」を基本方針に、貧困対策や社会福祉・教育の拡充を主要な改革として実施した。この結果、貧困率（従来の貧困ラインによる計算の数値）は1990年に約39％であったものが、2000年に約20％に、2013年には約8％に減少した。チリは中南米の中で最も貧困が減少した国の一つである。民政移管後のエイルウィン政権から現在まで社会開発に力を注いできた成果が表れてきたと言える。一方で、貧困率は減少したものの、上位の高額所得者10％が全所得の約40％を占めるなど所得格差は依然大きく、それに加えて雇用、教育、医療分野などで地方での社会開発の促進は十分に進んでおらず、不平等の是正と地域開発がチリでの引き続きの大きな課題となっている。

チリ政府の社会政策、貧困対策の強化を受けて、日本は社会的弱者を支援するために、2000年以前は、主に零細沿岸漁民や小規模農家の生産性向上などのプロジェクトを行い、２０００年以降、身体障害者福祉制度の改善のためのリハビリプロジェクト、高齢者社会福祉制度や算数教育の改善プロジェクトなど、医療・教育分野の技術協力プロジェクトを実施してきた。これらのプロジェクトを実施するとともに、民政移管後には社会的弱者支援への草の根レベルの協力を行うべく、身体障害者リハビリのための草の根無償資金協力による施設の建設やボランティア派遣（１９９７年以降）を行ってきている。

図１　所得ベースによる貧困率の推移

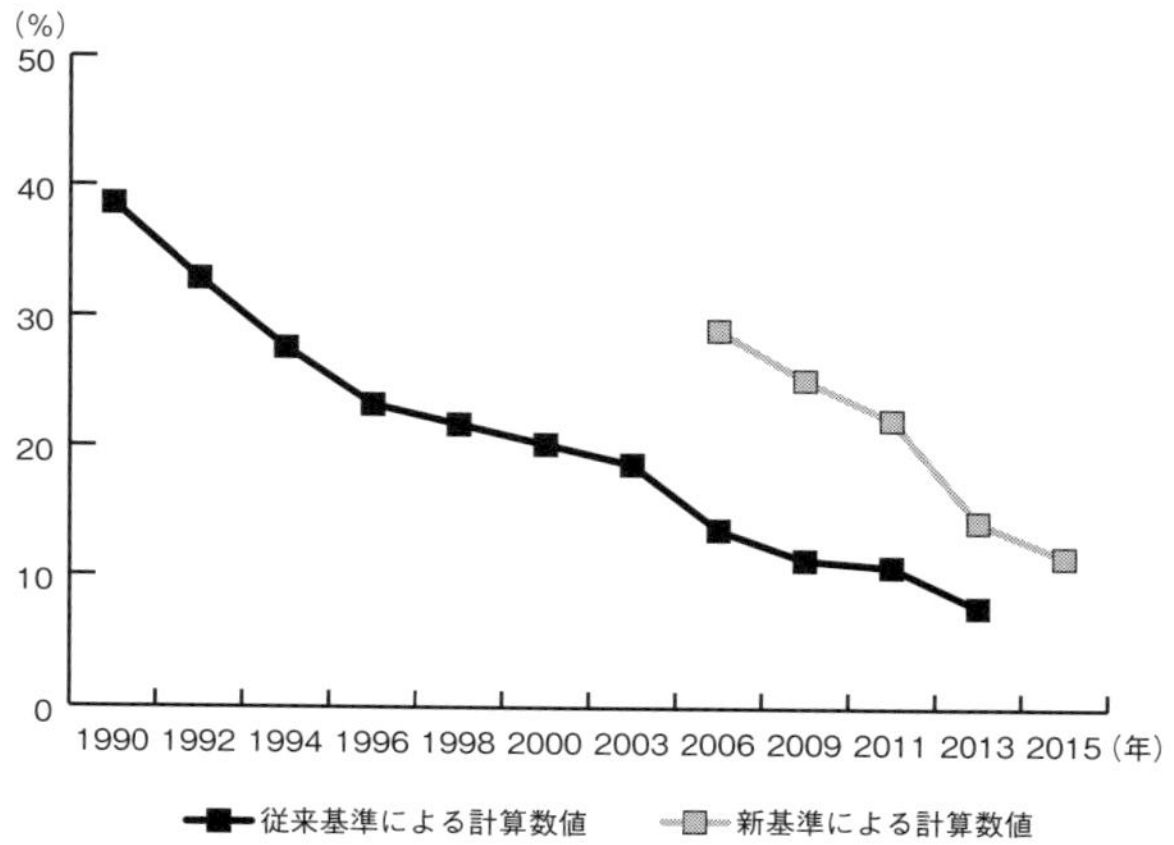

出所：チリ社会開発省社会実態調査 CASEN から作成。

表１　主な指標

人口	1795万人（2015年世界銀行）
1人当たり GNI	14,060ドル（2015年世界銀行）
人間開発指数	0.832（188か国中42位）（2014年 UNDP）
平均寿命	80.5歳（WHO 世界保健統計2016年版）
失業率	6.4%（2014年世界銀行）
識字率	99.02%（2013年ユネスコ）

　日本が行った社会開発分野の協力のグッドプラクティスとして、２０００年から２００５年までの５年間、チリ保健省ペドロ・アギレ・セルダ国立身体障害者リハビリセ

ンターにて実施した身体障害者リハビリテーションプロジェクトがある。リハビリ技術の向上と技術者の養成を行い、この国の総合的リハビリ体制整備の取り組み促進に貢献した。今日、このセンターは、チリ外務省国際協力庁の南南協力資金を活用し、他の中南米諸国のリハビリ従事者を招き研修を行っている。このセンターのチリ人技術者は、能力が高く日本でも研修を受け、その成果を活かし日々の業務を行っている。また、最近では日本からシニア海外ボランティアが派遣され、身体障害者へのリハビリ活動サービスの向上のための指導が行われてきた。シニア海外ボランティアはチリ人技術者と一緒に働き、活動での相乗効果を生み出しやりがいを感じたと評価している。

身体障害者へのリハビリ指導をするシニア海外ボランティア

環境・防災協力

日本はチリに対して、環境・防災分野の協力を長年にわたって実施してきており、現在においても防災を中心とする環境対策は、援助の重点分野である。環境分野については、チリの主産業である銅を中心とする鉱業での鉱山公害防止ための対策、全人口の約40%が集中する首都サンティアゴ市の大気汚染、水質汚濁そして廃棄物問題への対策のための計画作り、人材育成を行ってきた。また、森林資源の保護や管理のための人材育成や環境教育推進のための行政能力の向上のための支援も行ってきた。これらのプロジェクト実施を通じて、チリ人技術者の調査研究能力の向上を通じた人材育成を行い、また日本・チリパートナーシッププログラム（ＪＣＰＰ）の一環として、第三国研修を通じて周辺諸国の人材育成にも繋がった。最近では、地球的規模の問題となっているエアロゾルおよびオゾンという二つの大きな大気環境リスクをモニタリングし、適正に評価することによって迅速に地域社会に警告できるシステムを構築するための研究協力をチリとアルゼンチンの両国で行っている。チリ南部のパタゴニア地域では、オゾン層破壊と紫外線量の変動の実態を把握するためのモニタリング観測が行われ、アルゼンチンでの研究成果も組み合わせた大気環境リスク管理システムの開発のための共同研究が、日本の研究者と協働で行われている。

オゾン層の観測のために観測用機器を搭載した風船を飛ばす日本人研究者とマゼラン大学の研究者

　チリは、日本と同様、地震、火山、津波、森林火災など多くの自然災害を被ってきた。特に、大きな地震・津波が周期的にチリを襲っている。１９６０年5月22日チリ南部でマグニチュード９・５の地震が発生し、高さ15メートルの津波に襲われ１０００名を超える死者・行方不明者、約50万人が被災した。この地震で、日本にも三陸地方を中心に高さ6メートルを超える津波が襲来し、１４２名の死者・行方不明者、多くの建物の破壊など甚大な被害を与えた。最近では、2010年2月27日に発生したマグニチュード8・8のマウレ地震で死者547名、被災者約82万人、300億ドルの経済的損失を被った。この地震では最大で27メートルの高さの津波がチリ沿岸を襲い、日本にも津波が襲来し浸水や養殖施設などが被災した。2014年4月のチリ北部でのマグニチュード8・2のイキケ沖地震、2015年9月のマグニチュード8・3のチリ沖地震でも津波が押し寄せ被害が発生している。

右記のように、チリは、中南米諸国の中で地震・津波による被害が最も大きい国の一つであり、日本は、チリの地震・津波災害対策への協力を行ってきた。地震災害の軽減ための耐震設計・技術の開発や観測能力向上のための長年の技術協力、津波に強い社会を作るための知見・技術の開発にかかわる研究協力が行われ、これらがチリ国内での行政の総合的防災・減災能力の強化や地方・コミュニティの災害対応能力の強化に繋がってきている。2014年4月と2015年9月のそれぞれの地震で津波が発生した際は、日本からの協力の成果が活用され、被害の軽減に貢献した。日本からの協力を通じて、チリは南米における防災分野の技術や知見を牽引しリーダーシップを発揮できる国と位置付けられるようになり、その成果がチリとの南南協力・三角協力を通じ、中南米域内の防災分野の人材育成に役立っている。2015年3月にスタートした「中南米防災人材育成拠点化支援プロジェクト（KIZUNAプロジェクト）」は、これまでのチリへの防災協力が結実し生まれたものと言えよう。

（櫻井英充）

コラム11

早期津波警報システムの開発

櫻井英充

2010年2月27日、チリ第7州マウレを震源とするマグニチュード8・8の大地震が発生し、最大27メートルの津波が襲来した。この大規模地震では、警報システムがうまく機能せず、多くの死者・行方不明者、被災者を出し、甚大な経済的被害を受けた。チリ国の防災システムの弱点により、初期対応の不備が強く指摘された。これを受けて、災害対応を統括するチリ内務公安省国家緊急対策室（ONEMI）の権限強化を含む新防災法が国会に提出され、市民保護のための国家緊急対応システムの構築に向けた審議がなされている。

この大規模な地震発生後、日本は緊急無償資金協力や緊急援助物資の供与を行うとともに、津波早期警報システムにかかわるチリ人技術者の日本での研修や地震・津波対応能力向上のための技術協力を行った。また、震災における津波対策への強化を図るため、「津波に強い地域づくり技術の向上に関する研究プロジェクト」が2012年1月から2016年3月まで実施された。チリでは、地震・潮位観測結果に基づく警報は、海軍水路・海洋部（SHOA）が通報し、それを受けたONEMIが一般住民に警報を伝達し避難を促すことになるが、信頼性の

海軍水路・海洋部（SHOA）のオペレーション室）

高い津波情報を早期に伝達することが課題であった。右記の津波対策強化のための共同研究の中で、日本とチリの研究者により高い精度の早期津波警報手法が提案された。日本の気象庁の長年にわたる津波データベースを活用した予警報システムにかかわる技術情報が提供され、チリ人研究者によって、チリ版津波データベースを利用した津波予測警報システム（SIPAT）が開発され、SHOAにて2016年5月から運用されている。日本の知見が活用され、チリにおいて、今後より現実的な早期の津波警報の発令が可能となることが期待される。

11月5日は、「世界津波の日」である。2015年12月の国連総会で日本とチリの主導の下に、11月5日を「世界津波の日」とすることが全会一致で決議された。2016年は「世界津波の日」元年になり、世界津波の日にあわせ、日本とチリで合同津波避難訓練が世界に先駆けて実施された。チリでは、2016年11月3日港湾都市であるバルパライソ市にて、市民、公務員、国会議員、警察、軍など約10万人が合同津波避難訓練に参加した。さらに、2010年の地震・津波での教訓に基づいたONEMIの津波警報手法の改善、住民意識の向上など津波減災にかかわる活動に対して、濱口梧陵国際賞（国土交通大臣賞）がONEMIに贈られた。

合同津波避難訓練発表セレモニーで挨拶される二階日本大使

47

日本とチリの協力④

―― ★域内の南南協力・三角協力のパイオニアとしてのチリ★ ――

民政移管後の１９９０年、外交政策の重要戦略として、チリの国際協力事業の円滑な推進を目的にチリ国際協力庁（ＡＧＣＩ）が設立された。チリでは、日本からの医療保健分野、環境分野、農林水産分野そして防災分野などの技術協力が、チリ人の技術能力や研究能力の高さも加わり、大きな成果をあげてきた。その成果がチリで実際に行われた経験をミックスすることによって、チリの開発モデルとして南南協力を通じて他の中南米諸国に伝えられ、これらの国々の人材育成に貢献し、高い評価を得ていた。チリ国際協力庁の職員たちが日本で国際協力事業の運営・管理の手法を学び、日本の援助手法やシステムに精通し、日本からのチリの南南協力推進のための支援が拡充・発展していった。その結果、日本は１９９９年6月、中南米地域において初めて、チリとの開発協力のパートナーシッププログラム（ＪＣＰＰ：Japan-Chile Partnership Program）を締結した。

このＪＣＰＰの目的は、日本およびチリの人的、技術的および財政的資源を効果的に組み合わせることにより、開発途上国の社会経済開発に貢献するために共同で技術協力を展開することにある。協力分野は、日本から移転された技術が存在する分

カトリカ・デル・ノルテ大学での貝類養殖の研修

野を基本とするものの、第三国において高いニーズがあり、これらの国々にチリが堅実かつ技術移転が可能な分野も組み合わせ実施されている。ＪＣＰＰの枠組みでの事業は、コストシェアリングの原則のもとに日本とチリが協働の形態で実施している。ＪＣＰＰにおいて、チリは必要な予算のおよそ50％の負担を実現しており、財政的な面においてもイコールパートナーの関係を確立している。チリのドナー化支援を目指したＪＣＰＰは、その拡充を通じて南南協力・三角協力のモデルとしての意義を高めることになった。チリは、日本からの技術協力の成果を活用し独自の開発モデルに発展させ、それを他の中南米諸国の農林水産分野、医療保健分野、環境分野などでの人材育成に貢献するというパイオニアとしての役割を果たしてきた。それが、その後の日本とブラジル、アルゼンチン、メキシコ各国とのパートナーシッププログラムの締結に繋がっている。

南南協力を通じて日本からのさまざまな分野での協力の成果が、チリから域内の他の国に波及してきた。その中で、胃癌診断技術および集団検診技術の向上を目的に日本の協力で実施された「胃癌対策プロジェクト」やその後の「消化器系癌プロジェクト」および零細漁民の貝類養殖技術向上のため

KIZUNA プロジェクト。消防アカデミーでの救急救助研修

の協力の成果は、中南米諸国・カリブ諸国に波及し域内の当該分野の発展に大きく貢献し、日本とチリが協働で実践したこの地域の南南協力推進の牽引的役割を果たしてきた代表的な成功事例と言える。

さらに今日、防災分野でチリの果たしている域内の人材育成のためのリーダーシップは特に注目される。防災は中南米地域全体の課題である。日本とチリが域内の自然災害リスク削減という地球的規模の課題に取り組む戦略的パートナーとしての合意のもとに、南南協力支援の集大成として、２０１５年３月から、「中南米防災人材育成拠点化支援プロジェクト（ＫＩＺＵＮＡプロジェクト）」が開始された。チリで行われた防災協力のさまざまな経験が活かされ、域内の防災人材２０００名（その後、目標を４０００名に変更）の育成を目的に、チリが防災分野の人材育成拠点となって、域内全体への技術の発信・伝播を行っている。このＫＩＺＵＮＡプロジェクトの実施を通じた人材育成は、三つの柱で構成されている。一つ目は、チリ国際協力庁の奨学金を活用しつつ修士コース・ディプロマコースなどを通じた耐震工学、津波減災技術、地震学などの分野の研究者の育成である。二つ目の柱は、橋梁などの公共インフラの技術力強化、救急救助、森林火災対策、港湾ＢＣＰなどの分野の行政官の能力強化、三つ目の柱は、知見共有の場や国際セミナー等の実施によるネットワークの構築を通した人材育成である。

チリ国際協力庁の2015年実績報告によれば、チリは1990年の国際協力庁の発足以降、域内の発展のための支援の予算を1993年当時に比べ10倍に増加させ、30か国の中南米・カリブ諸国への支援、またその間にアジア・アフリカ地域の国への協力を開始するなど、外交政策としての国際協力の重要性を認識し、協力を推進してきた。「ネルソン・マンデラ」研修プログラムによるアンゴラ、モザンビークそして南アフリカの公務員人材育成ための支援は、その一つとして注目される。チリは、2018年1月にDAC（開発援助委員会）の援助対象国リストから外れ、ODAからの卒業が予定されている。これに伴い、チリが国際社会の中で名実ともにドナーの一員としての責務を果たしていくことがますます求められる。日本はJCPPでの経験を発展させ、日本とチリの両国が協働で「持続可能な開発のための2030アジェンダ」の目標達成を目指し域内での三角協力を一層促進するため、2018年2月に新たにJCPP2030をチリとの間で締結した。新しいJCPP2030を通じ、双方が対等のパートナーとして域内の発展にさらに貢献していくことになる。

なお、チリの援助卒業が国際社会で議論される中、日本は、チリとの二国間関係、チリの抱える課題にチリ政府と連携して対応をしていく重要性などから、2018年6月にチリを開発途上地域と認定し、技術協力事業を引き続き実施することを決定した。2030年までに多くの国の援助卒業が予想され、チリへのこれからの日本の協力のあり方は、将来、援助卒業が予想される他の国々への協力を考える上で大きな指針になるものと期待される。

（櫻井英充）

48

文化交流

★アニメから震災交流、日本庭園★

チリでの日本文化への関心は年々高まっている。最近の傾向として注目に値するのは、24時間日本のアニメを中心に放映しているテレビ局もあり、日本のアニメに高い関心を持ち、アニメを通じ、日本語のみならず日本の食文化、伝統文化にも関心を深める若い人たちが増えていることである。日本文化に関心を寄せる若者からは、「アニメは日本文化のゲートウエー」「伝統文化からポップカルチャーまで様々な側面を有する日本文化は魅力的」といった声が聞かれる。アニメのコスプレファンが集う日本のアニメイベントでの日本留学説明会で、全身コスプレの衣装をまとった若者（工学部の学生）が留学申請書類を手に、日本留学を希望しており申請書類を記入したが分からない部分があると真剣に質問をしている姿は印象的だった。サンティアゴでは、毎年日本のアニメイベント、アニメ・エキスポが開催され、２０１６年には、日本のアニメ・ポップカルチャーのイベント、スーパー・ジャパン・エキスポがモビスターアリーナで開催され、その他、コミック・コンでも日本のアニメ関連ブースは人気が高い。また最近は、地方各地でもアニメイベントが開催されるようになってきている。

大統領府文化センターで開催された着物展（2015年10月〜2016年３月）

日本の大型文化事業は集客力も高い。２０１３年8月には、ガブリエラ・ミストラル文化センターで日本フェスティバル「日出づる国の祭典」が開催された。劇団「マームとジプシー」と木ノ下歌舞伎による公演が行われたほか、マヌエル・ロペス氏による日本写真展、スペインの日本文学評論家カルロス・ルビオ氏による日本文学講演会が実施される大規模なイベントとなった。

２０１５年には、３月から6月にCorpArteで「草間弥生展」が開催され、6万人以上が訪れた。6月にはラス・コンデス文化センターで「チリの日本美術展」、10月から２０１６年2月には大統領府文化センター（モネダ文化センター）で「サムライ展」（米国アン・アンド・ガブリエル＝バービーミュラー博物館のサムライコレクション）が実施され、「サムライ展」のオープニングには、バチェレ大統領やオットーネ文化大臣も出席した。10万人が訪れたこの展示の同時開催として、10月から3月には、丸紅、ＪＡＬ、中央日本人会の協力を得て「着物展」が開催されただけでなく、「日系人移住写真展」も実施された。

またこの時期に、同じ会場では盆栽や生け花のデモンストレーション、日本文学講演会や武道デモンストレーションが実施されただけでなく、日本語・書道・漫画・空手・剣道・切り紙・ちぎり絵・編みぐるみ教室等が行われた。このセンターの映画館では、五所平之助、宮崎駿、黒澤明の映画も上映される等、約5か月にわたりチリで最も集客率の高い大統領府文化センターで日本紹介事業が行われた。

数多い日本紹介事業の実施は、日本関連団体の尽力によるところが大きい。中央日本人会やバルパライソ日系人協会、日智文化協会や、日本総合学習センターをはじめとする各機関が積極的に日本紹介事業を実施しており、書道、茶道、折り紙、俳句、ちぎり絵、日本料理教室等には、多くのチリ人が参加している。元国費留学生の会や、ＪＩＣＡ帰国研修員の会等も、日本留学説明会や、日本での研修の学習成果としてワークショップを開催するなどしている。

また、両国の文化交流の大きな柱の一つとして、震災交流が挙げられる。１９６０年のチリ地震に端を発する三陸海岸大津波によって南三陸町では多数の死傷者が発生したが、その30年後の１９９０年、当時の駐日チリ大使が南三陸町を訪問し、ともにチリ地震で被災した町と国の復興を記念して南三陸町に対して「友好のメッセージ」を送った。これがきっかけでチリと南三陸町の交流が開始され、１９９１年には復興と友好、防災のシンボルとして、南三陸町がふるさと創生事業の一環としてチリ側の協力を得て自ら製作したモアイ像のレプリカとコンドルの碑が町に設置された。しかし、２０１１年の東日本大震災の津波によってこのモアイ像は倒壊してしまった。これを受けて２０１２年3月に訪日したピニェラ大統領がモアイ像のレプリカを南三陸町に寄贈することを発表し、日智経済委員会チリ側委員会のイニシアティブによって、ラパ・ヌイの著名な芸術家であるトゥキ・ファミリーがイースター島の石を使ってモアイ像のレプリカを製作した。

大統領府文化センターで開催された日系人移住写真展（2015年12月～2016年２月）

このモアイ像は２０１２年12月に日本到着した後、日本各地を巡回し、２０１３年５月に南三陸町で引渡式が実施された。

また２０１３年には、モアイプロジェクト実行委員会により、このモアイ像寄贈のストーリーを綴った本『モアイの絆』（日本語版およびスペイン語版）が制作され、２０１４年にチリを訪問した安倍総理からバチェレ大統領に手渡された

両国の震災交流は、モアイ寄贈だけではない。２０１２年10月から２０１３年３月には、南三陸町の志津川高校とチリの被災地コンスティトゥシオンのガブリエラ・ミストラル高校の間でそれぞれの被災体験を綴った詩と物語を交換する、国際交流基金「遙かな友に心を寄せて」プロジェクトが実施され、交換された詩に曲をつけて両国で震災コンサートが開催された。

２０１３年12月には、河北新報社、国際交流基金、ＪＩＣＡ、日本大使館の共同事業として、両国で津波の震災の経験を共有し、被災者同士が語り合うことにより、今後の防災について考える震災ワークショップ「結び塾」が実施された。日本からは、南三陸町と石巻の被災者が語り部として参加し、自らの被災体験を語ると共に、そこから得た防災の意識をチリの被災者と共有した。震災の体験が語られることのないチリでのワークショップで、チリの参加者から初めて震災の体験を語ることができて良かったとのコメントがあった。

２０１４年には、コンセプシオンで「絆――人と人とのつながり」と題する震災復興シンポジウムおよび写真展が実施された。

２０１６年には、ノボル電機からチリに１００個のメガホンが寄贈された。ノボル電機の社員が

「遙かな友に心を寄せて」プロジェクトの話をラジオで聞いて、チリにお礼をしたいとして、社員皆で休み時間に100個のメガホンを作り、チリに寄贈されたものである。一つの震災交流が次の交流につながる温かい話である。

また、最近は、日本庭園をめぐる交流も活発化している。チリには、サンティアゴのサンタ・ルシアの丘やサン・クリストバルの丘、ラ・セレナやアントファガスタ、コンスティトゥシオン等に日本庭園がある。サンティアゴのサン・クリストバルの丘の中腹にある日本庭園は、ジョギングやサイクリングが盛んであるサンティアゴの中でも、サン・クリストバルの丘でジョギングやサイクリングをする人の休憩所ともなっており、休日ともなるとスポーツウェアを着た多くの市民がストレッチをしたり一息ついたりしている。

また、2015年2月に東京都神代植物公園と姉妹園となったバルパライソ州のビーニャ・デル・マル植物公園には、2010年に桜の植樹が行われ、ここでも毎年桜が咲く時期に花見が行われている。ビーニャ・デル・マル植物公園との交流により、神代植物公園にもチリから植物が贈られており、チリのコーナーも作られるなど、双方で活発な交流が行われている。

文化交流は、日本庭園のように、長きにわたって形として残るものもあれば、形としては残らなくても、参加した人々の心に残るものもある。チリと日本のより多くの人が、様々な文化交流を通じて絆を深めていくことができれば望ましい。

（山口恵美子）

49

学術交流

★中南米初の東大フォーラム★

日本とチリとの往復は、距離が遠いので非常に大変である。両国はほぼ地球の反対側にあり、アメリカ経由でも、オーストラリア経由でも、カナダ経由でも、あるいはヨーロッパ経由でも、チリから日本に行くのに3日、日本からチリは2日、往復で5日を要する。

地理的に非常に遠いにもかかわらず、チリの大学は日本の大学に高い関心を示しており、また日本の大学もチリとの大学の交流を積極的に始めている。

中でも最近以前にも増して交流が活発化しているのが東京大学と筑波大学である。東京大学は、国立チリ大学と全学学術協定および学生交流のための全学覚書を締結しているほか、私立カトリカ大学と国際交流協定を締結しており、カトリカ大学のアジア研究センターとの交流をふまえ、毎年チリで日本のアジア研究者による講演会を実施したり、日本から留学生を派遣したりしている。また、私立カトリカ・デル・ノルテ大学との間では、天文学や水産等の分野で交流・協力も行われている。

また東京大学は、２０１３年にチリ国家科学技術審議会との間で協定を締結し、交換留学プログラムをスタートさせたほか、

チリでの東大フォーラム2013閉会式［提供：東京大学国際本部］

2013年11月には、東京大学、チリ大学、カトリカ大学が協力して、サンティアゴで中南米初の東大フォーラムが実施された。この東大フォーラムには、濱田学長（当時）をはじめ、天文学、鉱業、ナノ科学、バイオ科学、薬学、食品、アジア研究、地震学、インフラ、工学等様々な分野の研究者等100名以上がチリを訪問し、講演会、ワークショップが開催され、両国の研究者の間での共同研究や交流等が進められることとなった。2014年10月には、東大フォーラムのフォローアップとして、今度はチリ大学の学長、カトリカ大学副学長等のチリの学術ミッションが日本を訪問し、東京大学や筑波大学と交流を行った。そして2016年11月には、チリのパタゴニアで日・チリアカデミックフォーラムが開催され、日本から研究者等60名以上が参加し、天文学、地球環境科学、生物科学、バイオメディカル・エンジニアリング、化学、水産、IT、アジア研究等の講演会・ワークショップが実施された。

当初東京大学とチリ大学、カトリカ大学で開始されたこの学術交流は、その後両国で大学横断的に広がっており、2016年のアカデミックフォーラムには、日本からは東京大学、筑波大学、東洋大学等の関係者が、チリからはチリ大学、カトリカ大学、国立マガジャネス大学が参加するものとなった。

他方、筑波大学は、チリ大学と締結している国際交流協定をふまえ、また南米での展開を強化する中で、チリも南米の重点国の柱の一つとしており、チリで筑波大学への留学説明会を実施するなど、留学生の積極的な受け入れを進めている。

また、日本学術振興会による大学の世界展開力強化事業により、平成27年度は「中南米等との大学間交流形成支援」として、チリとの間では①東京大学とチリ大学およびチリ・カトリカ大学（チリ・ブラジルとの連携による理工フロンティア人材の育成）、②筑波大学とチリ大学（持続的な社会の安全・安心に貢献するトランスパシフィック協働人材育成プログラム）、③山形大学と国立タルカ大学（「山形・アンデス諸国」ダブル・トライアングル・プログラム）、④上智大学とチリ・カトリカ大学（人の移動と共生における調和と人間の尊厳を追求する課題解決型の教育交流プログラム）の間の事業が採択された。これにより5年間にわたって3週間程度の短期留学および3か月以上の中長期留学が実施されることとなり、様々な形での留学プログラムが行われている。

学術交流はそれだけに留まらない。2016年8月には、岡山大学が私立フィニス・テラエ大学に国際同窓会チリ支部を開設したほか、大腸がんの早期発見の分野で医学協力を実施している東京医科歯科大学は、アウストラル大学医学部およびチリ大学医学部と国際交流協定を締結している。その他、主なものだけでも、早稲田大学は、チリ大学、カトリカ大学と学術交流協定、同志社大学はカトリカ大学と包括協定、国際基督教大学はカトリカ大学と交換留学協定、関西外国語大学はカトリカ大学と海外留学協定、九州大学はカトリカ大学と国際交流・留学協定、上智大学はカトリカ大学と海外留学協定、大阪大学大学院法学研究科はカトリカ大学法学部と協定を締結している。日本とチリそれぞれの学生や研究者が留学する機会が非常に増えてきている。

他方、チリの大学と日本との関係を見ると、カトリカ大学に前述のアジア研究センターが設置されているほか、私立ディエゴ・ポルタレス大学にアジアセンターが存在する。また、日本語のクラスを設置しているチリの大学もある。国立サンティアゴ大学では、正式専攻課程としての日本語教育が行われている。サンティアゴ大学では、1993年に選択科目としての日本語講座が設置され、1995年からは、人文学部言語文学学科翻訳課程に、5年制の英語・日本語専攻としての日本語講座が開設され、これまでに350名以上の卒業生を送り出している。また最近は、南山大学や日本大学と協力して「第二外国語としての日本語教育」に関するシンポジウムを開催したりもしている。サンティアゴの大学で日本語が学べるのはサンティアゴ大学以外では、選択外国語科目としての日本語コースが置かれているカトリカ大学にも日本語学習者がいる。その他、地方では、国立アウストラル大学、私立コンセプシオン大学、国立タルカ大学等で選択外国語科目としての日本語コースが設置されている。日本との交流が増え、日本語学習や日本留学を希望する人が増えている中で、大学や大学機関以外での日本語学習者は併せて1300人以上となっているが、日本語の教師が不足している。

また、大学間の交流ではないが、国際武道大学は、毎年チリからの剣道留学を受け入れている。日本で剣道を学んだ留学生が、チリで剣道のレベルの向上や普及に励んでいる。大学交流は、スポーツ交流にも貢献するものとなっている。

（山口恵美子）

コラム12

標高世界一の天文台TAO
――未知なる宇宙の姿を求めて

吉井　譲

世界一高い場所にある天文台がチリにあるのをご存知だろうか――。それは東京大学アタカマ天文台TAO（The University of Tokyo Atacama Observatory）。南米チリ北部のアタカマ砂漠にそびえるチャナントール山頂、標高5640メートルに位置する。2009年に口径1メートルのミニTAO望遠鏡が建設された後、標高世界一の天文台としてギネス世界記録に登録された。2012年からは大口径6・5メートルのTAO望遠鏡の製作が本格化し、天文学最大の謎である銀河の誕生や惑星の起源の解明に挑む。

TAOサイトの眼下には砂漠が一面に広がる。その中に目を凝らすと、アタカマ大型ミリ波サブミリ波干渉計（ALMA）の電波望遠鏡群が白い点々となって見える。視線を遠くに移すとボリビアとアルゼンチンにそびえる6000メートル級のアンデスの山々が連なり、そのまま見上げると濃い青空が果てしなく広がる。標高が高いので空気は薄く地上の半分しかないため呼吸は苦しく、体調不良を防ぐには酸素吸入が必要である。

生物はもちろん、草木すら生えないこの砂漠が、天文観測の聖地として近年にわかに活気づいている。前述のALMAを筆頭に日本、北米、欧州各国の望遠鏡が稼働中で、その数は10を超える。アタカマ砂漠は、年間降水量が極端に少なく晴天率が高い、大気が安定し、光の害が少ないといった、優れた観測サイトとしての条件を全て満たしている。また、チリは政情が安定し治安も良く、その上、社会インフラも整っていて、安心して天文学の大型プロジェクトを進められる理想的な環境である。

口径1mのミニTAO望遠鏡が設置されているチャナントール山頂の風景。大口径6.5mのTAO望遠鏡もここで観測を開始する
［提供：東京大学TAOプロジェクト］

ＴＡＯは他の天文台では見ることができない光をとらえることが可能だ。天体から地球に届く光のうち赤外線は大気吸収の影響を受けていくつかの波長帯を除き地上までは届かない。そのため赤外線観測には大気の外に出て地球を周回する衛星望遠鏡が必要とされてきた。しかし、ＴＡＯサイトは空気が薄く乾燥し大気中の水蒸気が著しく少ないため、近赤外線波長（0・9〜2・5ミクロン）のほぼ全域と、さらに長波長の中間赤外線（30ミクロン帯）まで観測でき、その上、地上望遠鏡は衛星望遠鏡に比べて大口径にできるため高解像度の画像が得られるという利点がある。この恵まれた環境は、遠方の銀河や塵やガスに隠された天体の活動、星の周囲を取り巻く塵を観測するのに適しており、銀河の形成進化、惑星形成ひいては我々生命誕生の謎に迫ることが可能になる。

　計画がスタートしたのは１９９８年。当初、チャナントール山は山頂へ至る道もない未開の地であった。しかも、地元住民にとって神聖な山とされていたため、最優先は地元住民の理解を得ることであった。計画を説明する機会を積極的に持ち、市のイベントを通じて親交を深めるなどの努力が実り、次第に共感と理解が得られるようになった。その後、２００２年にメンバーが徒歩で初登頂したことを皮切りに、２０

04年に山頂に気象調査装置を設置、2006年に山頂への道路建設、2009年にミニTAO望遠鏡の建設へと歩む。この間、高山病との格闘、苛酷な環境ゆえの機器故障など、想定外のトラブルに幾度となく見舞われたが、何よりの助けとなったのは現地の方々の協力であった。

山頂への道路およびミニTAO望遠鏡、山麓施設、いずれの建設も現地の業者にお願いした。特に標高5640メートルでの工事では、日本人が高山病に苦しむ中、現地ワーカーは酸素吸入をせずとも重労働を難なくこなし、思わず拍手したくなるほど頼もしい存在だった。山麓施設の管理に発電機の給油、道路整備等に至るまで現地の方々の協力なしには絶対にできなかったであろう。皆親切でフレンドリー、大らかなラテン気質で明るく、一緒にバーベキューをするなど交流も楽しく、彼らは今ではTAOの大切な一員となっている。

TAOにはチリと日本の研究者が共に宇宙の謎を解明するという目標がある。今ではチリ国内の大学との学術的な交流が進み、チリ大学、カトリカ大学、コンセプシオン大学とはワークショップを開催し、科学観測計画と共同研究、観測装置の共同開発等の検討を活発に行っている。アントファガスタ大学、カトリカ・デル・ノルテ大学とは、協力してイベントを企画するなど広報を中心とした交流もある。科学技術交流のシンボルとして両国の天文学の発展に貢献できる日も近い。

日本の関係機関をはじめ、チリの天文コミュニティー、チリ政府、サンペドロ市、企業など、関係する全ての方々のこれまでのご支援に心から感謝すると共に、今後も引き続き見守っていただけることを心からお願いしたい。

コラム13

アンデスの巨大電波望遠鏡ＡＬＭＡ《アルマ》

阪本成一

チリ北部のアタカマ高地は、観測天文学者にとっての聖地である。

私が初めてこの地に足を踏み入れたのは１９９４年のことだ。当時東京大学の博士研究員であった私は、学位研究のために行った北天の天の川の広域な電波観測を南天にも拡張しようと考えていた。そこで、日本で用いていた広域観測専用の小型電波望遠鏡の２号機をヨーロッパ南天天文台（ＥＳＯ）のラ・シヤ観測所内に設置させてもらうべく、共同研究者とともに当地に乗り込んだのだった。

初めて見るアタカマの空は、東京生まれの私に鮮烈な印象を残した。日中の空は澄み切った青。それが日が落ちるにつれて七色に表情を変え、薄明が収まると頭上には壮大な天の川が現れた。目が慣れてくると、人工の明かりのない観測所の中でも、星明かりで歩くことができた。吸い込まれそうに深い星空を見上げながら、宇宙の中の地球、そして自分を感じた。

アタカマ高地が天体観測に適しているのには理由がある。東にそびえるアンデス山脈は急峻で、アマゾンからの湿った空気はその東麓に雨を降らし、山を越えるころには乾燥する。西に広がる太平洋の沿岸にはフンボルト海流が南極から冷たい水を運び、雨を降らすための上昇気流を発生させない。この結果、世界でも最も乾燥した地域が生まれた。晴天率が高く、乾燥し、かつ標高の高いこの地は、天体から届く光の観測だけでなく、水蒸気に吸収されやすい電波や赤外線の観測にも適している。高い標高にもかかわらず比較的平坦であることや、比較的安定した治安、優秀な現地労働力の入手性、そして関税免除をはじめとする政府の便宜供与などが、この地を望遠鏡銀座へと変えてきた。いまや、

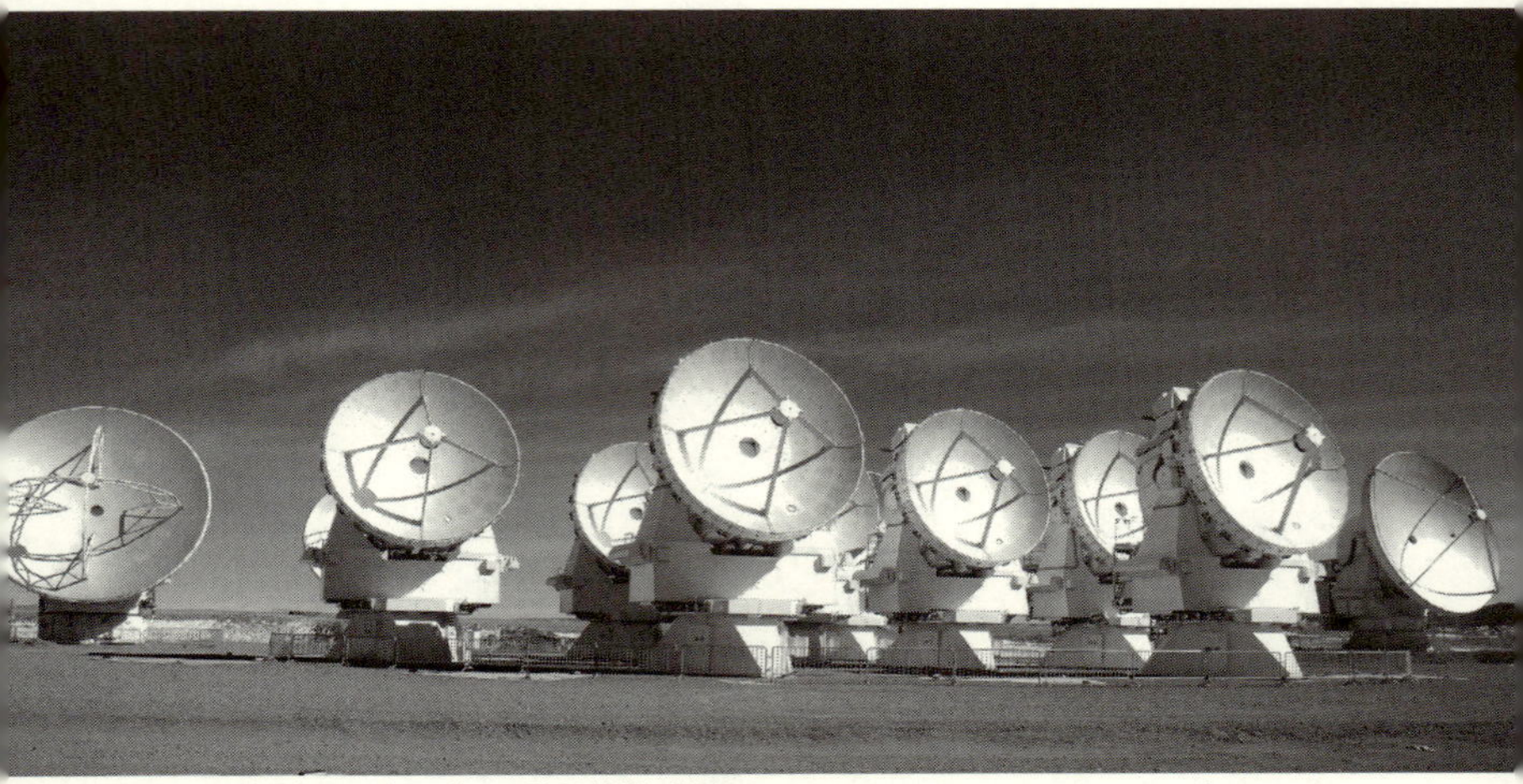

アタカマ大型ミリ波サブミリ波干渉計［提供：ALMA (ESO/NAOJ/NRAO), R. Hills］

世界最大の電波望遠鏡であるＡＬＭＡ《アルマ》をはじめ、口径8メートルの光学望遠鏡4基を擁するＥＳＯパラナル観測所、ＥＳＯラ・シヤ観測所、カーネギー研究所のラス・カンパナス天文台、米国国立光学天文台（ＮＯＡＯ）のセロ・トロロ汎米天文台など、世界有数の観測所がこの地域に集結している。

ここでＡＬＭＡ《アルマ》について改めて説明しよう。これはアタカマ高地にある世界最大の電波望遠鏡である。とはいえ一つの巨大なアンテナではなく、直径12メートルのアンテナ50基と、アタカマコンパクトアレイ（別名「モリタアレイ」）と呼ばれる直径7メートルのアンテナ12基と直径12メートルのアンテナ4基からなるシステムを組み合わせ、一つの電波望遠鏡システムとして運用するものである。建設と運用には、日本を中心とする東アジアと、北アメリカ、ヨーロッパ等が協力して当たっている。正式名称を「アタカマ大型ミリ波サブミリ波干渉計」といい、ＡＬＭＡ《アルマ》はその英語名称の略だが、スペイン語の"alma"（「魂」や「愛しい人」などの意味）という語も意識している。建設総予算約１５００億円のこの大プロジェクトは、政治主導ではなく研究者主導のボトムアップの国際共同計画として立案された。日本は計画全体の４分の１に相当する、モリタアレイや３種類の受信機などを担当した。

２００３年に建設を開始したＡＬＭＡ《アルマ》は、２０１３年に本格運用を開始し、開所式典を挙行した。得られた科学成果は期待通りのものであった。宇宙が生まれて間もない時期の「宇宙の再電離」のしくみや、銀河の衝突合体のメカニズム、銀河の中心に潜む超巨大ブラックホール、惑星の誕生現場の詳細構造などに迫る目覚ましい成果が挙がり、ほぼ毎月のように報道等でも取り上げられている。しかしこれらの期待された成果がＡＬＭＡ《アルマ》のすべてではない。このような大型装置の常として、まったく予想していなかったような大発見がこれからもたらされるに違いない。

※内容は２０１７年執筆当時のものです。

コラム14

「Doctor Feca（ウンコの先生）」と呼ばれて

江石義信

「日本で勉強した早期大腸癌の診断法は南米では役に立っていない」

これは日本でJICA研修を受けた南米病理医の帰国後便りの一文である。理由を尋ねると、南米では進行大腸癌ばかりで早期癌病変を見ることはほとんどないと言う。これが病理医である私が南米で日本式大腸癌検診の普及を始めた動機である。1981年から15年間サンティアゴのサンボルハ病院内では、国際消化器病研修会がJICA第三国研修として毎年開催されていた。この研修会で私が病理指導の合間に免疫学的便潜血検査を利用した大腸癌検診の講義を開始したのは1994年のことであった。日本で早期大腸癌が多数見つかるのは便検査を用いた検診があるからだと研修生たちに熱く語った。気が付けば私は病理の先生ではなく「Doctor Feca（ウンコの先生）」と呼ばれるようになっていた。講義を受けたウルグアイ保健省の内視鏡医と外科医が自国で大腸癌検診を始めたいということで、JICA支援のもと1996年にモ

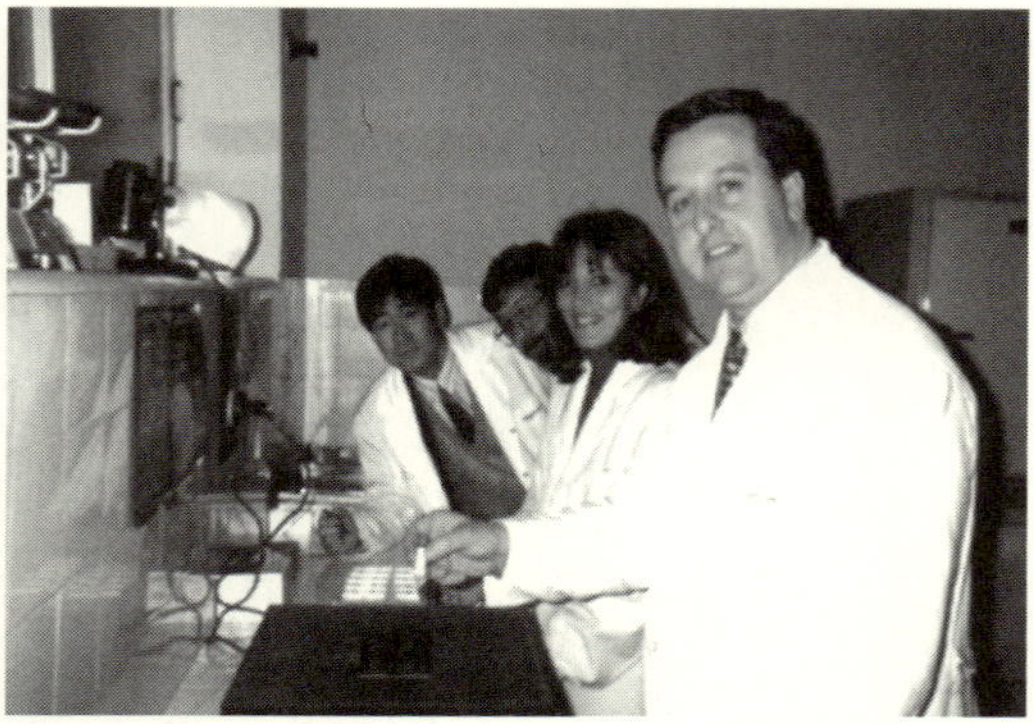

1996年、ウルグアイ・モンテビデオにて免疫学的便潜血検査の指導開始

ンテビデオで普及活動を開始した。

その後いろいろと苦労はあったが、その成果（無症状者100人に1人の癌発見率は世界No.1）が2006年に予防医学の英文権威雑誌に掲載され大きな反響を呼んだ。この論文掲載を契機に、チリのサンティアゴにある南米屈指の最先端病院であるCLC（Clinica Las Condes）病院から講演依頼を受け、当時CLC病院長だったマニャリッチ先生と面会した。チリ裕福層を患者対象とするCLC病院が、近年大腸癌死亡率の急激増加に悩んでいるチリ国の医療課題に取り組むことで、一般のチリ国民への福音に寄与したいと熱く語る病院長の話に感銘した。面会翌日にはCLC医師等とともにチリJICA支所を訪問し、ウルグアイ同様の支援を申し入れたが断られてしまった。皆で途方にくれながら市街地のカフェで対策を議論するうち、東京医科歯科大学に直接協力を依頼したいという話になり、帰国後に私から学長に相談することになってしまった。

チリ国側からの要望を当時の大山学長に恐る恐る報告したところ、意外にも大学をあげてチリプロジェクトを推進すべしとの英断をいただき、翌年2009年7月には本学とCLCとチリ国保健省との三者協定を締結するに至った。ところが2010年3月に、CLCの筆頭株主でランチリ航空会社社長のピニェラ氏が大統領に就任し、マニャリッチ病院長が保健省大臣に抜擢されたことから、保健省とCLCとの協力が利益相反上

2009年、東京医科歯科大学とCLCとチリ国保健省との三者協定を締結

の問題となり、検診普及活動の拠点を私立CLC病院から国立サンボルハ病院に移すことになった。20年前に我々が胃癌検診で活動拠点としていたサンボルハ病院敷地内の日智消化器病研究所が、新たに大腸癌検診の拠点として蘇ることになり、今度はJICAに代わってチリ保健省から支援を受けることになった。

当時サンティアゴのタクシーに乗った折のこと、「日本人か？ 日本で荒稼ぎしたアニータを知ってるか？」「え、はい、すいません？」「日本はいい国だ。新聞で見たよ、チリ国民のために日本が支援してくれるらしいな」。タクシー運転手の言葉に感激し、現地住民対象のプロジェクトにやりがいを感じた一瞬だ。これを契機に、南米全域への日本式大腸癌検診法の指導と普及目的で、CLC内に本学ラテンアメリカ共同研究センター（LACRC：Latin American Collaborative Research Center）が設立され、内視鏡や病理専門の本学教員が現地駐在して指導を行う体制が完成した。

50

日本・チリ関係の展望

★修好120周年を経て新たな時代へ★

持続的で、強い絆に結ばれた国と国との関係を支えるのは、両国の人と人、組織と組織の関係である。日本とチリの場合、多くの分野で、長期にわたる、相互の理解と信頼の関係が強まり、強い絆で結ばれた関係が構築され、両国間の安定した友好関係が築かれてきた（第35章参照）。

例えば、チリの成長を支える主要な産業で、両国の協力・連携が強まった。銅産業、鉄鉱石・鉄鋼業、ワイン、サケ養殖産業をはじめとする分野で、人と人との、組織と組織との、緊密な交流と信頼関係の構築が両国間の貿易・投資の拡大を可能にする推進力の一つであった。また、発電設備をはじめとする様々な日本製の産業機器は、チリの産業の発展を支える資本財となり、１９５０年代半ばのバスにはじまる輸送機器、特に乗用車や、家電製品などがチリの消費者に親しまれる身近な存在となって久しい。両国の関係は、チリと日本、それぞれの産業や日々の生活に深く根付いている。以上のような、貿易と投資の多くは、短期的な利害の一致による、その時限りの関係でなく、様々な困難を乗り越えて構築した長期的な関係によって支えられている。さらに環境、医療、教育、防災、人材育成をは

Ⅴ 日本とチリの関係

じめとする様々な分野での協力においてもそれは見られる。こうした日本とチリの関係の特徴が具体的にどのようなものであるかは、第V部の各章で詳細に述べられている。

後に述べる、サンティアゴ大学国際関係論専攻のセサル・ロス教授も、両国の関係の特徴として、「長期的関係の重視」「困難や危機を乗り越えていく強さ」「相互の深い理解」をまず挙げた。そして、教授は次のような重要な認識を示した。長期的関係の重視については、チリ側は、当初十分理解していなかったが、長期にわたる関係の発展を通じてその重要性を理解していった。相互理解は相互の努力に基づくもので、それによって両者が達成したいことの実現に向けて合意する意志を可能にするものだと言う。さらに教授は、世界で第三の経済大国日本と、ラテンアメリカの中でも中堅国家にとどまるチリという、経済規模からすれば、大きく異なる両国が、今日このような関係を構築するに至ったことは、非常に意義深いことを強調している。

右記のような特徴を持つ関係が築かれていることは、両国にとってかけがえのない資産であり、それを活かし、一層充実させていくことがこれからの両国の関係の発展を実現するためのカギとなるであろう。相互の理解やそのための文化学術交流については、修好100周年後のここ20年間で、一層進んでいる。チリ側からは、いくつかの両国関係に関する研究が行われ、刊行された。まず、1997年『日智友好の一世紀』(スペイン語)が出版された。オスカル・ピノチェット・デラ・バラ氏の編集の下、複数の執筆者が、前半で日本とチリ両国のそれぞれ歴史や外交などを俯瞰し、後半でチリと日本の関係史、両国の経済関係の特徴などを論じている。また、同年、駐日チリ大使のハイメ・ラゴス氏が、『チリと日本――100年史』(日本語)を刊行した。両国の100年間の関係史と、経済関係、文化・学術関係を論じている。続いて、2007年にセサル・ロス教授の『チリと日本1973年‐1989年——不確実性から戦略的提携へ』(スペイン語)が刊行された。そのほかにも、国連ラテンアメリカ・カリブ経済委員会(ECLAC)からも日本・チリ関係を含む、日本とラテンアメリカの経済関係に関する研究が刊行されてきた。

日本側では、第35章で引用した1997年刊行の『日本チリ交流史』および『日本の選択、チリの選択』に続いて、2010年に水野浩二氏の『チリ学入門』が日本語とスペイン語を併載する形で刊行された。主としてチリに赴任した日本人向けのチリに関する本格的参考書として、1995年に、日智商工会議所から、『ようこそチリへ』の初版が発刊され、版を重ね2014年には、第5版が出版されている。また、専門書としては、チリの教育に関して、『教育における国家原理と市場原理』が2012年に出版された。このほかにも専門分野についての研究書や論文は、アジア経済研究所や、ラテンアメリカ研究を行う多くの大学から出版されている。さらに、特筆すべきは、1997年にハイメ・エイサギルレ氏の『チリの歴史——世界最長の国を歩んだ人々』を山本雅俊氏が邦訳、出版したことである。チリ創設期前後からの320年間を描いたこの大部の本は、ラテンアメリカ諸国の中では、わが国で初めて翻訳された本格的「自国史」であるとされる。文学の分野では、多くのチリの文学作品が邦訳され、広く日本に紹介されていることは、第59章に詳細に書かれている。また、日本の著名な小説家の文学作品がチリを舞台に書かれている(コラム15)。他方、スペイン語に翻訳された日本の文学作品もチリで読まれている。

以上のような相互の理解の基礎となる、両国での相手国に関する研究、文化・芸術の紹介、日本とチリの関係に関する研究が、100周年以降のここ20年間で大いに進んだことは心強い。研究や文化交流、学術交流の一層の充実にむけ、両国が協力していくことは、今後とも重要であろう。また、チリからの南三陸町へのモアイ像の寄贈にみられるような、市民レベルの交流が進んだことも注目すべきであり、両国間の友好と親善の関係への貢献は大きい。

さらに、中長期的な、広い視野での、日本とチリの関係を展望するとき、科学技術分野における協力・交流を一層深めていくことが、新たな両国関係の地平を切り開くことに繋がることも指摘できよう。すでに、天文学、医学、防災、水産などの多くの分野で、近年、大いに協力が進んでおり、今後のさらなる発展が注目される（第46章とコラム11）。

両国は、協力しつつ、経済関係や協力の推進のための、制度を構築してきた。日本チリ経済連携協定（日智EPA）の発効（第43章参照）はその重要な柱が確立することを意味した。日智経済委員会（第42章参照）は両国経済関係の推進役であり続けてきている。日本とチリが連携して、他の国々の社会経済発展に協力するための、日本チリパートナーシップ協定（JCPP）は、防災の「KIZUNAプロジェクト」のような日本とチリのリーダーシップのもとで行う国際協力の枠組みとなっている。

以上に述べたような、相互の理解、長期的な関係で実現した多くの成果、制度の充実などを活かして、今後の両国の関係にはどのような展望が可能であろうか。日本とチリは、ともに、APECのメンバーであり、OECDの加盟国であり、TPPの推進国である。これら組織が依拠している多くの普遍的価値を両国は共有している。これまでの経済関係をさらに発展する形で、両国は、これら組織の中で連携し、いくつかの分野で主導的役割を果たすことが可能であろう。その一つとして、両国がアジアとラテンアメリカの関係緊密化に様々な形で貢献することも可能であろう。チリは、太平洋岸にあって、メルコスール諸国とアジア諸国を結ぶゲートウエーの一つとしての役割を果たすことが可能である。チリはラテンアメリカの中でもビジネス環境の最も整備された国の一つであり、かつ、早くから、チリの航空・海運業は、強い競争力を有し、南米南部の輸送・ロジスティックの有力なハブとしての機能を果たしており、ゲートウエーとなる条件を十分備えている。さらに、アンデス横断のトンネルのような、そのための、インフラ建設などに日本とチリが協力して取り組むことも可能であろう。

チリの産業の多角化へも日智関係は、両国の協力と連携の強化を通じて寄与することができよう。セサル・ロス教授は、日本とチリは、銅産業や、水産業などで緊密な協力を行ってきたが、これらに次ぐ新たな産業として、電気自動車には欠かせない電池のためのリチウムとその関連産業において両国が協力しうることを強調した。チリはリチウムの世界2位の生産国であり、日本は世界の自動車産業で重要な位置を占める（第22章参照）。この両国が協力することは、チリと日本のそれぞれの分野での国際競争力の拡大につながる可能性もある。同様な視点は、サービス産業、エネルギー産業などのチリの今後の産業の多角化を担う産業にも当てはまると言えよう。

日本チリの両国が、その関係の将来について、様々な機会に、様々な分野で対話と交流を行い、ビジョンを共有することは、中長期的に、戦略的で、効果的な協力を進めさらに緊密な関係を構築していくために肝要であろう。

（細野昭雄）

VI

社会と文化

51

チリ人・チリ社会の特徴

★中南米の中で一味違う国民性★

チリ人と話していると「あの人は実は自分の親戚だ」と、自慢げに言うのをよく耳にする。あるチリ人はチリ社会について「(お互い同士) よく知らない大家族」と表現している。今住んでいるところが山手であれ下町であれ、もとを正せばお互いの父または母方の祖先のどこかで繋がっている、いわばチリ人はみんな親戚同志という訳である。特にビジネスの世界では、その傾向が強い。彼らから名刺を貰うと、名前、父方の姓、母方の姓という順番で書かれているが、母方の姓まで分かると、この人もあの家系と関係があるのか、と感心してしまうほどいくつかある有名な姓が記されていることが多い。

さて、チリ人についてちょっと見てみよう。最初にチリ征服を試みたのはスペイン人のディエゴ・デ・アルマグロで、ペルーからアンデスを越えて遠征してきたが、彼はこのときペルーから500人近いスペイン人と多数のインディオを連れてきた。これがその後3世紀にわたる先住民アラウコ人との本格的な戦いの初めだった。この戦いを続けるためにやってきたスペイン人はほとんどがカスティーリャ地方(スペイン王国の中心地)の出身だったが、主に下層階級の出身で少数の正規の軍人以外は、浮浪者や果ては「懲りない面々」までいたという。

アルマグロがペルーに帰ってしまった後、今度は同じペルーからペドロ・デ・バルディビアがマポーチョ川に辿りつき、ここに現在のサンティアゴ市を建設したのがスペイン王国成立（1492年）からほぼ50年後の1541年である。彼がペルーを出発したとき同行したスペイン人はわずか10名ほどだったが、遠征の途中で段々と増えてチリに到着したときは約150人になっていた。この二人の征服者に同行しチリに残った人たちが、今のチリ人のルーツといえよう。

ところで最初にチリに入植したスペイン人は男性ばかりで、当然多くの人が先住民アラウコ人の女性と結婚し、これが現代に及ぶ「混血」という複雑な問題の発端となった。一方先程のバルディビアに同行して初めてスペイン人の女性が入植したのは1548年だったが、最初は植民地拡大のために女性の移民を奨励し、女性の「面々」まで送り出していたスペイン政府も、その後独身女性の出国を禁止した。

それからしばらくして18世紀に入り、今度は同じスペイン人でも北東スペインのバスク地方出身者が大量に入植してくる。彼らは主に商業に従事し、次第に富を築き古いスペイン系と結婚し、従来からのカスティーリャ系とバスク系による商人階級という新たな上流社会が生まれた。現在でもチリの財界人のトップクラスには、バスク系が非常に目立つ。例えば1994年に財界人として初めて日本政府の勲二等瑞宝章を受章した、前「日智経済委員会」チリ側委員長のロベルト・デ・アンドラッカ氏（CAPグループ総帥）、また2002年に勲三等旭日中綬章を受賞した同委員会委員長のファン・エドゥアルド・エラスリス氏（チリ最大のゼネコンS－Kグループ会長）である。エラスリス家は経済界に限らず既に3人の大統領を輩出しており、また前チリ大司教フランシスコ・ハビエル・エラスリスは今挙げたエラスリス氏の長兄である。そのほかバスク系の名門といわれるのはライン、ビクーニャ家などである。バスクといえばかつてはスペインからの完全独立をめざし、激しい独立運動を進めていた特異な民族だが、その性格はまさに無骨、勤勉、正直で、チリ人の国民性そのものといってよく、バスク人こそがその大きなルーツとなっているのではなかろうか。あるいはこれに沈着かつ勇猛な先住アラウコ人の性格が混在しているとの見方もできよう。

18世紀に到来したもう一つの集団はフランス人で、本国スペインの覇権がオーストリアに起源をもつハプスブルク家からフランスのブルボン家に代わったことが原因だった。数はそれほど多くはないが、急速にチリ社会に溶け込み上流階級を形成していった。代表的な家系はたとえばレテリエル、ソーベルカソー、ハルパ、それに元大統領で有名なピノチェット（ただピノチェットにはフランス系とバスク系の二つがあるといわれる）、現大統領のミチェル・バチェレもフランス系の血を引いている。

19世紀になり、バルパライソが商業港として繁栄し始めると、今度はイギリス人が入ってきた。彼らの場合は企業の駐在員が多く、仕事が終われば帰国してしまうのが通例だったが、自分の判断でやってきた連中は別で、次第に家族を形成しチリ化していった。家系ではエドワーズ、マケンナ、ブンスターなどが有名である。ドイツ人が初めて、主に母国と気候の似たチリ南部に移住してきたのは19世紀の半ばで比較的新しく、現在ではチリ社会で重要な地位を占めていることはよく知られているが、名門家系を形成するまでには至っていない。19世紀にはアラブ系、さらに第二次大戦後にはユダヤ系、また市民戦争後のスペイン共和国派の人々も到来した。

以上チリの移民史を概観したが、既に述べたバスク人、それにドイツ系、イギリス系などが加わり、あのラテン気質特有のネアカさとは一味違う、素朴でかつ人間性のある「この南米諸国の中でも、チリという国だけにしかない、独特の」（五木寛之）国民性が育まれたといえよう。

さてチリには16世紀の征服当時から現在まで綿々と続く重要な姓（家系）が71あるといわれる。その中で最も古くまた家系の〝幹が最も太い〟姓はガエテで、最初の祖先の一人（ディエゴ・オルティス・デ・ガエテ）の母方から、ビデラ、アレサンドリ、フレイ、ピノチェット、エイルウィンを含む歴代大統領の75％近くを輩出している。軍人大統領のピノチェット、それを激しく非難、民政復帰を実現し初代大統領となったエイルウィンが、もとを正せば親戚同志とは恐れ入る。それだけではなく、サンティアゴ司教の大部分、大臣、有力政治家の多くがこの家系に属するというのだから、すさまじいとしかいいようがなく、これでは「チリ人は皆な親戚同志」といってもあまり驚くことはなさそうだ。

最後に意外なエピソードの一つをご紹介する。民政移管後には上院議長、内務大臣など要職を歴任、ピノチェット政権時代の１９８０年代にはスペインで亡命生活も送った気骨の人でキリスト教民主党の重鎮アンドレス・サルディバルは実直を絵に描いたような政治家である。そのサルディバルが何と、だいぶ古いがハリウッドで一時グラマー女優としてならしたラクエル・ウェルチの遠縁に当たるというのだ。実はサルディバルの母はライン・テハダだが、この母の母方でラクエル・ウェルチ（本名ラクエル・テハダ）と繋がっているというのだ。ちなみに彼女はボリビア系だが、サルディバル家ももとはボリビア系の名門の由である。

（水野浩二）

52

チリの名家

★新たなファミリーも加わる★

建国して200年に満たない国でもあり、成功したファミリーの数も少なく規模も大きくないが、政治・経済の分野で現在のチリで活躍しているファミリーを紹介する。左記のファミリー以外にも有名な一族（例えば、エラスリス、フレイ、マッテ）もあるが、出身国別に一か国に一つのファミリーとした。

①クエト家（スペイン）

中南米の最大の航空会社LATAM社の最大株主がクエト家であり、現在、同社のCEOは1959年生まれのエンリケ・ミゲル・クエト・プラサだ。父親ファン・クエト・シエラ（1930年生まれ）は、第二共和制期のスペイン内戦時に母親や妻や兄弟・親類と共にチリに渡った。スペインに残った父親（エンリケの祖父）はコルンガ市長であったが、逮捕・射殺された。父親ファンはサンティアゴで商業高等学校に進み会計士となり、カフェや皮革工場などの仕事を手がけ、1970年代に事業の多角化を進めた。政府が国営事業を民営化する中で、ビーニャ・デル・マルのカジノや銀行、保険会社に経営参加し、1978年には貨物航空会社 Fast Air Carrier 社を設立した。

1982年から1983年の経済危機の中で、航空事業に集中し、1994年には政治家で実業家でもあるセバスティアン・ピニェラ（大統領、2010～2014年、2018年～）と共にLAN Chileの筆頭株主になった。ファン・クエトとピニェラは1970年代後半、実質的にピニェラの投資会社となるBancard創設時から付き合いがあり、現在でも両家は関係が深い。息子のエンリケは1982年にカトリカ大学卒業後、父親が創設したFast Air Carrier社に入社し、1994年にはLANのCEOに就任した。LANは、1995年にチリ第2位の航空会社LADECOを買収、1998年にFast Air Carrier社を傘下にし、2000年にLAN Cargoがマイアミ国際空港をベースにオペレーションを始め、2002年、LAN Peru、LAN Ecuadorを通じて国際化に取りかかり、2004年には社名をLAN（Línea Aérea Nacional：1929年創立時）からLAN Airlines（Latin American Network Airlines）に変更した。2010年にブラジル最大の航空会社TAMとの提携に入り、2012年に合併、Latam Airline Groupが誕生した。2016年から統一ブランドであるLATAM名を冠した機体の使用を開始している。

②バチェレ家（フランス）

2014年3月11日から二度目の大統領として活躍したベロニカ・ミチェル・バチェレ・ヘリアのルーツを遡ってみる。

フランスのワイン商人だったルイ・ジョセフ・バチェレ夫妻は1860年にチリに移住、同様フランスから移住し鉱山業、ワイン製造で財を成していた名門ソーベルカソー家のワイナリーでジョセフはワイン作り専門家として働いた。1862年に生まれた息子は、フランス・スイス系チリ人と1891年に結婚、1894年に父方の祖父、アルベルト・バチェレ・ブラントが生まれた。一方、フランス・バスクとギリシャ系の血を引く母方の曾祖父はチリで最初の農学位を授与され、各地に農学校を開いた。英国人でチリ在住だった物理学者と結婚、彼らの息子が結婚し、生まれた5人の子供の4番目がバチェレの祖母である。その息子のアルベルト・バチェレ・マルティネスは1923年の生まれで空軍で活躍したが、ピノチェット政権下でアジェンデ政権に協力したとして拷問を受け、1974年に亡くなった。その娘が、1951年生まれのベロニカ・ミチェルである。彼女自身もチリ大学の医学生だった1975年に母親と共に拷問を受けたが、「ラテンアメリカのシンドラー」と呼ばれ数千人のチリ人を救ったとされるアルゼンチン人外交官ロベルト・コサックの助けでオーストラリアに亡命。後、東独のフンボルト大学で医学を勉強し、1979年に軍事政権下のチリに帰国しチリ大学医学部に復学した。1983年に卒業後、小児科医、公衆衛生の専門家として勤務医を務め、傍ら拷問を受け失踪した親を持つ子供たちをサポートするNGOで活動、1990年チリが民政に復帰すると保健省で活躍した。1970年以来チリ社会党の党員で、リカルド・ラゴス政権下では保健大臣、国防大臣を務め、2006年に大統領に就任、再選禁止法により2010年いったん退いた後、2014年に大統領の座に返り咲いた。中南米で選挙により選出された初めての女性大統領である。2018年3月に大統領の任期を終えたが、任期終了前日の3月8日、CPTPP（環太平洋パートナーシップに関する包括的及び先進的な協定、TPP11）署名式がサンティアゴで開催され退任に花を添えた。なお、2010年に「国連女性機関」の初代事務局長に就任した。

③ヤルル家（アラブ）

チリで最も力のあるファミリーの一つで銀行業、繊維業などの発展に寄与したヤルル家を見てみよう。チリには国民全体の5％程度のアラブ出身者がいるが、ファン・ヤルル・ロラスは1894年、パレスティナのベレン町に生まれ、1914年ボリビアに移住、1934年にチリに移り住んだ。1937年にBanco de Crédito e Inversiones（BCI）を設立、1953年に次男のホルヘ・ヤルル・バンナに経営を委譲した。ホルヘは、Yarur, Manufacturas Chilenas de Algodón（Yarur SA）を興し繊維業に進出、さらに傘下企業を束ねる持株会社Empresas Juan Yarur SpAを設立し事業を拡大したが、1991年10月17日に金融危機の中で中央銀行に劣後債を売却する発表の記者会見中に急逝した。その後、ホルヘへの長男ルイス・エンリケ・ヤルル・レイがBCI会長の座を引き継ぎ、現在はさらに多角化経営に乗り出しワイナリー（モランデ）、薬局チェーン（サルコブランド）、車両販売金融（フォールム）など手広く手掛けている。

④ポールマン家（ドイツ）

小売・流通のチリ最大手で南米でも3位のセンコスッドの創始者であるホルスト・ポールマン（1935年ドイツ生まれ）は第二次世界大戦後、両親と7人の兄弟と、1946年にドイツからアルプスを越えイタリアに、その後、アルゼンチンを経てチリに1950年に移住した。ホルストは13歳になるとブエノスアイレスで電話交換手として仕事を始めた後、父親が残したテムコのスーパーマーケットを皮切りに弟ユルゲンと共に各地にスーパーを建設、チェーン店化した。そして、チリ初の巨大スーパーマーケット（4000平方メートル）をサンティアゴに開業、1978年にセンコスッド社を立ち上げ事業を拡大した。現在では、チリのみならずアルゼンチン、コロンビア、ブラジル、ペルーなど南米各国に進出している。また、サンティアゴ商業地区の中心プロビデンシアに、南米で最も高く南半球でも二番目の高層ビル、グラン・トーレ・サンティアゴを含む一大商業施設コスタネラ・センターを建設、2013年に開業した。ホルストはチリ・ドイツ商工会議所の会頭も務めたドイツからの移住者の中の成功者の一人である。

⑤アンジェリニ家（イタリア）

アナクレート・アンジェリニ（1914〜2007年）は、エチオピアで活躍したイタリア軍人の父親ジュゼッペ・アンジェリニと母親アダリサ・ファブリとの間に、イタリアのフェッラーラで生まれた。1948年兄ジーノと共にチリに移住、ペンキ製造から建設業に進出、1955年には漁業、さらには70年代には造船、木材加工などにも業容を拡大、1986年には燃料大手で傘下に林業大手（Celulosa Arauco）を抱えるCOPECの経営権を握った。2004年、燃料（Copec、Metrogas、Abastible）、林業（Arauco）、発電（Guacolda）漁業などを従える持株会社AntarChileを設立。現在は、甥のロベルト・アンジェリニ・ロッシがグループを率いている。

⑥ルクシック家（クロアチア）

クロアチア出身のアントニオ・アンドロニコ・ルクシック・アバロア（1926〜2005年）はア

ントファガスタに生まれた。父親ポリカルポは、1910年にクロアチアから硝石ブームに沸くチリに移住し、チリ・ボリビア・ペルー三国による太平洋戦争（1979〜1983年）で英雄になったボリビアの英雄エドワルド・アバロアの曾孫のエレナ・アバロアと結婚、雑貨商を営んだ。ポリカルポの息子のアントニオはエナ・クレイグと結婚、アンドロニコ（1954年生まれ）とギジェルモ（1956年生まれ）の二人の息子に恵まれた。、エナと死別後、1961年にイリス・フォントボナと再婚、二人の娘パオラ、ガブリエラと息子ジャン・ポール（1964年生まれ）を授かる。1954年にアントファガスタ市郊外の小規模のポルテスエロ銅鉱山の権益を一部取得し、1958年に同鉱山を日本企業に売却した資金を原資に鉱業分野に進出し、1980年に経営危機の英国企業のアントファガスタ社に資本参加、以後、本格的にチリの鉱山事業に取り組んだ。1980年代後半には中南米諸国の経済危機の際に国有化された企業が再び民営化されたが、その期に飲料（Compañía de Cervecerías Unidas：CCU）、金融（チリ銀行）、通信など、それぞれの分野での有力会社を買収した。1995年、アントニオ・アンドロニコはロス・ペランブレス銅鉱山の開発を決定、これには日本企業も参画した。チリ資本が開発主体となった初めての大型鉱山開発だったが、2000年に生産開始後、拡張を経て順調に生産量を拡大、現在では年間の銅生産量が40万トン弱の世界でも有数の鉱山となっており、ルクシック・グループの発展に大きく寄与している。アントニオ・アンドロニコが2005年に、次男のギジェルモが2013年に他界後、長男アントニオが鉱山以外の金融、飲料、ワイン、海運、エネルギーなどの全ての事業を統括する持株会社キニェンコを管轄、一方、三男ジャン・ポールが鉱業事業統括会社アントファガスタ・ミネラルズの経営を分担してみている。チリ最大の資産を保有するファミリーとして確乎たる地位を築いている。

⑦エドワーズ家（ウエールズ）

チリを代表する新聞である『エル・メルクリオ』の現在の社主アグスティン・エドワーズ・イーストマンは、エドワーズ家の地位を揺るぎないものとしたアグスティン・エドワーズ・マック・クルレの孫である。歴史を辿ると、船乗りであったジョージ・エドワーズ・ブラウン（1780〜1848年）が1805年にラ・セレナに定住したときから始まる。その息子のアグスティン・エドワーズ・オサンドン（1815〜1878年）は1851年にチリで最初の鉄道（コピアポ・カルデラ間）を開通させ、後年は硝石ビジネスを推進した、下院議員から上院議員に転じ、議員のまま1878年に亡くなった。その息子アグスティン・エドワーズ・ロス（1852〜1897年）はバルパライソで発行していた『エル・メルクリオ』紙を買収、また上院議長を1893〜1895年に務めている。アグスティンの息子アグスティン・エドワーズ・マック・クルレ（1878〜1941年）は同名の新聞をサンティアゴで1900年に発刊した。下院議員、外務大臣、内務大臣など政府の要職も歴任、エドワーズ家の確乎たる基盤を確立した。『エル・メルクリオ』はその後もエドワーズ家が社主を務め、チリの中道右派を代表するオピニオン紙として揺るがぬ地位を築いている

（水野浩二／工藤　章／佐々木　修）

53

活躍する女性たち

★民政移管と女性の進出★

チリでは女性の地位向上・社会への参加に向けた制度改革が進められている。民政移管後、エイルウィン政権では民主化政策の一環として国家女性事業局が設置され、フレイ政権でも、男女平等に向けた取り組みが見られた。ラゴス政権ではバチェレ大統領が保健大臣および国防大臣に任命されたほか、外務大臣にも女性が任命された。

バチェレ政権下では、2015年の選挙制度改革で、議会選挙における各政党からの候補者40%以上を女性とすることが定められた。2016年には、1991年に設置された女性事業局が改編され、女性・ジェンダー平等省が設立されたほか、労働改革法では、労働組合幹部の3分の1は女性とすることが規定された。今後、女性の参画がさらに進められることが期待されている。

民政移管から30年近くが経過した現在のチリを牽引している主な指導者として、チリの初代女性大統領であるバチェレ前大統領、バチェレ第二次政権発足時に上院議長も務めたアジェンデ元上院議員、2013年の大統領選挙で、右派政党の初の女性候補者としてバチェレ大統領と決選投票に挑んだマテイ元サ

大統領就任式でのバチェレ大統領（中央）とアジェンデ上院議員（右）（2014年3月）［提供：AP／アフロ］

ンティアゴ市プロビデンシア区長を紹介する。

バチェレ前大統領

ミチェル・バチェレ・ヘリアは１９５１年にサンティアゴで生まれた。１９７０年にチリ大学の薬学部に入学すると共に、社会党青年部にも参加。１９７３年9月11日に軍事クーデターが発生し、アジェンデ政権下で空軍の准将だった父親はクーデター発生の日に逮捕され、１９７４年3月に亡くなった。バチェレ大統領と人類学者の母親も逮捕されたが、その後オーストラリアとドイツで亡命生活を送った。亡命先でも薬学の勉強を続け、１９７９年にチリに戻りチリ大学医学部を卒業し、小児科と公衆衛生を専門に勉強を続け、１９９４年にはフレイ元大統領のもとで保健次官顧問を務め、２０００年から２００２年には保健大臣を務めた。

他方、軍事政権を経て軍と市民との関係改善にも関心を持ち、ワシントンの米州防衛大学で軍事戦略について勉強し、２００２年には中南米で女性として初の防衛大臣に就任した。

２００６年には大統領選挙で勝利し、チリの初代女性大統領となり、男女平等、社会包含に力を入れた。２０１０年9月には、国連女性機関の初代事務局長に就任。女性の政治参加・経済力向上や、女性への暴力根絶に尽力した。２０１３年の大統領選挙でも勝利し、２０１８年まで大統領を2期務めた。

アジェンデ元上院議員

イサベル・アジェンデ・ブッシは、１９４５年サンティアゴでアジェンデ元大統領の娘として生まれる。子供の時から父親の政治活動に同行し、父親と共に多くの指導者にも接していた。１９６２年にチリ大学の社会学部に入学すると同時に、社会党に入党。

クーデターの際には、大統領府の爆撃が開始される直前に逃れ、エチェベリア政権下のメキシコに亡命。亡命中は、メキシコ自治大学で社会学、政治学の修士号をとり、その後はメキシコのラテンアメリカ多国間研究所で、同じくチリから亡命していたマイラ計画・協力大臣（フレイ政権）、インスルサ元米州機構（ＯＡＳ）事務総長等と親交を深める。

チリの民主化のために世界を回り、ミッテラン・フランス元大統領や、ゴンサレス・スペイン元首相、パパンドレウス・ギリシャ元首相、カストロ・キューバ元国家評議会議長他、世界の要人に迎え入れられ、チリの状況や人権等について訴えた。

１９８９年、チリに帰国。チリ社会党の一員として民主化に向けた活動に参加。民政移管後は、サルバドール・アジェンデ財団を創設し、アジェンデ元大統領の国葬実現に奔走した。

１９９０年には社会党国際関係委員会副委員長を務め、中南米のみならずヨーロッパ、アジア、アフリカの有力者との関係を深めた。

1994年から2006年まで下院議員を3期務め、2003年から2004年には女性としては史上二人目の下院議長を務めた。下院議長として冷静沈着で高い合意形成能力が評価された。また2010年からは上院議員、2014年から2015年には女性初の上院議長を務めた。上院議長としても手腕を発揮し、アジェンデが上院議長を務めていた時期は、民政移管後、承認された法案が最も多かった時期である。女性の権利の向上、参画に力を入れており、離婚法や家庭内暴力に関する法の起案者の一人でもあるほか、在外投票権やクオータ制の導入にも積極的に参加した。鉱業・エネルギー委員会、環境委員会、倫理・透明性特別委員会に参加し、2012年から2013年には鉱業・エネルギー委員会の委員長も務めた。

日チリ友好議員連盟にも参加しており、会長も務めたことがある。

マテイ元サンティアゴ市プロビデンシア区長

エベリン・マテイ・フォルネは、1953年サンティアゴ生まれ。父親はピノチェット軍事政権下で保健大臣、軍事政府評議会メンバー、空軍最高司令官を務めた。1979年にカトリカ大学の経済学部を卒業。1978年から1979年にはカトリカ大学の経済研究所の貨幣理論の本の制作にも参加したほか、経済学の教鞭も執っていた。ピニェラ大統領の下で、中南米の貧困に関する研究調査に参加したこともある。また1981年に設立した年金基金運用機構の監督局調査部長等を務めたほか、1986年から1989年までは、ピニェラ大統領が設立したクレジットカード会社バンカード社の副社長を務めた。

1988年に国民革新党に入党し、政治活動を始める。当時父親は軍事政府評議会のメンバーでもあり、マテイは、1988年のピノチェット軍事政権の是非を問う国民投票では、ピノチェット政権の継続を求める投票を呼びかけた。

民政移管後は、独立民主同盟党寄りの独立候補として1989年から1998年まで下院議員、1998年から2011年まで上院議員を務めた。1998年にイギリスでピノチェットが逮捕された際には、イギリスとスペインの企業をボイコットするよう呼びかけた。

2011年にピニェラ政権下で労働・社会保障大臣を務め、女性の労働参加を促進するため、産後休暇を6か月まで拡大するとともに、雇用機会および給与の均等化に取り組んだ。また、保育園や幼稚園の受け入れ人数を拡充するとともに、放課後学級制度を創設し、女性の雇用拡大に努めた。

2013年の大統領選挙では、右派政権（国民革新党・独立民主同盟党の連合）からの初の女性候補として立候補し、バチェレ大統領との決戦投票の結果敗れたが、2016年の地方選挙で、サンティアゴ市プロビデンシア区長に選出された。

民政移管後、歴代の指導者は民主化の過程でチリの軍政を様々な形で体験した女性を役職に起用すると共に、人権擁護の一環として女性も包含した制度改革を進め、また起用された女性指導者等が、さらに女性の権利・地位向上や参画に尽力している。

（山口恵美子）

※本稿の記述は外務省の見解ではなく、個人的見解である。

54

スポーツ

★成長著しいサッカーを中心に★

チリの国民的スポーツといえば、誰もがサッカーをあげるだろう。筆者が住んでいるサンティアゴでも、国内リーグの試合がある週末は飲食店等で地元チーム「コロコロ（Colo Colo）」の試合が放映され、勝利した日にはクラクションを鳴らしながら街中を走行する車が目立つ。チリ代表の試合がある日には、夕刻になると皆が急いで帰宅し、家族や友人と共に自宅でサッカー観戦をする。チリ、あるいは対戦相手のゴールが決まると、悲喜こもごもの雄叫びが至るところに響きわたり、試合を見ていない人でも近所の叫び声で試合の流れや結果がわかる、といった具合である。このように、普段はラテン気質の少ないチリ人もサッカーになると人が変わる。まさにサッカーは国を熱狂させるスポーツといえるだろう。

特にここ数年は、2014年ワールドカップにおけるチリ代表の活躍や、コパ・アメリカ（南米選手権）における2年連続のチリの優勝により、サッカー大国が集まる南米のみならず、世界がチリサッカーに注目している。ここでは、そんな話題に富んだサッカーを中心に紹介したい。

第54章
スポーツ

チリサッカー黄金期

これまでチリは、ブラジル、アルゼンチン、ウルグアイといったサッカー大国がひしめく南米にあって、サッカー中堅国との位置づけであった。自国開催となった1962年ワールドカップでは3位という快挙を達成したが、それ以降は、南米の他国と比較してチリのサッカーが特に注目される機会は少なかった。しかし、ここ数年の躍進により、チリは強豪国の仲間入りを果たしつつある。特に、2007年に開催された20歳以下のワールドカップで3位となった際にプレーしていた選手たちが、フル代表の主力選手となってからは、世界の舞台での快進撃が続いている。そのような印象をはじめに与えたのは、2014年6月に行われたブラジル・ワールドカップだろう。この大会でチリは、グループリーグ2回戦で前回大会王者のスペインと対戦した。当初は誰もが優勝候補の筆頭であったスペインの勝利を予想していたが、ここでチリは2－0でスペインを破り、決勝トーナメントに進出、そしてスペインはグループリーグ敗退という大どんでん返しを演出してみせたのである。この結果には世界が驚くと共に、チリ中が歓喜に包まれた。その後チリは、決勝トーナメント1回戦で開催国ブラジルと対戦し、互角の戦いを繰り広げた末にPK戦で惜しくも敗れ、2大会連続のベスト16に終わったのだが、ブラジル相手に果敢に挑戦するチリ代表の姿はチリ国民のみならず世界のサッカーファンをも感動させた。敗戦の翌日に代表選手がチリに帰国した際には、サンティアゴ市内のモネダ宮殿（大統領府）に大勢の国民が駆けつけ、大歓声の中、選手たちを出迎えた。

その1年後の2015年6月、チリで南米選手権「コパ・アメリカ」が開催された。チリは自国開催ということもあり、かねてからの悲願であった初優勝を目指して順調に勝ち進み、決勝戦に進出。

2016年コパ・アメリカ・センテナリオで優勝したチリ代表選手たち
［提供：MEXSPORT／アフロ］

ここでの相手は、前年のワールドカップで準優勝に輝いたアルゼンチンである。この試合でチリは粘り強い守備を見せ、PK戦に持ち込んだ末にアルゼンチンを下してついに初優勝を果たしたのである。

さらにはその翌年の2016年6月に米国で「コパ・アメリカ・センテナリオ」（コパ・アメリカの100周年を記念して開催）が実施され、何とチリはここでも決勝でアルゼンチンと対戦、PK戦の末に下すという、前年と全く同じ展開で2年連続の優勝を決めた。他国で開催された大会でも強豪アルゼンチンを下して優勝したことで、チリの実力が証明されたともいえる（残念ながら、2018年のワールドカップには出場できなかった）。

現在のチリ代表チームは黄金世代と言われ、欧州の強豪チームで主力を担うFWアレクシス・サンチェス（マンチェスター・ユナイテッド）、MFアルトゥーロ・ビダル（FCバルセロナ）、GKクラウディオ・ブラボ（マンチェスター・シティ）、MFチャルレス・アランギス（レバークーゼン）、またブラジルリーグで活躍するDFエウヘニオ・メナ（ラシン）等、まさに世界レベルの選手が揃っている。今後は若手の育成にも励みつつ、さらに世界での存在感を高めていってもらいたい。

国内プロサッカーリーグ

チリ国内のプロサッカーリーグは1933年に創設され、アウダックス・イタリアーノ、コロコロ、ウニオン・エスパニョーラ等8チームによってスタートした。現在は一部リーグ16チーム、二部リーグ15チームで構成されており、一部リーグは前期／後期制のもとで16クラブによる総当たり15試合を戦う方式で優勝チームが決定する。前期優勝、後期優勝、年間勝点1位の3チームがコパ・リベルタドーレス（クラブ南米選手権）の出場権を獲得する仕組みとなっている。国内で最も人気のチームは、サンティアゴを拠点とする「コロコロ」であり、チリ屈指のストライカーとして活躍したイバン・サモラノや、今や世界的な選手となったアレクシス・サンチェスら、往年のチリ代表選手を多数輩出した強豪チームである。同じくサンティアゴを拠点とするチーム「ウニベルシダー・デ・チレ（通称ラ・ウー）」との試合は「スーペル・クラシコ」と呼ばれ、サンティアゴ中が盛り上がり、チリ人との翌日の話題は試合結果で持ちきりである。そのほか、カトリカ大学、コブレロア、サンティアゴ・ワンデレスといったチームも人気がある。現在、チリ代表選手の多くは欧州やブラジルといった海外チームでプレーしているが、国内リーグのレベルも高く、この裾野の広さも近年のチリサッカーの発展を支えているといえるだろう。

その他のスポーツ

チリでサッカーに次いで人気があるスポーツはテニスである。特に、歴代の五輪でチリが唯一の金メダルを獲得した種目がテニスであるほか（2004年アテネ五輪で、シングルス〔ニコラス・マシュー〕、ダブルス〔ニコラス・マシュー、フェルナンド・ゴンサレス〕が共に金メダル獲得）、1998年に南米の男子テニス選手として初めて男子テニス協会（ATP）のランキング1位となったマルセロ・リオスの活躍は今でもチリ人の間で語り継がれている。最近では、2013年の全仏ジュニアで優勝したクリスティアン・ガリンが期待の若手選手であり、今後の活躍に注目したい。

このようにサッカーやテニスでは輝かしい実績を有するチリだが、ほかのスポーツについては世界に通用するものが少なく、2016年8月に行われたリオ五輪ではチリのメダル獲得数は0個に終わっている。今後、より幅広いスポーツ競技の発展に取り組み、選手を育成することが課題といえるだろう。

（笠井萌里）

※本稿の記述は外務省の見解ではなく、個人的見解である。

55

食生活

―★食材の豊富さにもかかわらず、食文化が育たなかった背景★―

チリの料理は他の中南米の国々と比較して、従来決して評価は高くなかった。料理は食文化であり、文化は歴史の所産とすれば、やはり先住民の文化が色濃く残っている、メスティソ（先住民と主にスペイン、ポルトガル人の混血）系が多く住むメキシコ、メスティソに加えて中国系移民が多いペルーでは、料理のバラエティも多く味も美味と言えよう。特にペルー料理はこの5年ほどで様々なグルメ本、レストラン・ランキング等を通じて紹介されるようになり、世界的にも注目されるようになっている。一方欧州系の白人が多いアルゼンチン、チリなどでは料理の主流も欧州が起源で、バラエティに欠ける点は否定できない。例外はベネズエラで、ここは豊富な石油資源を求めて、欧米から多数の移民または出稼ぎ人が来訪したが、その際富裕層が自国から連れて来た料理人が、そのままベネズエラに残り本場の味を広めていった。今でも同国の料理への評価は高い。

チリの場合食材が不足している訳ではなく、むしろ４２００キロメートルに及ぶ海岸線を有するチリは、海産物の豊富さでは中南米随一である。以前は「チリで美味しい食事をしようと思えば、できるだけ手を加えない素材に近い料理を選べ」と言われた由だが、料理人にとっては大変な侮辱であろう。

チリの食生活の貧しさの理由については、チリ人から別の指摘もある。レストランなどで食事ができる比較的裕福なチリ人は、食事は家庭でとるというのが長年の慣わしで、外食の習慣がなかった。その場合食事を用意するのは家庭の主婦ではなく、いわゆるお手伝いさんであり、これでは食生活の向上は到底期待できなかった。彼らが外で食事をするようになったのは、ほんの30〜40年前頃からだという。

しかし今から二十数年前からこうした事情が急速に変わってきた。その背景には1990年に16年余ぶりに軍政から民政への移管が実現し政治が安定したことで、外国人の流入が増加したことがある。観光客もさることながら、ビジネスマンの在留者が急増し、これは特にサンティアゴでその後10年近く続いたオフィスビル、マンション等の建設ラッシュに端的に表れている。また、90年代からの長期にわたる右肩上がりの経済成長で「中南米の優等生」の地位を不動のものにした結果、チリ人の所得レベルは劇的に向上し、外食の顧客層が拡大したこともある。ちなみに今ではあちこちで見られるスターバックス、マクドナルド、ケンタッキーなどの米国のファストフード店も軍政時代は一軒もなかった。

こうした変化を背景に、チリのレストランの味覚改善に火をつけたのが、欧州系のホテルのサンティアゴ進出であった。欧州を中心に世界で高級チェーンを展開するこのホテルは、ホテル・サービスそのもの以上に食事の美味さで定評がある。チリにも欧州より料理人を送り込み、新たな食材、味覚、料理法を展開するに至った。既存の大手ホテル、レストランにも少なからぬ刺激を与え、店内の改装、メニューの更新が相次いだ。

レストランの多様化も進み、一例だが軍政時代には国交がなかったため（ただし貿易は行われていた）ほんの数軒しかなかったメキシコ料理店が急増し、メキシコのビール、酒（テキーラ）、カクテル（マルガリータ）などが急速に普及し、メキシコ・ブームを引き起こした。最近のペルーの有名店のチリ進出もチリ人の味覚を刺激し、チリ料理の質の向上に影響を与えていると言われている。

いま一つが日本食ブームであり、90年代初頭にはサンティアゴ市内で10軒にも満たなかった日本食レストランが、小さなケータリング・サービス店を含めれば現在１０００軒近くに上ると言われている。もっとも日本人のコックがいる「純正」日本食レストランは十数軒で、あとはチリ人、韓国人などが見よう見まねで料理をしている、それも相当数がいわゆる「寿司バー」で、厳密には日本食というより、健康志向を反映しての寿司ブームというべきであろう。これまで日本食などとはまったく縁のなかった老舗のレストランでも、「寿司バー」を設けているところも少なくない。今やデパートの中に寿司コーナーを開いている所まであり、スーパーなどでもさしみや巻き寿司などが売られている。

エンパナーダ［提供：Sernatur/ CHILE TRAVEL］

さてチリで最もポピュラーな料理といえば、「エンパナーダ」と「カスエラ・デ・ポヨ」だろう。前者は一種のミート（牛）肉パイだが、ミートの代わりにチーズや海産物などを入れたものもある。後者はチキンをジャガイモ、ニンジン、タマネギなどと共に土鍋で煮込んだ一種のスープだが、結構ボリュームがあり普通はメイン・ディッシュとして食べられる。チキンの代わりに牛肉が使われることも多い。ただ残念ながらいずれもチリのオリジナル料理とはいえず、いずれもスペインが起源で、エンパナーダはアルゼンチン、ペルーなどでもよく食べられ、カスエラももともとは土鍋を表す一般的な呼称であり、類似の料理は中南米どこにでもある。

前述したように本当にチリにしかない料理を特定するのは難しいが、植民地時代以前から住んでいた先住民による地方料理に起源があるとも推測される。北部のアリカから南部のマガジャネスまでの細長い地形にはいろいろな気候分布があり、それらの土地固有の食材を反映させた地方料理がたくさんあるのに気づく。植民地時代以前から存在する食材として、ジャガイモ、コチャユーヨ（海草）、豆類、トウモロコシ、キヌアなどの豆・野菜・海草と、リャマ、アルパカ、グアナコ、アンデスシカ、アカシカなどの肉類があった。食材は豊富であったが、料理としては質素であった。スペイン人による征服後に、スパイス類や麦などが持ち込まれ、味覚は発達した。さらに19世紀にはイタリア、フランス、スペイン系の集団が移民し、ヨーロッパで使われてきた料理テクニックが持ち込まれ、それらの影響を受け、チリ料理として国民の間に定着し、今に至っていると言われている。

日本にあるチリ料理のレストランは東京に1店（カーサ・デ・エドゥアルド）、神戸に1店（グラン・ミカエラ・イ・ダゴ）、札幌に1店（モアイカフェ＆バー）ある。

（水野浩二／工藤 章／佐々木 修）

56

変化するチリ社会

★増える海外からの移住者★

チリは、自然の美しさ、優れた地理的条件、政治経済的安定性、公共安全性、近代的なインフラ整備を提供することで、海外からの移住者が増えている。エコノミスト・インテリジェンス・ユニット（ＥＩＵ）の世界平和度指数によると、南米で最も住みやすい国と評価が高く、米州ではカナダに次いで第２位にランクされている。２０１５年には１６２か国のうち29位につけた。少子高齢化が進み、人口増加が期待できないチリでは、移住者に対して開放的な政策により、労働市場においてもチリ人と差別しない「内国民待遇」を適用することが必要となってくる。チリは、対外からの財、サービス、資本、アイデアに対して常に開放的な政策を採ってきたからこそ、これからも持続的な成長が可能となるであろう。

チリでは海外からの移住者（永住ビザを取得している）は１９８２年の約８２０００人から２０１４年に３万６００００人へと急増した。２０１４年までの累計では、41万１０００００人の外国人が永住ビザを取得したことになる。１９８２年には総人口の０・７％しか占めていなかった海外からの移住者数が２０１４年には２・４％まで上昇した。チリの海外移住者の人口比率は、世界全体の3・2％を下回るものの、近年、チリは移民の主要な移住先となってきている。

移住者（永住ビザ）を出身国（国籍）別でみると、南米出身者が多く、２００５〜14年には移住者の大半が南米諸国から移住している。特にペルー（44％）、ボリビア（11％）、コロンビア（9％）、アルゼンチン（7％）、エクアドル（4％）などの近隣国の出身者が多い。近年にはドミニカ共和国、ハイチからの移住者も増えている。２０１６年から政治経済危機にあるベネズエラからの移民が急増しており、２０１７年に約7万３４００人がベネズエラからチリに入国した。アジア地域からは、中国と韓国からの移住者が多い。中国からは２００５〜14年には合計で５７５２人、韓国からは１００１人が移住した。日本からの移住者は同期間に合計８１３人となっている。

移住者の受け入れ先を州別でみると、２００５年には移住者の62％を受け入れた首都圏の比率が２０１４年には59％と低下してきている一方で、鉱業に特化する北部の州の重要性が高まっている。特にアントファガスタ州、タラパカ州、アタカマ州の割合が上昇している。また、永住ビザを取得している移住者を男女構成でみると、女性の割合がこの10年間でわずかであるが増加しているのが一つの特徴といえる。年齢別では、若年層（20〜35歳）の移住者が増えており、これらの移住者は２００５年には移民者総数の37％を占めていたが、２０１４年には43％まで伸びた。これは単にチリにおける労働市場での変化だけでなく、永住を目指す移住者のこれまでの流れが中短期的な移住へと移行していることを反映している。また、移住者の多くが若年層であり、中には学歴のある移住者も含まれていることで、移民がチリ国民の労働機会を奪うと危惧されることもある。

永住ビザの他に、雇用契約に基づくビザで入国する労働者も増えてきており、２００５年には2万

1700人であった居住ビザ発効数は2014年には6万6600人となった。2005〜14年までの居住ビザ発効数累計は、40万7000件である。このカテゴリでも若年層の労働者が過半数を占めており、全体の80％が首都圏に集まる傾向がある。

過去30年で高度成長を遂げたチリだが、しかし、その恩恵が必ずしも行き届かない家事労働者が50万人ほどいると推計される。多くのチリ人にとって、安い賃金で家事労働者を雇い、炊事、洗濯、掃除など家事全般を任せることは当たり前となっているが、チリ人の家事労働者が増えないなかで、ペルー、ボリビアからの家事労働者が増えているのが現状だ。海外からの家事労働者の労働環境の改善、賃金の上昇、健康保険制度などのさらなる整備が必要となってくる。移民者の構成が多様化してきていることから、ビザを一本化する動きがあり、新しい「移民法案」が2018年中に国会に提出された。

一方、海外に在住するチリ人は、100万人を超したと推定される。軍事政権による弾圧のため、海外に亡命したチリ人も少なくない。データは古いが、2003〜04年の国勢調査によると、チリ生まれで海外に在住するチリ人は約48万人、そして彼らの子孫は約38万人と、合わせて約86万人に達していた。アルゼンチン、ブラジル、ベネズエラなどの南米諸国への移民は全体の61％を占めており、なかでもアルゼンチンへ移住したチリ人は全体の半分を占める。次いで米国が第二の受け入れ国となっている。北米ではカナダも主要な移民先であった。欧州では、スウェーデン、スペイン、フランス、ドイツが主な受け入れ先である。オーストラリアに在住するチリ人は3・5〜4・5万人に近いと推定される。

海外で活躍するチリ人は多い。チリは世界的に著名な学者を輩出している。例えば経済学では、リカルド・カバエロ（ＭＩＴ）、セバスチャン・エドワーズ（ＵＣＬＡ）、ＭＩＴ准教授のセーサル・イダルゴもチリ出身の経済学者である。科学者では、レーザー物理学者のフランク・ドゥワルテ、分子細胞生物学および神経科学の分野でアナマリア・レノン、バイオメカニクス生理学でホルヘ・スニガなど、ほんの一例に過ぎない。２０１６年に建築界最高の賞といわれるプリツカー賞をチリの建築家、アレハンドロ・アラベナが受賞した。その他に多くの人物が学術分野で活躍している。

海外で活躍したチリのピアニストとしてクラウディオ・アラウが有名だが、最近ではアルフレッド・パールをはじめ、数多くのチリ出身ピアニストが海外で活躍している。オペラでは、ニューヨークを起点に活躍するベロニカ・ヴィジャロエル、アンジェラ・マランビオ、テノールのジャンカルロ・モンサルベもチリ出身である。オーケストラの指揮者として、スイスで活動するロドルフォ・フィシャー、オーストリアを拠点とするマクシミアーノ・バルデスなどが有名である。現在、中南米でもっとも人気のある小説家の一人であるイザベル・アジェンデも海外生活は長い。芸能界では、53年にわたり米国を拠点に毎週土曜日に放送されたバラエティ番組「サバド・ヒガンテ」で司会の役を務めたマリオ・クロイッツベーガーもチリ出身である。スポーツ（サッカー）界では、マンチェスター・シティでＧＫをつとめるクラウディオ・ブラボ、メキシコリーグの Tigres UANL で活躍するエドゥアルド・バルガス、バイエルン・ミュンヘンからバルセロナに移籍したアルトゥーロ・ビダル、マンチェスター・ユナイテッドで活躍するアレクシス・サンチェスなど、チリ人で世界で有名なサッカー選手は多い。

（桑山幹夫）

57

ボディ・アートから短編アニメ映画まで

★多様性・外国の影響★

南北に長いチリの文化は実に多様であり、近隣諸国の影響も受けた伝統的な文化も様々である。チリはその地形から「陸の孤島」と呼ばれることもあるが、こと芸術・文化にいたっては、独自の文化を発展させてきたというよりは、近隣国やヨーロッパ等の影響を受け発展してきたと言えるだろう。

民族・民俗と文化

特にチリと隣国のアルゼンチンは、5150キロと世界で3番目に長い国境を共有していることもあり、パタゴニア地方やマガジャネス地方（第12州）にはマテ茶を飲用する文化や、民族舞踊チャマメをはじめ、両国の国境の両側で見られる文化や習慣も多いが、中でも目を引くのが、前コロンブス期のアートとしての先住民セルク・ナム（オナ族）による成人の儀式の際の「ボディ・アート」である。セルク・ナムは、16世紀に南米を訪れたヨーロッパ人との初めての接触が確認されたが、その後絶滅した。全身を塗り、頭に木で作ったマスクを被った姿はなんとも不思議である。セルク・ナムの儀式の写真は、国立歴史博物館に所蔵されているほか、土産物店でポストカードとし

セルク・ナム
［出所：Museo chileno de arte precolombino］

ても売っている。

民俗舞踊では、クエッカが有名である。チリのみならず、アルゼンチン、ボリビア、ペルー等でも見られるが、１９７９年にチリの国民的舞踊に指定された。起源についてはアフリカから来たとも、スペインのアンダルシア地方から来たとも言われている。雄鳥と雌鳥の求愛を再現した踊りであるとされ、9月18日の独立記念日の頃には、各地で独立記念日のお祝いが開催され、男女が皆クエッカを踊る。

またチリの民芸品といえばラピスラズリの他、銅の産地だけに、銅の万年筆やペン等の銅製品も多く見られるが、「クリン」も珍しい。「クリン」とは本来、哺乳類動物の長い毛を意味するが、チリでは「クリン」というと、馬の毛で作られたアクセサリーや飾りのことを言う。中央部のマウレ州コルブンのラリ村を起源とし、１９３０年頃から馬の毛を染めて編んで飾りを作るようになった。最近ではヨーロッパから買い付けに来る人もいる。

チリの絵画

他方、チリの芸術は、19世紀以降、独立の英雄ベルナルド・オヒギンズやホセ・デ・サン・マル

ペドロ・リラ「サンティアゴ建設」（1898年）

ティン、シモン・ボリバール等の肖像画を描いたペルーの画家ホセ・ヒル・デ・カストロ・イ・モラレス（エル・ムラート・ヒル・デ・カストロ）や、チリの国章や硬貨をデザインしたイギリス人チャールズ・ウッド、チリの風景や人々の生活の様子を描き、後に王室画家ともなったドイツ人画家ヨハン・モーリッツ・ルゲンダス、チリのエリート等の肖像画を描いたフランス人画家レイモンド・モンボイシン等の影響も受けて発展し、19世紀後半から20世紀初めに開花した。チリの芸術に影響を与えたこれらの画家は、一時期ラテンアメリカに居住し活動した「旅の画家」と呼ばれている。

１８４９年には絵画を専門的に教える最初の機関として絵画学院がつくられ、１８８０年には、チリ国立美術館がつくられた。絵画学院の一期生であるペドロ・フランシスコ・リラ・レンコレット、ファン・フランシスコ・ゴンサレス、アルフレド・バレンスエラ・プエルマ、アルベルト・バレンスエラ・ジャノスの４人は「チリ絵画の巨匠」と呼ばれており、彼らの作品は、国立美術館や大統領府、国立図書館、国立自然博物館等に展示されている。ロマン主義や新古典派、印象派等の影響を受けたペドロ・フランシスコ・リラ・レンコレットが１８９８年に描いた「サンティアゴ建設」はチリの紙幣にも使われていた。印象派の影響を受けたファン・フランシスコ・ゴンサレスは静物画や人物画、風景画等4000枚近い絵画を残し、4人の巨匠の中では、残された絵画が最も多い画家である。アルフレド・バレンスエラ・プエルマは、マヌエル・モン大統領の肖像画を描いた人物で、チリで裸体画を最初に完成させた画家としても知られている。アルベルト・バレンスエラ・ジャノスは、風景画を描き、1923年にフランス政府からレジオン・ドヌール勲章を受章、1924年にフランス芸術協会のメンバーに選出された。

19世紀後半から20世紀には、「13年の世代」グループ、「モンパルナス・グループ」等が見られた。「13年の世代」の名は、1913年に『エル・メルクリオ』紙のサロンで実施された絵画展に参加したことに由来する。これらの画家の多くは、1910年のチリ建国100周年のときに実施された国際展にも参加したことから「100周年世代」とも呼ばれている。「13年の世代」の画家は、「チリ絵画の巨匠」の一人であるペドロ・フランシスコ・リラ・レンコレットや、サンティアゴの美術学校の校長を務め、プラド美術館のディレクターも務めたスペイン人画家フェルナンド・アルバレス・デ・ソトマジョールのもと、ロマン主義の初期に見られるような自由奔放な形式を取り入れつつもクリオージョ文化やその習慣に焦点を当て、土着的なリアリズムを追求して農民や日常生活を絵画で表現した。

「モンパルナス・グループ」は、ヨーロッパのポスト印象派、特にフォービズムの影響を受けた画家のグループである。このグループは、同時期にチリで見られた伝統主義や形式主義、ロマン主義的なクリオージョ主義を否定した。

チリ文化と世界

またチリの文化は海外でも評価されてきている。これまでにガブリエラ・ミストラルとパブロ・ネルーダの2人の詩人がノーベル文学賞を受賞しているが、2016年には、建築部門でチリ人のアレハンドロ・アラベナが建築のアカデミー賞とも言われるプリツカー賞を受賞している。アレハンドロ・アラベナは、日本とチリとの共同建築プロジェクト「オチョ・アル・クボ」に参加しているチリの建築家の一人である。「オチョ・アル・クボ」は、両国の建築家各8グループによる共同プロジェクトで、チリのコキンボ州ロス・ビロスに16軒の家をデザイン・建築する両国の協力事業である。

また、映画では、2013年にはチリの女優パウリナ・ガルシアが映画『グロリア』でベルリン国際映画祭で銀熊賞を受賞したほか、2016年にチリ人監督ガブリエル・オソリオが、軍事政権時代の祖父の体験に発想を得て熊の家族について描いた『ある熊の物語』で短編アニメ部門のアカデミー賞を受賞した。

チリ政府は、文化を通じて他国との関係を深化することができるとして、チリ文化の海外への発信を強化している。今日、チリはペルーやボリビア等近隣諸国だけではなく、ハイチやドミニカ共和国、ベネズエラ等多くの国からの移住者が激増しており、またアジア諸国との関係もますます強化されつつある。今後、チリの文化は、ラテンアメリカだけでなくアジアの国々との共同事業をも通じて、さらに多様なものになっていくだろう。

（山口恵美子）

※本文は、個人的な見解に基づいたものである。

58

日本から見たチリの文化

★さらなる相互理解と交流に向けて★

チリの文化と一口に言っても、その特徴は何かを語ることは非常に難しい。文化は文学、音楽、絵画、演劇はもとより食文化など様々な分野に現れている特徴だけでなく、その背後にある価値観、思想などをも視野に入れて理解する必要がある。一方、偏った固定観念や先入観にとらわれることがあってはならない。それは、チリに限らず、どの国の文化に関しても同様であろう。

このことを念頭に、本章では、これまで日本人によって書かれた論文や書籍などから、チリの文化や国民性について指摘されている、いくつかの際立った特徴について紹介することとしたい。

まず、チリに住む日本人によって執筆・編集され、1994年の初版以来、今日まで版を重ねている（最新の第5版は2014年）『ようこそチリへ』は、次のように記している。「国の周囲を太平洋、アタカマ砂漠、アンデス山脈で囲まれ、他のラテンアメリカ諸国から隔絶されていることから、その国民性は島国的一面を持ち、他のラテンアメリカ諸国と比べてラテン的楽天気風が薄く、堅実であると言われている。従って、国民は勤勉であり、規律を守り、儀式を重んじ、他国への関心が高いと言えよう」。これは、チリに住む日本人の生活実感や、チリ人と仕事をし、つきあう日本人の体験に基づくものと言えよう。

この文章の最後にあるチリ人の他国への関心の高さについては、増田義郎教授が歴史学、考古学、文化人類学におけるチリ人の研究において顕著であることを指摘している。これらの研究において、チリ人の知的関心の広さが表れており、とかく自国中心の文化的ナショナリズムに陥りがちなラテンアメリカの中で、チリ人だけは、他国、他文化を顧みる知的関心の広さがあると言う（増田義郎「チリ文化の回想」上智大学イベロアメリカ研究所『イベロアメリカ研究』1997年8月）。

増田教授は、チリの歴史学は、昔からレベルが高く、視野の広い大型の学者が輩出しているとし、ホセ・トリビオ・メディナ、マリオ・ゴンゴラ、ロランド・メジャフェをその例に挙げ、次のように述べる。「ラテンアメリカの歴史研究者は、ともすると自国の研究だけに集中して、より広い歴史の枠組みを顧みない傾向がありますが、チリの歴史学者は違います」。メジャフェの研究は、チリの社会史を南北アメリカの全体像の中に位置づけており、「自国の歴史だけに局限されないということは、つねに相対化された歴史意識を持つということで、中南米の歴史を研究する日本の研究者はチリの研究者たちに大いに学ぶべきものがあると思います」と述べている。他国、他文化を顧みる知的関心の広さについては、考古学、文化人類学（民族学）についてもあてはまり、「その点、われわれにとってチリの研究者は大変近付きやすく、また協力も可能だと思うので、将来いろいろな形で知的交流がおこなわれる可能性があると言っていいでしょう」。

増田教授は、日本チリ修好100周年記念セミナーでも、「開かれた知性」というキーワードを用いて、同様の見解を述べたが、それについて、落合一泰教授は次のように述べている。「開かれた知性の存在は、私には貴重なものに思えます。（中略）それは、一部の碩学だけの話ではなく、チリの一種の学問伝統のようです。（中略）それを、メキシコと比較した場合、チリの学者の姿勢はやはり独特なものに見えます。なぜなら、それは学者の身に備わった資質というより、チリ社会を一般的に特徴づけている精神風土のようにも思えるからです」。そして、「自国文化の探求を進めつつ、周囲の他国の人々とのわかちあい精神も模索するというチリの理性のあり方は、この地球化の時代において、私たちに貴重な示唆を与えずにはおきません」と述べている（『チリの選択・日本の選択』）。

落合教授は、「開かれた知性」とともに「チリ人の中庸の美徳——人間と自然力の省察」もチリ人の特徴として挙げている。「チリでは、雄大な山岳や氷河や湖水、広大な太平洋、そうしたすべてが、住人の人間観や社会観にたえず内省を迫ってきたのではないでしょうか。私がチリの人々に感ずるのは、中庸の美徳というものです。それは、自然と人間の関係の省察のなかからうまれてきたものなのかもしれません」と指摘している。

一方、チリ人の持続的な結集力、集中力に注目したのが、同じセミナーで講演した、田中直毅氏であった。まず、「チリのブドウを日本に輸出するのにチリの貿易関係者は10年努力された」と実例を挙げる。確かに、地中海ミバエをめぐる日本の厳しい植物検疫をはじめとする大きなハードルに、いかにチリ関係者が粘り強く取り組み、ついに成功に至ったかを知る日本人は多い。そうした粘り強い持続力は、近年ワインでも見られた。ついに、最近、日本が輸入するワイン量でチリはトップとなったが、それに至る努力は並々ならぬものであった。田中氏は、チリが他国に先駆けてなぜ最初に改革を実行できたかと問い、この「持続的な結集力、集中力というものがチリの改革を実現した」と述べている。

以上に紹介した、様々な角度から見た、チリの文化や国民性に関する見方は、いずれも示唆に富むものである。サンティアゴ市に置かれた、国連ラテンアメリカ・カリブ経済委員会（ＥＣＬＡＣ、スペイン語ではＣＥＰＡＬ）で10年余り勤務した筆者は、中南米のほとんどの国から来た国連職員と日々接し、かつその中で、チリ人とも一緒に仕事をすることが多かった。その経験からしても、右記の見方は的を射ており、傾聴に値すると思われる。ただ、ここで紹介した見方は、現地の日本人の方々が執筆した『ようこそチリへ』と「修好１００周年記念セミナー」での参加者の発表に主として依拠したもので、もとより、ほかにも様々な見方があると思われる。例えば、コラムで取り上げている深田祐介、五木寛之のような日本の文学作品が描くチリも、日本から見たチリの文化、国民性を映し出すものでもある。しかし、明らかなのは、右記に述べた「他国への強い関心」「開かれた知性」「中庸の美徳――人間と自然力への省察」「持続的結集力、集中力」などを特徴とするチリの文化から、我々が学ぶべきことは多いということであり、様々な分野での両国間の交流の意義は大きいということであろう。

（細野昭雄）

日本の文学に現われたチリ

――作家をひきつけるチリの魅力

コラム15

水野浩二／細野昭雄

中南米を舞台にした作品の少ない日本の小説の中では、日頃あまり目立たないチリが舞台となった小説が意外に多い。代表的な作品は何といっても深田祐介の、後に続く「商人シリーズ」の第一作となった『革命商人』（1979年新潮社刊）であろう。アジェンデ時代に実際にあった乗用車の国産計画に関連し、これに応札する日本の自動車メーカー2社と、これをそれぞれ支援する商社間の争いを通して、「明日の企業人のあり方」を問うことがテーマとなっている。もちろんフィクションであるが、綿密な取材に裏付けされており、チリ（人）に対する客観的な見方を知るうえで大変参考になる。そして同時に全編を流れる、チリに向ける作者自身の冷静でありながら、常に暖かい眼差しを感ずる。作者は、現地に滞在した複数の方々がこの時期に書いていた日記を参照しつつ、現地での多くの関係者に取材を行ってこの小説を執筆した。小説の最後に参考文献リストを掲げており、作者がこの作品執筆に取り組んだときの真剣さを象徴している。チリについて知りたいと思う方には、まずこの作品を一読されることをお勧めする。

次は五木寛之の『戒厳令の夜』（1976年新潮社刊）である。1980年に文庫化され、同年映画化もされた、五木の代表作の一つといえよう。この作品は、1973年に他界した実在の3人のパブロ、すなわち画家のピカソ、チェリストのカザルス、そしてチリのノーベル賞詩人ネルーダ、これに架空の天才画家ロペスを加え、「古代幻想の九州、内戦のスペイン、占領下のパリ、戒厳令下のチリ」を舞台に繰り広げられる「戦慄のロマン」である。最終章には1

973年のチリの軍事クーデターが配されている。これも綿密な調査に基づく史実を積み重ねたうえでのフィクションである。また五木は「今後、世界はまちがいなく〈戒厳令の夜〉に属するようになるだろう」と警告を発しながら、後でも触れるように根底にはチリ（人）に対する深い洞察力を感ずる。

エッセイの分野では、いわば入門書として紹介したいのは新井良子の『シ バス パラ チリ』（もしもあなたがチリに行ったら）である。チリの北から南まで、イースター島を含めた全土を旅した紀行文だが、チリの歴史、文化なども分かりやすく語られており、この種の著作としては貴重である。

ぜひ読んで頂きたいのは、五木寛之の「サンティアゴの秋」と「戒厳令下の青春」である。

五木が右記の『戒厳令の夜』を執筆するに当たり、1975年に2回チリを訪問しており、そのときの印象について書いたものである。

いずれも作者のチリ（人）に対する、的確かつ温もりのある見方が感じられ、秀逸である。五木は白夜の北欧の国々と南国チリの間に共通の、それも南米の中でも、チリにしかない、独特の何かがあると指摘する。さらにチリの3W（Woman, Whether, Wine）は「文句なしにいい」が、「本当にいいのは、実はチリの人間たちそのものではなかろうか。人びとは驚くべき素朴さで私たち外国からの旅行者に接してくれるし、その飾りけのない態度の背後には豊かな人間性とプライドが、たしかな手ごたえとして感じられる」と。

59

チリ文学

★詩と小説と★

チリは詩人の国と言われる。確かにその通りで、二人のノーベル賞詩人、ガブリエラ・ミストラルとパブロ・ネルーダがいる。しかしある文芸批評家は言う。詩人の国であることは真実だが、それはもう一つの真実、つまりチリが小説家の国でもあるという真実を隠してしまう、と。詩と小説双方の豊かさ――このことを足がかりにチリの文学をたどってみよう。

チリの風景を最初に言葉にしたのは、当然のことながらスペイン人である。チリ征服に赴いたアロンソ・デ・エルシーリャのことで、彼は長篇の叙事詩『ラ・アラウカーナ』を残した。時代は16世紀、スペイン黄金世紀文学の傑作のひとつである。

「肥沃にして名だたる土地チリは／その名も高き南極の地に（後略）／その名はアラウコ人であり／津々浦々に広がる。／名声と信頼と尊敬を帯び、／広大な土地の大方を支配し、／（中略）／イスパニア人を大いに苦しめた。」

それからおよそ300年、ラテンアメリカの多くの国と同じように、チリでもまた、政治に携わった知識人が国民文学史の起源に記されている。その名はホセ・ビクトリーノ・ラスタリア。1842年、チリの文学協会設立に際して彼が行った国民

第59章

チリ文学

文学創設を訴える講演がチリ文学の起源である。彼の短篇「ロサ」（1848）は、1818年のチリ独立と恋愛を重ねたロマン主義的作品である。また1842年は、ベネズエラの文人アンドレス・ベーリョがチリ大学を創設した年でもある。

チリ最初の小説と言われているのはアルベルト・ブレスト・ガナの『マルティン・リバス』（1862）である。フランス滞在の経験があるブレストは、バルザックの影響を受け、チリを舞台としたリアリズム小説を描いた。一方、バルドメーロ・リリョはゾラの『ジェルミナール』に刺激され、『地の底』（1904）で炭坑労働者を描いている。こちらは社会主義リアリズムの系譜に入るだろう。チリの小説に新しい流れをもたらしたのはマヌエル・ロハスで、アルゼンチン生まれの彼は長じてからチリに住み、ピカレスク小説を思わせる自伝的な小説『泥棒の息子』（1950）が有名だ。

後述する前衛運動を散文ジャンルで成し遂げたのはマリア・ルイサ・ボンバルで、1930年代、ボルヘスやビクトリア・オカンポといった当時アルゼンチン文学の主流だったコスモポリタニズムや幻想性を共有し、ブエノスアイレスで評価された（1939年の短篇「樹」など）。そしてホセ・ドノソの登場によってチリ文学も「ラテンアメリカ文学」の範疇に入れられるようになる。『境界なき土地』（1966）や『夜のみだらな鳥』（1970）などの作品の重要度はもちろんだが、『ラテンアメリカのブーム』（1972）は20世紀半ばのラテンアメリカ文壇の状況を記録した貴重な資料となっている。

1973年9月11日の軍事クーデターはチリ文学の前後を画すことになる。『精霊たちの家』（1982）でデビューしたベストセラー作家のイサベル・アジェンデ、映画『イル・ポスティーノ』（原作刊行は1985）の原作でも知られるアントニオ・スカルメタ、『ラブ・ストーリーを読む老人』（1989）や『カモメに飛ぶことを教えた猫』（1996）などがヨーロッパで爆発的に売れて人気作家になったルイス・セプルベダ、15歳でチリを去り、『野生の探偵たち』（1998）でロムロ・ガジェゴス賞を受賞したロベルト・ボラーニョ。彼ら（なんと有名作家の多いことだろう！）の人生と作品には何らかの形でこの出来事が反映されている。

その中では、アリエル・ドルフマンが9月11日を決定的なものと受け止めた作家として飛び抜けている。彼はユダヤ系移民としてアルゼンチンに生まれ、その後米国に住んだのち、ほぼ10歳の時にチリに渡り、先述のチリ大学で教育学を学んだ。学生時代からサルバドール・アジェンデを支持し、のちに彼の政権の文化担当を担いながら、ディズニー（つまり米国）文化を批判する『ドナルド・ダックを読む』（1971）を仕上げる。彼は9月11日を大統領宮で迎えるはずだったが奇跡的に逃れる。その模様は、自伝『南に向かい、北を求めて――チリ・クーデタを死にそこなった作家の物語』（199

イサベル・アジェンデ

アントニオ・スカルメタ

ロベルト・ボラーニョ
［出所：Wikimedia Commons］

アリエル・ドルフマン［提供：AFP＝時事］

8）に詳しい。

ピノチェット軍政のもとシカゴ学派主導で新自由主義が植え込まれた。そのことが文学的にどのような帰結を生んだのか。重要な事例となるのは、20世紀末にチリを発信源とした新しい時代の文学観マッコンドだろう。カリフォルニア育ちのアルベルト・フゲーとセルヒオ・ゴメスという二人のチリ人が立ち上げたその見方は、ガルシア＝マルケスの『百年の孤独』の舞台マコンドを田舎臭いものと過去に追いやり、ジェントリフィケーションの進むラテンアメリカに広がる新しい風景（例えばショッピングモールの乱立する大都市）を称揚した。

詩ジャンルに転じてみれば、ミストラルとネルーダの間には、前衛詩人のビセンテ・ウィドブロがいる。「創造主義」を立ち上げ、第一次世界大戦期にパリへ渡り、ヨーロッパの前衛芸術家と交流した。前衛をヨーロッパから新大陸に持ち帰った作家はこの時期のラテンアメリカには多数いるが、ウィドブロもその一人である。

こうして前衛運動（特にシュルレアリスム）がチリで花開いた。グループ「マンドラゴラ」と同名の文芸誌である。小説『パースの城』（1969）を書いたブラウリオ・アレナスが結成に加わり、ウィドブロのみならず、ヨーロッパの前衛作家も寄稿した。「人生よありがとう」で知られる音楽家ビオレッタ・パラの兄ニカノール・パラもシュルレアリスムの影響下で「反詩」という新しいコンセプトを打ち出している。最後に、マプーチェ語でも創作を行う詩人のエリクラ・チウアイラフの存在もまた忘れてはならない。彼は近年『ラ・アラウカーナ』をマプーチェ語に翻訳している。

文献紹介

チリの文学の邦訳書はかなりの数にのぼる。本文ではなるべく邦訳があるものを中心に言及するようにつとめた。ここではその中から厳選して3冊を挙げる。

・アロンソ・デ・エルシーリャ『ラ・アラウカーナ』（全3部）、吉田秀太郎訳、大阪外国語大学学術研究双書、1992年（第1部）、1994年（第2・3部）
・マヌエル・ロハス『泥棒の息子』、今井洋子訳、三友社出版、1989年
・アリエル・ドルフマン『南に向かい、北を求めて――チリ・クーデタを死にそこなった作家の物語』、飯島みどり訳、岩波書店、2016年

（久野量一）

60

音　楽

★ムシカ・ポプラールとビオレタ・パラ★

チリには、19世紀にパリ・オペラ座を作った建築家により建設されたサンティアゴ市立劇場がある。そこではクラシック音楽の公演も行われ、日本のアーティストでは、最近では福間洸太郎がピアノ公演を行った。２０１７年には、４月に海老彰子のピアノ公演が実施されたほか、６月には東京藝術大学のオーケストラによる公演が実施された。

また、1〜2月の夏休みの時期には、南部ロス・ラゴス州のフルティジャールで国際音楽祭が開催されるほか、ビーニャ・デル・マルでも国際音楽祭が開催される。フルティジャールの音楽祭では、空軍の音楽隊による演奏を皮切りに、国内外のアーティストによるクラシック音楽の公演が行われる。ビーニャ・デル・マル音楽祭には、世界の往年のアーティストや、中南米のグループが集まる。２０１７年にはオリビア・ニュートン・ジョン、２０１８年にはジャミロクワイ、２０１９年にはバックストリートボーイズが登場し、大いに盛り上がった。中南米からは、ヘンテ・デ・ソナ、ルイス・フォンシ、ダビッド・ビスマルなどが参加している。

このほか、毎年サンティアゴでは、ロラパルーザのロック・

フェスティバルも開催されている。

他方、チリにも「ポピュラー音楽（ムシカ・ポプラール）」がある。「ポプラール」の意味を辞書で調べると、「大衆の」「庶民の」「国民の」「人気のある」等とあるが、日本で一般的に使われる「ポピュラー音楽」とは意味合いが多少異なる。「ムシカ・ポプラール」は地方の文化に根付く民俗的かつ伝統的な要素が取り入れられた「フォルクローレ」音楽の要素が取り入れられ、発展したものという面もあるのではないかと考えられるが、その定義は専門の方にお任せしたい。

チリの「ムシカ・ポプラール」の代表的なアーティストの一人として、ビオレタ・パラが挙げられる。２０１７年はビオレタ・パラの生誕１００周年であった。またパラの誕生日である10月４日は、チリで「音楽とチリの音楽家の日」とされている。２０１５年にはビオレタ・パラ博物館も創設された。

ビオレタ・パラ

ビオレタ・パラ（ビオレタ・デル・カルメン・パラ・サンドバル）は、１９１７年、ビオビオ州チジャン生まれ（〜１９６７年）。音楽家、画家、彫刻家、陶芸家と多くの才能を持つアーティストである。

パラは、幼少期を地方（チリ南部のアラウカニア州ラウタロ、ビオビオ州チジャン、マウレ州ビジャ・アレグレ等）で過ごした。

その後もチリ各地を回り、地方の人々の唄や音楽を聴いて、その文化や習慣を吸収し、フォルクローレ音楽を作ったと言われている。

チリでは、１９５０年代から１９７０年代にフォルクローレ音楽が「ムシカ・ポプラール」として普及・発展した。チリ大学でフォルクローレ音楽の調査・復興・普及活動が行われ、ノルテ大学にはフォルクローレ研究センターが作られる等、大学でのフォルクローレ復興活動が進められる一方、フォルクローレ音楽のレコードが発売されるようになり、最盛期には、このジャンルのレコードが40枚以上発売されたとされている。またラジオでフォルクローレの番組が次々と始まり、全国約20の都市に放送された。こうした大学の活動とフォルクローレ音楽産業の発展の中で、フォルクローレのコンサートが常時行われるようになり、フォルクローレ音楽が大衆化された。

パラはその時代に、フォルクローレ音楽の先駆者の一人として活躍し、チリのテレビで初めてフォルクローレ音楽を演奏したアーティストともなった。１９５０年代、60年代にはオデオン社からレコードを発売したほか、自分のラジオ番組も持つようになった。

当時、フォルクローレ音楽の「近代化」とも言われる「ネオ・フォルクローレ」のジャンルが生まれる中で、パラは南部チロエ地方の要素も取り入れ、代表作「グラシアス・ア・ラ・ビダ（人生に感謝）」を作った。

さらに、「ネオ・フォルクローレ」後の、フォルクローレ音楽の「復権」の動きであるとされる「チリの新しい歌（ヌエバ・カンシオン・チレーナ）」を作り出した最初のアーティストでもあり、その潮流を築いたとも言われている。

パラの活動はチリ国内に留まらなかった。ポーランドやソ連、ドイツ、イタリア、フランスでも活動を行い、ヨーロッパで活躍した初めてのチリの音楽家ともなった。音楽以外の分野では、パリのルーブル美術館で最初に個展を開いたラテンアメリカの芸術家でもあった。

パラはこれらの活動により、チリの音楽の普及に努めたラテンアメリカのフォルクローレ音楽の第一人者の一人であり、後世の多くのアーティストに影響を与えたアーティストであるとされている。

（山口恵美子）

※本文は、個人的な見解に基づいたものである。

コラム16

クラシック音楽家群像
――巨匠クラウディオ・アラウを中心に

水野浩二

チリでも他のスペイン植民地と同様、音楽は16世紀ごろにカトリック教会が、先住民に対する普及の道具として使い始め、17世紀には教会のミサで様々な聖歌が盛んに歌われるようになった。20世紀に始まった作曲活動は当初の民族主義的な傾向から、次第にコスモポリタンな作風に変わっていった。この頃の代表的作曲家としては、ブロンデル、オレゴーサラサールなどがいる。ブロンデルの代表作の一つが「ラベル賛歌」である通り印象派に属するが、今聞いてもまことに新鮮である。チリの音楽史上非常に重要なのはサンティアゴの「フィルハーモニー協会」の創設であり、また1849年には「サンティアゴ国立音楽院」が設立された。1830年にはチリで最初のオペラが上演されたが、1857年の「サンティアゴ市立劇場」のこけら落しにはヴェルディが上演されている。また1817年に設立された「バッハ協会」は、チリの芸術音楽活動を中南米最高の水準に押し上げる基礎を築き、1941年には「チリ交響楽団」、1955年には「サンティアゴ市立フィルハーモニー」などが設立された。

さてチリのクラシック音楽の演奏家としては、ピアニストのクラウディオ・アラウ（1903～1991）が際立っている。1903年チリ南部のチジャンで生まれ、5歳でサンティアゴでリサイタルを開き、1911年にはわずか8歳でドイツに留学、若くしてニキッシュ、フルトベングラー他の指揮で主要なオーケストラと共演、その後はジュネーヴ国際ピアノ・コンクールで優勝するなど、数々の著名なコンクールで受賞している。1940年にはいったんチリに戻ったが、1941年には米国のカーネギー・ホールでリサイタルを開き、その後ニューヨークに居を移し、1991年に演奏旅行中のオーストリアで他界した。遺骨はアラウの遺言で生まれ故郷のチジャンに運ばれ埋葬された。ドイツ音楽の正統的な継承者としての教養を身に付けた巨匠で、奇しくも同じ1991年に亡くなった20世紀を飾る3人の巨匠ピアニスト、ゼルキン、ケンプ、アラウについて、音楽評論家の吉田秀和は「3人の中ではアラウが一番ヴィルトゥオーゾ型だった」と評し、さらに「彼のベートーベンが最晩年まで（省略）一点一画をゆるがせにしない墨痕鮮やかな楷書であり続けた」と記している（「三人のピアニスト」『吉田秀和全集』第21巻、2002年、白水社）。

また現代日本を代表するピアニストの園田高弘は、アラウがチリの生まれだが9歳でベルリンに留学し才能を開花させた話しを聞き「ドイツ音楽に対しては同じく外国人である日本人の僕も、うれしくなった」と述べている（「私の履歴書」、2000年2月1日〜2月29日、日本経済新聞）。

レコード（CD）はベートーヴェンのほか、ブラームス、リストなどロマン派の作品が多いが、代表的なものはベーチーヴェンの「ピアノ・ソナタ全集」、「ピアノ協奏曲第5番『皇帝』」他がある。アラウは1965年以来5回来日しており、日本にもファンが多い。

現役のピアニストとしてはアルフレッド・パールがいる。パールは9歳で最初のコンサートを開き、その後ドイツ、英国に留学し、チリ、日本、オーストリアなどの国際コンクールで入賞、現在はヨーロッパをベースに演奏活動を展開している。彼はまたロンドン・シンフォニー、スイス・ロマンドほか著名なオーケストラと共演しているが、注目されるのは1996年と1997年にロンドンのウィグモア・ホールで行われたベートーヴェンのソナタ全曲の演奏で、アルテ・ノヴァ社からCDも出している。日本のファンも少なくなく、彼もたびたび来日している。

次に歌手だが、世界的に活躍しているオペラ歌手のヴェロニカ・ビジャロエル（ソプラノ）がいる。1986年にサンティアゴ市立劇場でデビューを飾ったのち、米国のジュリアード音楽院で学び、ヨーロッパには1989年にイタリアで、また米国では1991年にニューヨーク・メトロポリタン歌劇場で、「マダム・バタフライ」の蝶々夫人役でデビューを果たした。2004年にはケネディ・センターでプラシッド・ドミンゴの指揮でプッチーニの「マノンレスコー」役で歌っている。ドミンゴは彼女のデビュー当時から、その能力を非常に高く評価しており数々の舞台で共演している。ビジャロエルはまたミラノのスカラ座などオペラ界を代表する劇場で出演しているが、1999年に初の来日を果たし、新国立劇場で得意の「マダム・バタフライ」の蝶々夫人を歌った。同劇場で外国人が蝶々夫人役を務めたのは彼女が初めてであり、今やまさに世界のオペラ歌手に成長したと言えよう。男性では2004年ハンガリー国立歌劇場の来日公演で、主役として「リゴレット」のマントヴァ役他を演じた、テノールのフェリペ・ロハスがいる。ロハスはこの来日公演終了後、1998年の第11回チャイコフスキー・コンクールで日本人として初めて優勝したソプラノの佐藤美枝子と共演している。ロハスはチリ大学附属音楽院でチェロを学んだ後声楽に転向、1995年にサンティアゴ市立劇場でオペラ・デビューし、その後ベルリン・フィルとベートーヴェンの「第九」などで共演、2002年からはマンハイム国立歌劇場の首席テノールを務めてきたが、2005年からベルリン・ドイツ・オペラに移籍し、「椿姫」のアルフレード他を歌っている。日本には1997年の「日智修好百周年記念」公演で来日して以来、2004年の来日が4回目だが、小柄ながら張りのある美声と声量で高い評価を得ている。オペラの本場での活躍振りからも、将来の所望されるチリの若手のホープの一人といえよう。

　最後に指揮者ではマキシミアーノ・ヴァルデスがいる。ヨーロッパに留学したのち、1977年には有名なタングルウッドでレオナード・バーンスタインと小沢征爾と共に学んだ。1980年にはコペンハーゲンとフローレンスの国際指揮者コンクールで優勝し、1994年以来スペインのアストゥリアス公シンフォニーの主席指揮者を務めている。米国でのデビューは1987年のバッファロー・フィルで、その後同フィルの音楽監督に任命された。ヨーロッパでのオペラ活動にも熱心で、特にニース・オペラ座での「椿姫」の指揮は大好評を博した。録音活動にも力を入れ、ロンドン交響楽団他との共演がCDで発売されている。なおヴァルデスの父親は1960年代にチリの外務大臣を務め、民営移管後も上院議長などを歴任したチリの長老政治家ガブリエル・ヴァルデスで、また親子二代で同じ外務大臣を務めたファン・ガブリエル・ヴァルデスの兄でもある。

コラム17

サンティアゴ市立劇場

水野浩二／山口恵美子

サンティアゴ市立劇場はチリの独立（1810年）後、掘立小屋程度で芝居が中心だった劇場を、マヌエル・モン大統領が建設を決め、1857年に完成した、チリが誇る由緒あるオペラ座である。パリのオペラ座を設計した著名なガルニエルに協力を求め、またシャンデリアや絨毯などの調度品は、イタリア、フランスから輸入され、特にシャンデリアは本場のオペラ座を凌ぐと言われた。

こけら落しとして上演されたのは、ヴェルディの「エルナーニ」だった。その後出演者の質の高さから次第に国際的にその名が知られるようになり、70年には当時の世界的テナーのパッティ（イタリア）が、ヴァイオリンのサラサーテ（スペイン）を伴って来演した。演奏会は大盛況に終わったが、聴衆が退場した直後に火災が発生し、壁のほんの一部を残して劇場全体が瓦礫と化したが、73年にはヴェルディの「運命の力」を開演プログラムに置き、新劇場が開館された。

同劇場が世界的な名声を得たのはオペラの分野である。最も多かったのはイタリア・オペラで、ヴェルディ、プッチーニなどが歌われたが、ドイツ（ワグナー）、フランス（サン・サーンス、ドビュッシー）の作品もよく上演された。しかし同劇場のオペラ史にとって最大の出来事は、1911年のマスカーニ（イタリア）の来訪で、オーケストラ、合唱団、ソリスト他総勢約200人が来て、自作の「カヴァレルヤ・ルスティカーナ」、「トリスタンとイゾルデ」（ワグナー）などを上演した。一方シンフォニーの分野では「交響曲第5番」（ベートーヴェン）、「悲愴」（チャイコフスキー）などがよく演奏された。

日本との関連では、2001年に浅利慶太出演のオペラ「蝶々夫人」が上演された。同劇場の責任者が85年にミラノのスカラ座での初演を見て感動し、その14年後の99年に来日し浅利と直談判の結果、同劇場での上演につき快諾を得たことが起因であった。浅利の「蝶々夫人」はそれまでに上演されたのは、ミラノ以外ではフィレンツェと東京のみで、米国を含め米州大陸では初めての公演であった。9月16日から30日まで全10回の公演で、9月18日の「チリ建国記念日」には、ラゴス大統領夫妻が出席した晩餐会で上演された。浅利が緊急入院のため来訪できなかったのは残念だが、東京で助手を務めた高島勲が演出を担当（舞台装置家は高田一郎、衣装は森英恵）、日本からは他に舞台装置、照明、ヘアメイク担当など総勢12人が来訪、また舞台装置、衣装などは東京上演の際使用されたものを、日本からそっくり持ち込んだ。このため必要資金も膨大となったが、浅利が自ら主宰する劇団四季のスタッフを破格のギャラで提供してくれたことに加え、チリと日本との通商関係の強化に関わりを持つ両国の民間企業、日本財団、日本政府のこの種の文化事業としては異例ともいえる資金援助で公演が実現した。

　10回の公演のうち4回はチリ人スタッフで上演された。この公演は、同劇場の歴史上のマイル・ストーンと評されている。

サンティアゴ市立劇場［出所：Wikimedia Commons］

チリについてさらに知りたい人のための文献案内

【一般的な参考図書】

大原美範『チリ――その国土と市場』科学新聞社出版局、１９８１年
ハイメ・エイサギルレ（山本雅俊訳）『チリの歴史――世界最長の国を歩んだ人びと』新評論、１９９８年
フェルナンド・エンリケ・カルドーゾ／エンソ・ファレット（鈴木茂／受田宏之／宮地隆廣訳）『ラテンアメリカにおける従属と発展――グローバリゼーションの歴史社会学』東京外国語大学出版会、２０１２年
地球の歩き方編集室『アルゼンチン・チリ・パラグアイ・ウルグアイ〈２０１８～２０１９年版〉』ダイヤモンド・ビッグ社、２０１７年
日智商工会議所『ようこそチリへ』日智商工会議所、２０１４年
日本チリ交流史編集委員会編『日本チリ交流史』ラテンアメリカ協会、１９９８年
ビクター・バルマー＝トーマス（田中高／榎股一策／鶴田利恵訳）『ラテンアメリカ経済史――独立から現在まで』名古屋大学出版会、２００１年
アニーバル・ピント（吉田秀穂／丸谷吉男訳）『チリ経済の栄光と挫折――その経済史的解明』新世界社、１９７４年
細野昭雄『南米チリをサケ輸出大国に変えた日本人たち』ダイヤモンド社、２０１０年
細野昭雄／松下洋／滝本道生編『チリの選択・日本の選択』毎日新聞社、１９９９年
増田義郎編『ラテン・アメリカ史Ⅱ　南アメリカ』山川出版社、２０１２年
水野浩二『チリ学入門』２０１０年（自費出版）

【歴　史】

寿里順平「『チリの歴史』日本語版出版に寄せて」ハイメ・エイサギレ（山本雅俊訳）『チリの歴史――世界最長の国を

歩んだ人びと』新評論、１９９８年

妹尾作太郎「日智両海軍友好一世紀の航跡」日本チリ交流史編集委員会編『日本チリ交流史』ラテンアメリカ協会、１９９８年

増田義郎「チリの歴史と文化」細野昭雄／松下洋／滝本道生編『チリの選択・日本の選択』毎日新聞社、１９９９年

Mario Barros Van Buren, "Chile: Una Historia Internacional"（「チリ国際関係史」）Chile y Japón: Un Siglo de Amistad, 1997.

Ross, César, Chile y Japón 1973-1989. LOM Ediciones/Universidad de Santiago, 2007.

【政治・経済・産業・地域】

植木靖「国連ラテンアメリカ・カリブ経済委員会（ＥＣＬＡＣ）」『アジア経済』XLIX-3、アジア経済研究所、２００８年３月

ＡＲＣ国別情勢研究会編『チリ――経済・貿易・産業報告書〈２０１８～２０１９年版〉』２０１８年

岡本哲史「チリ経済の『奇跡』を再検証する　新自由主義改革の虚像と実像」内橋克人／佐野誠編『ラテン・アメリカは警告する――「構造改革」日本の未来』新評論、２００５年

ホアン・Ｅ・ガルセス（後藤政子訳）『アジェンデと人民連合――チリの経験の再検討』時事通信社、１９７９年

北野浩一「チリ――影響力の大きい部門別業界団体」東茂樹編『ＦＴＡの政治経済学――アジア・ラテンアメリカ7カ国のＦＴＡ交渉』アジ研選書、アジア経済研究所、２００７年

北野浩一「チリの紙・パルプ産業――一次産品加工業型輸出企業の成長要因」星野妙子編『ラテンアメリカ新一次産品輸出経済論』研究双書、アジア経済研究所、２００７年

北野浩一「バチェレ政権の成立と課題」遅野井茂雄／宇佐見耕一編『21世紀ラテンアメリカの左派政権――虚像と実像』アジ研選書、アジア経済研究所、２００８年

北野浩一「チリ・バチェレ政権の成立と課題」遅野井茂雄／宇佐見耕一編『21世紀ラテンアメリカの左派政権――虚像と実像』アジ研選書、アジア経済研究所、２００８年

北野浩一「第二期バチェレ政権と太平洋同盟への対応――政治同盟から経済同盟へ」『ラテンアメリカ・レポート』Vol.31, No.1

北野浩一「チリのブロイラー産業における所有型インテグレーションの形成」『アジア経済』第51巻10号、２０１０年

桑山幹夫「チリが学んだ２０１０年大地震からの教訓」『ラテンアメリカ時報』No.1426、ラテンアメリカ協会、２０１１年秋号

桑山幹夫「２０１７年12月チリの大統領決選投票の行方を占う――新興左派の流れが鍵」『ラテンアメリカ・カリブ研究所レポート』ラテンアメリカ協会、２０１７年12月

幸地茂「ポストＣＰＴＰＰのチリ――ＦＴＡＡＰを見据えたアジア太平洋地域でのＦＴＡ近代化戦略」『ラテンアメリカ時報』No.1426、ラテンアメリカ協会、２０１９年春号

斉藤泰雄『教育における国家原理と市場原理』東信堂、２０１２年

佐々木修「バチェレの12年と大統領選挙・国会議員選挙の結果から読み解く今後」『ラテンアメリカ時報』No.1421、ラテンアメリカ協会、２０１７／18年冬号

バーバラ・スターリングス「チリ――貿易政策のパイオニア」ミリア・ソリース／バーバラ・スターリングス／方田さおり編『アジア太平洋のＦＴＡ戦争』勁草書房、２０１０年

竹内恒理「シカゴ・ボーイズとチリ――ネオリベラリスム理念の形成と浸透」村上勇介／仙石学編『ネオリベラリスムの実践現場――中東欧・ロシアとラテンアメリカ』京都大学学術出版会、２０１３年

アラン・トゥレーヌ（真木嘉徳訳）『人民チリの崩壊』筑摩書房、１９７５年

西島章次／細野昭雄著編『ラテンアメリカにおける政策改革の研究』神戸大学経済経営研究所、２００２年

日本貿易振興機構（ジェトロ）「チリＤＬ６００（外資法６００号）に代わる新制度の概要」２０１５年10月

吉田秀穂『チリの民主化問題』アジア経済研究所、１９９７年

細野昭雄『ラテンアメリカの経済』東京大学出版会、１９８３年

細野昭雄「チリの民営・民活化」堀坂浩太郎／細野昭雄／長銀総合研究所編『ラテンアメリカ民営化論――先駆的な経験と企業社会の変貌』日本評論社、１９９８年

細野昭雄「チリ企業の国際展開」堀坂浩太郎／細野昭雄／長銀総合研究所編『ラテンアメリカ企業論――国際展開と地域経済圏』日本評論社、１９９６年

三浦航太「２０１１年チリの学生運動と大学無償化案に関する分析――学生運動はなぜ無償化への支持を獲得できたの

か」『ラテンアメリカ論集』№52、２０１８年
村上善道「チリの非伝統的一次産品輸出部門の産業連関効果分析」『ラテン・アメリカ論集』第44号、２０１０年
村上善道「チリにおける教育の収益率――学位の効果に着目して」（野村友和と共著）『国民経済雑誌』２０６巻3号、２０１２年
村瀬幸代「比較優位の活用から競争優位の創出へ――チリのワイン・クラスター」田中祐二／小池洋一編『地域経済はよみがえるか――ラテン・アメリカの産業クラスターに学ぶ』新評論、２０１０年
安井伸「ラゴス政権からバチェレ政権へ――チリ大統領・議会選挙にみる継続と変化」『ラテンアメリカ・レポート』Vol. 23, No.1、２００６年
安井伸「チリにおける新自由主義経済思想の輸入と同化」『二十世紀研究』第6号、２００５年
山本博／遠藤誠『チリワイン』ガイアブックス、２０１７年
DIRECON (Dirección General de Relaciones Económicas Internacionales), Impacto de los tratados de libre comercio: hacia una politica commercial inclusiva, febrero, 2019.
DIRECON, *Informe anual, Comercio Exterior de Chile: 2014-2015,* Santiago de Chile, julio, 2016˙
DIRECON, Presencia de inversions directas de capitals chilenos en el mundo, 1990–2014, Santiago, abril, 2015.
DIRECON,"Chile explora nuevas áreas para profundizar relaciones económico-comerciales con Brasil", 1 4octubre 2014.
DIRECON, " Evaluación de las relaciones comerciales entre Chile y Japón a cinco años de la entrada en vigencia del acuerdo de Asociación Económica Estratégica", septiembre, 2012.
DIRECON, *Chile: 20 años de negociaciones comerciales*, B&B Impresores, Santiago de Chile, noviembre 2009.
ECLAC (Economic Commission for Latin America and the Caribbean), La Alianza del Pacífico y el MERCOSUR: hacia la convergencia en la diversidad (LC/L.3922) noviembre 2014, Santiago de Chile.
Ffrench-Davis, Ricardo, *Chile entre el neoliberalismo y el crecimiento con equidad: cuarenta años de politicas económicas y sus lecciones para el futuro*, Quinta Edición, JC Saez Editor SpA, 2014.
Kuwayama, Mikio,"Open Regionalism in Asia Pacific and Latin America: a Survey of the literature", ECLAC, *Serie Comercio Internacional* No. 4, 76pp., Santiago de Chile, 1999, December.

Ministerio del Interior y Seguridad Pública, "Migración en Chile 2005-2014", Sección Estudios del Departamento de Extranjería y Migración, 2016.

El Mercurio, "Inmigracion seria vital para el crecimiento, pero temen que surja sentimiento de rechazo", 26 de mayo, 2016.

Presidente Piñera: Tiempos Mejores. Bases del Gobierno de Ex Presidente de la República Sebastián Piñera:Principales Acciones, Iniciativas y Proyectos, 3 de mayo de 2017

Servicio Electoral de Chile – Sitio Web Servicio Electoral（SERVEL）

Solimano, Andrés, Capitalismo a la chilena y la prosperidad de las élites, Editorial Catalina Ltda., Santiago de Chile, noviembre, 2012.

【文化・社会】

朝日新聞社編『沈黙作戦（チリ・クーデターの内幕）』朝日新聞社、１９７５年

五木寛之『戒厳令の夜』（上・下）新潮社、１９７６年

伊藤滋子「歴史の中の女たち 第35回 ガブリエラ・ミストラル（１８８９〜１９５７年）――チリのノーベル賞詩人」『ラテンアメリカ時報』２０１４・１５年冬号（№１４０９）

アロンソ・デ・エルシーリャ（吉田秀太郎訳）『ラ・アラウローナ』（全３部）大阪外国語大学学術研究双書、１９９２年（第１部）、１９９４年（第２、３部）

B・シュベールカソー／I・ロンドーニョ（平井征夫／首藤順子訳）『歌っておくれビオレッタ』新泉社、１９８８年

アニバル・キハーダ＝セルダ（大久保光夫訳）『鉄条網の国――チリ軍事政権下の一政治犯の手記』新日本出版社、１９８１年

アリエル・ドーフマン（青井陽治訳）『死と乙女』劇書房、１９９４年

アリエル・ドーフマン（水谷八也訳）『谷間の女たち』新樹社、１９９９年

アリエル・ドルフマン（飯島みどり訳）『南に向かい、北を求めて――チリ・クーデタを死にそこなった作家の物語』岩波書店、２０１６年

中王子聖『チリの闇』彩流社、２００５年

名波正晴『検証・チリ鉱山の69日、33人の生還』平凡社、２０１１年
トマス・ハウザー（古藤晃訳）『ミッシング』ダイナミックセラーズ、１９８２年
ジョーン・ハラ（矢沢寛訳）『ビクトル・ハラ（終わりなき歌）』新日本出版社、１９８８年
深田祐介『革命商人』（上・下）新潮社、１９７９年
ロベルト・ボラーニョ（野谷文昭訳）『チリ夜想曲』白水社、２０１７年
ガルシア・マルケス（後藤政子訳）『戒厳令下チリ潜入記』岩波新書、１９８６年
八木啓代『禁じられた歌――ビクトル・ハラはなぜ死んだか』晶文社、１９９１年
ミゲル・リティン／山田洋次『武器としての映画――軍政チリ・亡命・潜入』岩波書店、１９８７年
マヌエル・ロハス（今井洋子訳）『泥棒の息子』三友社出版、１９８９年

山口恵美子（やまぐち・えみこ）［48, 49, 53, 57, 60, コラム17］
外務省国際協力局緊急・人道支援課 課長補佐。元在チリ日本国大使館勤務。

吉井　譲（よしい・ゆずる）［コラム12］
東京大学アタカマ天文台（TAO）プロジェクト代表、東京大学名誉教授、アリゾナ大学スチュアード天文台教授
研究分野：観測的宇宙論、銀河形成・進化・構造論
主な著作：『東京大学マグナム望遠鏡物語』（東京大学出版会、2003年）、『論争する宇宙――「アインシュタイン最大の失敗」が甦る』（集英社新書、2006年）。

主な著作：『最新！宇宙探検ビジュアルブック』（監修、主婦と生活社、2014年）、『新・天文学事典』（共著、講談社ブルーバックス、2013年）、『シリーズ現代の天文学 第4巻 銀河1 銀河と宇宙の階層構造』（共著、日本評論社、2007年）、『私たちは暗黒宇宙から生まれた――ALMAが解き明かす宇宙の全貌』（共著、日本評論社、2004年）。

櫻井英充（さくらい・ひでみつ）［46, 47, コラム11］
2016年2月から2018年7月まで国際協力機構（JICA）チリ支所長。
国際協力機構に在職中、パラグアイ事務所長、コロンビア支所長などを歴任。
チリで実施した技術協力プロジェクト「水産養殖プロジェクト（日本産サケ類移植プロジェクト）」で、1985年6月から87年10月までチリ南部第11州コジャイケ市に駐在。

佐々木　修（ささき・おさむ）［20〜23, 25〜27, 34, 38〜40, 42, 45, 52, 55, コラム4〜コラム5］
ラテンアメリカ協会専務理事
元三菱商事理事（2017年4月退職）、スペイン・チリ・ブラジル・メキシコに駐在、出張を合わせ通算27年滞在。40年以上ラテンアメリカでのビジネスに従事、2017年6月以降はラテンアメリカ協会の運営に携わる。

佐野　淳（さの・あつし）［コラム6］
ペンギン会議スタッフ（2001年〜）。
1982〜2001年志摩マリンランド勤務、1991年よりペンギン飼育、同時期にペンギン会議に参加、1993年よりほぼ毎年チリを訪問、野生地保護活動に参加、2012年よりペルーも併せ訪問、現在に至る。

立川利幸（たつかわ・としゆき）［コラム6］
下関市立しものせき水族館（2001年〜）、現職：展示部長。
2001年4月開業した同館は国内最大級のペンギン展示施設「ペンギン村」に、チリ・アルガロボ島を再現した展示エリアも有す。チリ国立サンティアゴ・メトロポリタン公園の協力を得て、チリでの調査を踏まえ野生に近いフンボルト・ペンギンの姿の展示に努めている。

＊細野昭雄（ほその・あきお）［1〜6, 24, 28〜33, 35〜37, 44, 50, 58, コラム8, コラム9, コラム15］
編著者紹介を参照。

水野浩二（みずの・こうじ）［20〜22, 25, 34, 36, 39〜42, 51, 52, 55, コラム5〜コラム9, コラム15〜コラム17］
1940年生まれ。1963年神戸大学卒、同年三菱商事入社、メキシコに6年、チリに5年駐在。 智利三菱商事社長、日智商工会議所会頭を務め、1997年本社環境・資源プロジェクト部・部長を経て退職。その後、駐日チリ大使館経済顧問、日智修好100周年行事・チリ側アドバイザー、多数の大学で中南米に関わる講義・講演および執筆など、日本・チリ関係強化のために貢献した。2005年逝去。

◉ **執筆者紹介**（50音順、*は編著者、［　］内は担当章）

稲本都志彦（いなもと・としひこ）［34, コラム14］
元三菱商事 震災復興支援担当。モアイプロジェクト実行委員会メンバー。

江石義信（えいし・よしのぶ）［コラム14］
東京医科歯科大学教授（2019年３月末日定年退職）
専攻：人体病理学
主な著作：Screening for colorectal cancer in Uruguay with an immunochemical faecal occult blood test. *Eur J Cancer Prev* 2006; Diagnostic accuracy of immunochemical versus guaiac faecal occult blood tests for colorectal cancer screening. *J Gastroenterol* 2010; International collaboration between Japan and Chile to improve detection rates in colorectal cancer screening. *Cancer* 2016; A pilot trial to quantify plasma exosomes in colorectal cancer screening from the international collaborative study between Chile and Japan. *Digestion* 2018; Histopathologic study from a colorectal cancer screening in Chile: results from the first 2 years of an international collaboration between Chile and Japan. *Eur J Cancer Prev* 2019.

小川　元（おがわ・はじめ）［コラム10］
日本チリ協会副会長、ラテンアメリカ協会理事、元在チリ特命全権大使。

笠井萌里（かさい・めり）［54］
前在チリ日本国大使館専門調査員。現在はメキシコにてフリーランスの翻訳業に従事。
主な著作：「2013年チリ大統領選挙」（『ラテンアメリカ時報』2013/14年冬号、2014年）。

*__工藤　章__（くどう・あきら）［20～23, 25～27, 38～40, 42, 45, 52, 55, コラム4, コラム5］
編著者紹介を参照。

久野量一（くの・りょういち）［59］
東京外国語大学大学院総合国際学研究院准教授
専攻：ラテンアメリカ文学
主な著作：『島の「重さ」をめぐって――キューバの文学を読む』（松籟社、2018年）、『鼻持ちならないガウチョ』（ロベルト・ボラーニョ著、白水社、2014年）、『コスタグアナ秘史』（フアン・ガブリエル・バスケス著、水声社、2016年）、『ハバナ零年』（カルラ・スアレス著、共和国、2019年）。

*__桑山幹夫__（くわやま・みきお）［7～19, 41, 43, 56, コラム1～コラム3］
編著者紹介を参照。

阪本成一（さかもと・せいいち）［コラム13］
国立天文台 教授・チリ観測所長（2017年執筆当時）
専攻：電波天文学・星間物理学

◉ 編著者紹介

細野昭雄（ほその・あきお）
国際協力機構（JICA）研究所シニア・リサーチ・アドバイザー、ラテンアメリカ協会副会長。アジア経済研究所を経て、筑波大学社会工学系、神戸大学経済経営研究所、政策研究大学院大学教授、在エルサルバドル大使。1966年より76年までチリに滞在し、国連ラテンアメリカ・カリブ経済委員会（CEPAL）経済調査部、国際貿易部勤務。著書に、西島章次・細野昭雄編『ラテンアメリカ経済論』（ミネルヴァ書房、2004年）、Hosono, Iizuka, and Katz (2016). *Chile's Salmon Industry: Policy Challenges in Managing Public Goods*. Springer 他。

工藤　章（くどう・あきら）
ラテンアメリカ協会理事。
元三菱商事理事（2012年退職）、元ラテンアメリカ協会専務理事・事務局長（2012～2017年）。チリ・ベネズエラ・ブラジルに通算22年駐在、40年を超えラテンアメリカでのビジネスに従事、青山学院大学、浜松学院大学などの教壇に立ち、2012年以降はラテンアメリカ協会の運営に携わる。主な著作に『中南米が日本を追い抜く日』（執筆取り纏め、朝日新聞出版、2008年）。

桑山幹夫（くわやま・みきお）
神戸大学経済経営研究所リサーチフェロー、ラテンアメリカ協会常務理事、元法政大学兼任講師。1983年より国連ラテンアメリカ・カリブ経済委員会（CEPAL）職員。国際貿易統合部部長代行、国際貿易課課長を歴任し、2010年に退職、12年までリージョナル・アドバイザーとして在勤。専攻は開発比較論（アジア・ラテンアメリカ）、国際貿易論。著書に Nuevas políticas comerciales en América Latina y Asia: algunos casos nacionales, Libro de la CEPAL No. 51, ECLAC, Santiago, Chile, 1999；「ラテンアメリカの国際経済への参入の『質』を考える――新構造主義派の見地から」（『神戸大学経済経営研究所 DP シリーズ』DP2017-J11、2017年11月）他。

エリア・スタディーズ　174
チリを知るための60章

2019年7月15日　初版第1刷発行

編著者　細野昭雄
工藤　章
桑山幹夫
発行者　大江道雅
発行所　株式会社明石書店
〒101-0021 東京都千代田区外神田6-9-5
電話 03（5818）1171
FAX 03（5818）1174
振替　00100-7-24505
http://www.akashi.co.jp/

装丁／組版　明石書店デザイン室
印刷／製本　モリモト印刷株式会社

（定価はカバーに表示してあります）　ISBN978-4-7503-4858-2

JCOPY〈出版者著作権管理機構　委託出版物〉
本書の無断複製は著作権法上での例外を除き禁じられています。複製される場合は、そのつど事前に、出版者著作権管理機構（電話 03-5244-5088、FAX 03-5244-5089、e-mail: info@jcopy.or.jp）の許諾を得てください。

エリア・スタディーズ

1 **現代アメリカ社会を知るための60章**
明石紀雄、川島浩平 編著

2 **イタリアを知るための62章【第2版】**
村上義和 編著

3 **イギリスを旅する35章**
辻野功 編著

4 **モンゴルを知るための65章【第2版】**
金岡秀郎 著

5 **パリ・フランスを知るための44章**
梅本洋一、大里俊晴、木下長宏 編著

6 **現代韓国を知るための60章【第2版】**
石坂浩一、福島みのり 編著

7 **オーストラリアを知るための58章【第3版】**
越智道雄 著

8 **現代中国を知るための52章【第6版】**
藤野彰 編著

9 **ネパールを知るための60章**
日本ネパール協会 編

10 **アメリカの歴史を知るための63章【第3版】**
富田虎男、鵜月裕典、佐藤円 編著

11 **現代フィリピンを知るための61章【第2版】**
大野拓司、寺田勇文 編著

12 **ポルトガルを知るための55章【第2版】**
村上義和、池俊介 編著

13 **北欧を知るための43章**
武田龍夫 著

14 **ブラジルを知るための56章【第2版】**
アンジェロ・イシ 著

15 **ドイツを知るための60章**
早川東三、工藤幹巳 編著

16 **ポーランドを知るための60章**
渡辺克義 編著

17 **シンガポールを知るための65章【第4版】**
田村慶子 編著

18 **現代ドイツを知るための62章【第2版】**
浜本隆志、髙橋憲 編著

19 **ウィーン・オーストリアを知るための57章【第2版】**
広瀬佳一、今井顕 編著

20 **ハンガリーを知るための60章【第2版】** ドナウの宝石
羽場久美子 編著

21 **現代ロシアを知るための60章【第2版】**
下斗米伸夫、島田博 編著

22 **21世紀アメリカ社会を知るための67章**
明石紀雄 監修　赤尾千波、大類久恵、小塩和人、
落合明子、川島浩平、高野泰 編

23 **スペインを知るための60章**
野々山真輝帆 著

24 **キューバを知るための52章**
後藤政子、樋口聡 編著

25 **カナダを知るための60章**
綾部恒雄、飯野正子 編著

26 **中央アジアを知るための60章【第2版】**
宇山智彦 編著

27 **チェコとスロヴァキアを知るための56章【第2版】**
薩摩秀登 編著

28 **現代ドイツの社会・文化を知るための48章**
田村光彰、村上和光、岩淵正明 編著

29 **インドを知るための50章**
重松伸司、三田昌彦 編著

30 **タイを知るための72章【第2版】**
綾部真雄 編著

31 **パキスタンを知るための60章**
広瀬崇子、山根聡、小田尚也 編著

32 **バングラデシュを知るための66章【第3版】**
大橋正明、村山真弓、日下部尚徳、安達淳哉 編著

33 **イギリスを知るための65章【第2版】**
近藤久雄、細川祐子、阿部美春 編著

34 **現代台湾を知るための60章【第2版】**
亜洲奈みづほ 著

35 **ペルーを知るための66章【第2版】**
細谷広美 編著

エリア・スタディーズ

36 **マラウィを知るための45章【第2版】**
栗田和明 著

37 **コスタリカを知るための60章【第2版】**
国本伊代 編著

38 **チベットを知るための50章**
石濱裕美子 編著

39 **現代ベトナムを知るための60章【第2版】**
今井昭夫、岩井美佐紀 編著

40 **インドネシアを知るための50章**
村井吉敬、佐伯奈津子 編著

41 **エルサルバドル、ホンジュラス、ニカラグアを知るための45章**
田中高 編著

42 **パナマを知るための70章【第2版】**
国本伊代 編著

43 **イランを知るための65章**
岡田恵美子、北原圭一、鈴木珠里 編著

44 **アイルランドを知るための70章【第3版】**
海老島均、山下理恵子 編著

45 **メキシコを知るための60章**
吉田栄人 編著

46 **中国の暮らしと文化を知るための40章**
東洋文化研究会 編

47 **現代ブータンを知るための60章【第2版】**
平山修一 著

48 **バルカンを知るための66章【第2版】**
柴宜弘 編著

49 **現代イタリアを知るための44章**
村上義和 編著

50 **アルゼンチンを知るための54章**
アルベルト松本 著

51 **ミクロネシアを知るための60章【第2版】**
印東道子 編著

52 **アメリカのヒスパニック＝ラティーノ社会を知るための55章**
大泉光一、牛島万 編著

53 **北朝鮮を知るための55章【第2版】**
石坂浩一 編著

54 **ボリビアを知るための73章【第2版】**
真鍋周三 編著

55 **コーカサスを知るための60章**
北川誠一、前田弘毅、廣瀬陽子、吉村貴之 編著

56 **カンボジアを知るための62章【第2版】**
上田広美、岡田知子 編著

57 **エクアドルを知るための60章【第2版】**
新木秀和 編著

58 **タンザニアを知るための60章【第2版】**
栗田和明、根本利通 編著

59 **リビアを知るための60章**
塩尻和子 著

60 **東ティモールを知るための50章**
山田満 編著

61 **グアテマラを知るための67章【第2版】**
桜井三枝子 編著

62 **オランダを知るための60章**
長坂寿久 著

63 **モロッコを知るための65章**
私市正年、佐藤健太郎 編著

64 **サウジアラビアを知るための63章【第2版】**
中村覚 編著

65 **韓国の歴史を知るための66章**
金両基 編著

66 **ルーマニアを知るための60章**
六鹿茂夫 編著

67 **現代インドを知るための60章**
広瀬崇子、近藤正規、井上恭子、南埜猛 編著

68 **エチオピアを知るための50章**
岡倉登志 編著

69 **フィンランドを知るための44章**
百瀬宏、石野裕子 編著

70 **ニュージーランドを知るための63章**
青柳まちこ 編著

71 **ベルギーを知るための52章**
小川秀樹 編著

エリア・スタディーズ

72 **ケベックを知るための54章**
小畑精和、竹中豊 編著

73 **アルジェリアを知るための62章**
私市正年 編著

74 **アルメニアを知るための65章**
中島偉晴、メラニア・バグダサリヤン 編著

75 **スウェーデンを知るための60章**
村井誠人 編著

76 **デンマークを知るための68章**
村井誠人 編著

77 **最新ドイツ事情を知るための50章**
浜本隆志、柳原初樹 著

78 **セネガルとカーボベルデを知るための60章**
小川了 編著

79 **南アフリカを知るための60章**
峯陽一 編著

80 **エルサルバドルを知るための55章**
細野昭雄、田中高 編著

81 **チュニジアを知るための60章**
鷹木恵子 編著

82 **南太平洋を知るための58章** メラネシア ポリネシア
吉岡政德、石森大知 編著

83 **現代カナダを知るための57章**
飯野正子、竹中豊 編著

84 **現代フランス社会を知るための62章**
三浦信孝、西山教行 編著

85 **ラオスを知るための60章**
菊池陽子、鈴木玲子、阿部健一 編著

86 **パラグアイを知るための50章**
田島久歳、武田和久 編著

87 **中国の歴史を知るための60章**
並木頼壽、杉山文彦 編著

88 **スペインのガリシアを知るための50章**
坂東省次、桑原真夫、浅香武和 編著

89 **アラブ首長国連邦（UAE）を知るための60章**
細井長 編著

90 **コロンビアを知るための60章**
二村久則 編著

91 **現代メキシコを知るための70章【第2版】**
国本伊代 編著

92 **ガーナを知るための47章**
高根務、山田肖子 編著

93 **ウガンダを知るための53章**
吉田昌夫、白石壮一郎 編著

94 **ケルトを旅する52章** イギリス・アイルランド
永田喜文 著

95 **トルコを知るための53章**
大村幸弘、永田雄三、内藤正典 編著

96 **イタリアを旅する24章**
内田俊秀 編著

97 **大統領選からアメリカを知るための57章**
越智道雄 著

98 **現代バスクを知るための50章**
萩尾生、吉田浩美 編著

99 **ボツワナを知るための52章**
池谷和信 編著

100 **ロンドンを旅する60章**
川成洋、石原孝哉 編著

101 **ケニアを知るための55章**
松田素二、津田みわ 編著

102 **ニューヨークからアメリカを知るための76章**
越智道雄 著

103 **カリフォルニアからアメリカを知るための54章**
越智道雄 著

104 **イスラエルを知るための62章【第2版】**
立山良司 編著

105 **グアム・サイパン・マリアナ諸島を知るための54章**
中山京子 編著

106 **中国のムスリムを知るための60章**
中国ムスリム研究会 編

107 **現代エジプトを知るための60章**
鈴木恵美 編著

エリア・スタディーズ

108 カーストから現代インドを知るための30章
金基淑 編著

109 カナダを旅する37章
飯野正子、竹中豊 編著

110 アンダルシアを知るための53章
立石博高、塩見千加子 編著

111 エストニアを知るための59章
小森宏美 編著

112 韓国の暮らしと文化を知るための70章
舘野晳 編著

113 現代インドネシアを知るための60章
村井吉敬、佐伯奈津子、間瀬朋子 編著

114 ハワイを知るための60章
山本真鳥、山田亨 編著

115 現代イラクを知るための60章
酒井啓子、吉岡明子、山尾大 編著

116 現代スペインを知るための60章
坂東省次 編著

117 スリランカを知るための58章
杉本良男、高桑史子、鈴木晋介 編著

118 マダガスカルを知るための62章
飯田卓、深澤秀夫、森山工 編著

119 新時代アメリカ社会を知るための60章
明石紀雄 監修 大類久恵、落合明子、赤尾千波 編著

120 現代アラブを知るための56章
松本弘 編著

121 クロアチアを知るための60章
柴宜弘、石田信一 編著

122 ドミニカ共和国を知るための60章
国本伊代 編著

123 シリア・レバノンを知るための64章
黒木英充 編著

124 EU(欧州連合)を知るための63章
羽場久美子 編著

125 ミャンマーを知るための60章
田村克己、松田正彦 編著

126 カタルーニャを知るための50章
立石博高、奥野良知 編著

127 ホンジュラスを知るための60章
桜井三枝子、中原篤史 編著

128 スイスを知るための60章
スイス文学研究会 編

129 東南アジアを知るための50章
今井昭夫 編集代表 東京外国語大学東南アジア課程 編

130 メソアメリカを知るための58章
井上幸孝 編著

131 マドリードとカスティーリャを知るための60章
川成洋、下山静香 編著

132 ノルウェーを知るための60章
大島美穂、岡本健志 編著

133 現代モンゴルを知るための50章
小長谷有紀、前川愛 編著

134 カザフスタンを知るための60章
宇山智彦、藤本透子 編著

135 内モンゴルを知るための60章
ボルジギン・ブレンサイン 編著 赤坂恒明 編集協力

136 スコットランドを知るための65章
木村正俊 編著

137 セルビアを知るための60章
柴宜弘、山崎信一 編著

138 マリを知るための58章
竹沢尚一郎 編著

139 ASEANを知るための50章
黒柳米司、金子芳樹、吉野文雄 編著

140 アイスランド・グリーンランド・北極を知るための65章
小澤実、中丸禎子、高橋美野梨 編著

141 ナミビアを知るための53章
水野一晴、永原陽子 編著

142 香港を知るための60章
吉川雅之、倉田徹 編著

143 タスマニアを旅する60章
宮本忠 著

エリア・スタディーズ

144 パレスチナを知るための60章
臼杵陽、鈴木啓之 編著

145 ラトヴィアを知るための47章
志摩園子 編著

146 ニカラグアを知るための55章
田中高 編著

147 台湾を知るための60章
赤松美和子、若松大祐 編著

148 テュルクを知るための61章
小松久男 編著

149 アメリカ先住民を知るための62章
阿部珠理 編著

150 イギリスの歴史を知るための50章
川成洋 編著

151 ドイツの歴史を知るための50章
森井裕一 編著

152 ロシアの歴史を知るための50章
下斗米伸夫 編著

153 スペインの歴史を知るための50章
立石博高、内村俊太 編著

154 フィリピンを知るための64章
大野拓司、鈴木伸隆、日下渉 編著

155 バルト海を旅する40章 7つの島の物語
小柏葉子 著

156 カナダの歴史を知るための50章
細川道久 編著

157 カリブ海世界を知るための70章
国本伊代 編著

158 ベラルーシを知るための50章
服部倫卓、越野剛 編著

159 スロヴェニアを知るための60章
柴宜弘、アンドレイ・ベケシュ、山崎信一 編著

160 北京を知るための52章
櫻井澄夫、人見豊、森田憲司 編著

161 イタリアの歴史を知るための50章
高橋進、村上義和 編著

162 ケルトを知るための65章
木村正俊 編著

163 オマーンを知るための55章
松尾昌樹 編著

164 ウズベキスタンを知るための60章
帯谷知可 編著

165 アゼルバイジャンを知るための67章
廣瀬陽子 編著

166 済州島を知るための55章
梁聖宗、金良淑、伊地知紀子 編著

167 イギリス文学を旅する60章
石原孝哉、市川仁 編著

168 フランス文学を旅する60章
野崎歓 編著

169 ウクライナを知るための65章
服部倫卓、原田義也 編著

170 クルド人を知るための55章
山口昭彦 編著

171 ルクセンブルクを知るための50章
田原憲和、木戸紗織 編著

172 地中海を旅する62章 歴史と文化の都市探訪
松原康介 編著

173 ボスニア・ヘルツェゴヴィナを知るための60章
柴宜弘、山崎信一 編著

174 チリを知るための60章
細野昭雄、工藤章、桑山幹夫 編著

——以下続刊

◎各巻2000円
（一部1800円）

〈価格は本体価格です〉

人とウミガメの民族誌 ニカラグア先住民の商業的ウミガメ漁
高木仁著 ◎3600円

メキシコにおける聖フェリーペ・デ・ヘスス崇拝の変遷史
神の沈黙をこえて 川田玲子著 ◎8800円

アメリカ「帝国」の中の反帝国主義 トランスナショナルな視点からの米国史
イアン・ティレル、ジェイ・セクストン編著
藤本茂生、坂本季詩雄、山倉明弘訳 ◎3700円

米墨戦争前夜のアラモ砦事件とテキサス分離独立 アメリカ膨張主義の序幕とメキシコ
世界歴史叢書 牛島万著 ◎3800円

ブラジルのアジア・中東系移民と国民性の構築 「ブラジル人らしさ」をめぐる葛藤と摸索
ジェフリー・レッサー著
世界人権問題叢書 95 鈴木茂、佐々木剛二訳 ◎4800円

アンデスの都市祭礼 口承・無形文化遺産「オルロのカーニバル」の学際的研究
兒島峰著 ◎6800円

キューバ現代史 革命から対米関係改善まで
後藤政子著 ◎2800円

創造か死か ラテンアメリカに希望を生む革新の5つの鍵
アンドレス・オッペンハイマー著 渡邉尚人訳 ◎3800円

現代アメリカ移民第二世代の研究 移民排斥と同化主義に代わる「第三の道」
世界人権問題叢書 86 アレハンドロ・ポルテスほか著
村井忠政訳者代表 ◎8000円

フィデル・カストロ自伝 勝利のための戦略 キューバ革命の闘い
フィデル・カストロ・ルス著
山岡加奈子、田中高、工藤多香子、富田君子訳 ◎4800円

キューバ革命勝利への道 フィデル・カストロ自伝
フィデル・カストロ・ルス著
工藤多香子、田中高、富田君子訳 ◎4800円

アメリカのエスニシティ 人種的融和を目指す多民族国家
アダルベルト・アギーレ・ジュニア、ジョナサン・H・ターナー著
神田外語大学アメリカ研究会、高杉忠明ほか訳 ◎4800円

ブラジル史
世界歴史叢書 ボリス・ファウスト著 鈴木茂訳 ◎5800円

ブラジルの歴史 ブラジル高校歴史教科書
世界の教科書シリーズ 7 シッコ・アレンカールほか著
東明彦、アンジェロ・イシ、鈴木茂訳 ◎4800円

メキシコの歴史 メキシコ高校歴史教科書
世界の教科書シリーズ 25 ホセ＝デ＝ヘスス・ニエト＝ロペスほか著
国本伊代監訳 島津寛訳 ◎6800円

コスタリカの歴史 コスタリカ高校歴史教科書
世界の教科書シリーズ 16 イバン・モリーナほか著
国本伊代、小澤卓也訳 ◎2800円

〈価格は本体価格です〉

世界のチャイナタウンの形成と変容
フィールドワークから華人社会を探究する
山下清海著 ◎4600円

日本人と海外移住 移民の歴史・現状・展望
日本移民学会編 ◎2600円

多文化共生と人権 諸外国の「移民」と日本の「外国人」
近藤敦著 ◎2500円

外国につながる子どもと無国籍
児童養護施設への調査結果と具体的対応例
石井香世子、小豆澤史絵著 ◎1000円

外国人技能実習生法的支援マニュアル
今後の外国人労働者受入れ制度と人権侵害の回復
外国人技能実習生問題弁護士連絡会編 ◎1800円

移民政策のフロンティア 日本の歩みと課題を問い直す
移民政策学会設立10周年記念論集刊行委員会編 ◎2500円

新 移民時代 外国人労働者と共に生きる社会へ
西日本新聞社編 ◎1600円

移動する人々と国民国家 ポスト・グローバル化時代における市民社会の変容
杉村美紀編著 ◎2700円

環境ナッジの経済学 行動変容を促すインサイト
経済協力開発機構（ＯＥＣＤ）編著
齋藤長行監訳 濱田久美子訳 ◎3500円

国際化のなかのスキル形成 グローバルバリューチェーンは雇用を創出するのか
経済協力開発機構（ＯＥＣＤ）編著 菅原良監訳
髙橋南海子、奥原俊、坂本文子、神崎秀嗣、松下慶太、竹内一真訳 ◎3700円

図表でみる世界の行政改革
ＯＥＣＤインディケータ（2017年版）
ＯＥＣＤ編著 平井文三訳 ◎6800円

ＯＥＣＤ保育の質向上白書 人生の始まりこそ力強く：ＥＣＥＣのツールボックス
ＯＥＣＤ編著 秋田喜代美、阿部真美子、一見真理子、
門田理世、北村友人、鈴木正敏、星三和子訳 ◎6800円

ＯＥＣＤ幸福度白書4 より良い暮らし指標：生活向上と社会進歩の国際比較
ＯＥＣＤ編著 西村美由起訳 ◎6800円

図表でみる男女格差 ＯＥＣＤジェンダー白書2
今なお蔓延る不平等に終止符を！
ＯＥＣＤ編著 濱田久美子訳 ◎6800円

図表でみる教育 ＯＥＣＤインディケータ（2018年版）
経済協力開発機構（ＯＥＣＤ）編著 徳永優子、稲田智子、
大村有里、坂本千佳子、立木勝、松尾恵子、三井理子、元村まゆ訳 ◎8600円

移民の子どもと世代間社会移動
連鎖する社会的不利の克服に向けて
ＯＥＣＤ編著 木下江美、布川あゆみ、斎藤里美訳 ◎3000円

〈価格は本体価格です〉